上海出版资金项目
Shanghai Publishing Funds

“十三五”国家重点图书出版物出版规划项目
面向未来的交通出版工程 · 道路基础设施建设与养护系列

DESIGN AND CONSTRUCTION TECHNOLOGY OF SEMI-FLEXIBLE PAVEMENT MATERIALS

半柔性路面材料设计与施工技术

◎ 郝培文 刘红瑛 徐金枝 著

同济大学出版社

图书在版编目(CIP)数据

半柔性路面材料设计与施工技术 / 郝培文，刘红瑛，徐金枝著. —上海：同济大学出版社，2021.3

面向未来的交通出版工程. 道路基础设施建设与养护系列 “十三五”国家重点图书出版物出版规划项目 / 汪光焘总主编

ISBN 978-7-5608-9587-1

Ⅰ.①半… Ⅱ.①郝… ②刘… ③徐… Ⅲ.①路面材料—研究②路面施工—研究 Ⅳ.①U414②U416.2

中国版本图书馆 CIP 数据核字(2021)第 047387 号

面向未来的交通出版工程 · 道路基础设施建设与养护系列

半柔性路面材料设计与施工技术

郝培文　刘红瑛　徐金枝　著

出 品 人：华春荣
策　　划：高晓辉
责任编辑：宋　立
责任校对：谢卫奋
装帧设计：陈益平

出版发行　同济大学出版社　www.tongjipress.com.cn
（地址：上海市四平路 1239 号　邮编：200092　电话：021-65985622）
经　　销　全国各地新华书店、建筑书店、网络书店
排版制作　南京文脉图文设计制作有限公司
印　　刷　上海安枫印务有限公司
开　　本　787mm×1092mm　1/16
印　　张　15.25
字　　数　381 000
版　　次　2021 年 3 月第 1 版　2021 年 3 月第 1 次印刷
书　　号　ISBN 978-7-5608-9587-1
定　　价　98.00 元

前言

FOREWORD

半柔性路面是一种刚柔相结合的新型路面结构形式，是将特殊级配的水泥胶浆灌入大空隙沥青混合料中而形成的路面。

本书首先在参考国内外研究成果的基础上，借助多种试验分析方法，通过均匀设计法对水泥胶浆、母体沥青混合料的配比进行了研究，提出了相应的配合比设计方法，并从微观角度对半柔性路面材料的强度形成机理进行了分析。然后，对半柔性(彩色)路面材料的路用性能进行了系统研究，并与常用的密级配沥青混凝土性能作比较。最后，对水泥-乳化沥青混合料的强度形成机理、配合比设计方法和路用性能以及施工工艺等进行了分析研究。

研究表明，半柔性路面具有优良的抗高温流动变形能力和抗疲劳开裂能力，以及良好的耐低温和抗水害能力。通过添加聚合物乳胶来改善半柔性路面的低温和水稳定性是非常好的技术途径，这对于优化半柔性路面性能具有积极的作用。本研究提出利用填充率来控制半柔性路面的施工质量，填充率的合理应用使施工单位在进行半柔性路面施工时具有可操作性，对提高施工质量具有现实意义。研究成果对促进我国半柔性路面技术的推广应用具有重要的工程价值。

感谢在本研究中做了大量实验分析工作的研究生程磊、刘涛、徐亦航、郭晓刚。感谢国家自然科学基金对本研究项目(半柔性路面路用混合料性能及其设计方法研究:59908008)的资助。

编　者

2020 年 12 月

目 录

CONTENTS

1 绪　论

我国高速公路、城市道路路面多为沥青混凝土路面。但是由于沥青材料所具有的黏弹塑性等特殊性能,使沥青路面的强度和流变性质均受温度影响而影响其使用性能。在夏季高温下,沥青的黏度降低,沥青混合料间黏结力减弱,进而使沥青路面的强度和抗变形能力降低,在行车荷载的起步、加速、减速、刹车等垂直和水平力的作用下,导致沥青路面出现波浪、拥包等剪切变形。在冬季低温下,沥青变硬,黏度增强,沥青混合料的强度增高,抵抗变形的能力大大降低,表现出脆性,由于混合料所铺筑的面层材料收缩,车辆荷载作用或半刚性基层产生收缩裂缝,使面层内产生过大的拉应力而导致开裂。而且近年来伴随着交通量的增加,沥青混凝土路面由于车辆荷载反复作用产生塑性变形而出现的车辙现象日益严重,特别是在重交通车辆缓慢行驶的路段以及超重车辆、货物静止停放的场所,这类问题更加突出和严重。

尽管水泥混凝土路面具有强度高、耐久性和耐磨性好等优点,还可以有效地解决道路车辙问题,但其本身也存在诸多难以克服的欠缺,比如接缝设置复杂、施工养护期内无法开放交通,易产生唧泥和错台等破坏,维修困难,等等。

随着道路交通事业的发展和相关研究的深入,对高等级公路和城市路面的要求,不断向多元化、功能化方向发展。针对以上问题,许多发达国家率先提出了半柔性路面,并已在各级公路及城市道路中铺筑使用。

通常所说的半柔性路面,根据施工工艺和材料可分为三种类型:①水泥灌浆沥青混凝土;②水泥沥青混凝土;③乳化沥青水泥混凝土。

1) 水泥灌浆沥青混凝土

水泥灌浆沥青混凝土路面是按照柔变刚的思路,将特殊级配的水泥胶浆灌入多孔开级配沥青混合料的空隙之中而形成的路面。它通过沥青混合料骨料之间的嵌挤作用和灌入水泥浆共同形成强度。具有以下优点:

(1) 具有与水泥混凝土路面相似的刚性,还具有柔性,刚柔并济。

(2) 与沥青路面比较,具有较高耐高温的流动性能和耐油蚀性。

(3) 路表面具有较强的耐磨耗性,不易起尘。

(4) 胀缩量很小,不需要设伸缩缝。

(5) 具有白色路面的明色性,而且可以着色。

(6) 对静载有较强的承受能力。

2) 水泥沥青混凝土

水泥沥青混凝土也是按照柔变刚的思路开发的一种半柔性路面材料。它是在热拌沥青混合料中直接掺入拌和好的特种水泥砂浆,在高温下拌和、摊铺、碾压而形成的路面结构。这种半柔性路面材料与水泥灌浆沥青混凝土具有类似的优点,虽然其施工比水泥灌浆沥青混凝土方便,但是在高温时引入水泥浆,带来了沥青与集料黏附性不佳等问题。

3) 水泥-乳化沥青混凝土

水泥-乳化沥青混凝土是在冷拌乳化沥青混合料母体中掺入水泥或是水泥砂浆经

冷拌冷铺而形成的路面结构。它具有以下优点：

(1) 乳化沥青破乳后的水分可供水泥硬化凝结，较好地解决了乳化沥青破乳“憎水”和水泥水化“需水”的矛盾。

(2) 水泥-乳化沥青施工采用冷拌冷铺工艺，既能降低能耗、节省能源，还能减少环境污染、降低有害气体的排放。

(3) 水泥-乳化沥青混凝土施工可在常温下进行，与热拌沥青混凝土的施工相比要简单易行得多。

以上三种类型的半柔性路面，虽然其施工工艺和组成材料有着很大的不同，但均遵循一个原则，即发挥沥青路面和水泥混凝土路面之长，补其之短，兼具刚性和柔性。该种路面新技术如能在高等级公路、城市道路以及港口、交叉口、停车场、收费站等场所广泛使用，可以提高沥青路面的高温稳定性和耐久性，弥补沥青路面和水泥混凝土路面的不足，延长路面使用寿命，节约投资，对于我国公路路面的发展具有重要的现实意义和经济效益。

1.1 国内外研究概况

水泥灌浆沥青混凝土半柔性路面最早的应用是在 1954 年法国科涅雅克(Cognac)航空港喷气式飞机的跑道，作为耐热用的道面，并以此申请了专利，称为“Salviacim”施工法[1, 2]。1961 年，继法国之后，日本以“半柔性路面和半柔性路面施工法”为名申请了专利。之后，此种半柔性路面在日本迅速发展起来。日本大林道路株式会社、鹿岛道路株式会社以及日本铺道株式会社等多家施工企业在获得此项施工方法的专利权后，各自独立地继续对此种半柔性路面进行了多项研究，许多公司还制定了公司的设计标准并加以推广使用[3]。20 世纪 70 年代初期，英国、美国、苏联等国家也相继对此课题进行了研究。英国是在摊铺后的开级配沥青碎石路面孔隙中灌入树脂-水泥砂浆，苏联则把水泥砂浆作为结合料加入沥青混凝土中进行了拌和压实，结果证明可提高混合料的温度稳定性[4]。20 世纪 80 年代末，在哥本哈根机场，已经有三十多万平方米的半柔性路面得到应用，其中在 1988—2000 年铺筑的 16 500 m^2 使用了推广的第二代技术[5]。应用结果显示了其高强度和高耐久性能，适用于重载、静载区域。哥本哈根机场应用新开发的半柔性路面具有收缩小、不会产生裂缝，也不会出现塑性流动现象，并且与以往相比较，维护费用最小。1988 年，日本建设省中国技术事务所和日本道路建设业协会就此种半柔性路面的开发进行了历时 3 年的研究，提出了设计标准、施工方法及管理等一系列的研究结果，大大推进了半柔性路面在日本的发展。1987—2002 年，美国有 10 个以上州的路面工程和 10 余条机场道面工程采用了这种灌注式的水泥-沥青复合材料面层，均取得了良好的效果[6]。现阶段在日本，许多高速公路的收费站、停车场、加油站、爬坡路段以及集装箱码头和公共汽车专用线等场所，都进行了相当规模的半柔性铺装。现在，日本每年都有二十多万平方米的施工面积。证实了这种路面材料可提高沥青混合料的高温稳定性及低温抗裂性，延长了路面的使用寿命。同时，日本充分利用了半柔性路面材料易着色的特点，建成多条彩色半柔性路面的道路。仅在东京市区就有数条专供公共汽车行驶的彩色道路，同时还有相当数量的停车场、公园及游乐场等场所使用了彩色半柔性路面，不仅改善了路面性能，也美化了环境，给人以轻松愉悦的感觉[7,8]。

半柔性路面的研究在国内尚处于起步阶段。1986 年，同济大学道路与交通工程研究所的王素勤等人针对国产普通沥青混合料使用拌和法以及灌浆法加注水泥浆，制成特种沥青混凝土，进行了各种物理力学试验，比较了高低温条件下的力学性质，并于 1986 年年底，在广东省惠深线修建了试验路，经过近两年的行车作用，使用效果良好。1990 年湖北宜昌地区公路总段在总结国内外经验的基础上，铺筑了试验路，介绍了水泥沥青混凝土路面的技术性能和施工方法。上海市政工程研究院的刘益群对水泥灌浆半柔性路面混合料的性能进行了试验研究。徐培华等人对灌注式半刚性面层复合材料进行了尝试和初步研究，取得了一定的成果。

水泥-乳化沥青混凝土半柔性路面最早开始于 20 世纪 60 年代的美国，此后日本、英国、澳大利亚、南非等国家也竞相研究。东南大学的李国强等在材料结构上寻求突破点，开发出乳化(橡胶)沥青水泥混凝土复合路面材料。同济大学的高英等人也就水泥-乳化沥青混合料的测试方法、设计等进行了研究。河北工业大学、重庆交通大学均开展过类似的研究。

李秋忠[9]对树脂改性水泥砂浆的组成、母体沥青混合料的配合比进行了研究，确定了树脂改性水泥砂浆的配合比和评价方法，提出了大孔隙沥青混合料母体的配合比设计方法，进而分析了半刚性面层复合材料的强度形成机理。对树脂改性半刚性面层复合材料和普通沥青混合料的路用性能进行比较显示，复合材料的路用性能均优于普通沥青混合料。

宋小金[10]在对树脂改性水泥胶浆和母体沥青混合料配比研究的基础上，考虑各种影响因素，根据室内疲劳方程对半刚性面层疲劳寿命进行预估，并得出了疲劳寿命预估方程。

董营营[11]在研究了满足力学性能和流动度的水泥砂浆配合比的基础上，添加外加剂和聚合物乳液，研发出综合性能较好的砂浆，提出了沥青混合料母体设计步骤流程，确定了母体沥青混合料的级配和最佳沥青用量。通过室内试验并与普通沥青混凝土进行比较表明，半柔性复合路面材料表现出很好的路用性能，且具有较小的线收缩系数特点。另外，由回弹模量值和劈裂强度界定出半柔性路面材料偏于柔性材料的范畴，提出了系统的半柔性路面施工方法及质量控制标准，为今后半柔性路面技术的推广应用奠定了基础。

周杰[12]通过添加不同的聚合物乳液，对水泥砂浆的配合比设计进行了研究，并与素水泥砂浆进行了物理力学性能对比研究。试验证明，加入适量聚合物乳液可以改善水泥砂浆的物理力学性能。同时,由聚合物改性半柔性复合材料的路用性能试验证明,掺聚合物复合材料龄期的路用性能要明显优于普通沥青混合料和灌素水泥砂浆的半柔性复合材料的路用性能。

叶凌云[13]采用体积法设计高孔隙率的基体沥青混合料,并通过马歇尔试验确定其最佳沥青用量,通过水泥浆灌注的水泥-沥青混合料的马歇尔稳定度和低温劈裂强度确定水泥浆的合理水灰比以及单位面积合理的灌浆量。与普通沥青混合料进行比较,证明灌注式水泥-沥青混合料在力学强度及路用性能方面均优于普通沥青混合料。

俞增煌[14]借助正交试验分析方法,对水泥胶浆、母体沥青混合料的配合比进行了研究,并提出了相应的配合比设计方法。同时,对半柔性路面材料的路用性能和强度机理进行了研究分析。利用有限元软件模拟了复合料路面结构在运营时结构内部的应力及应变情况,为深入研究这种路面结构奠定了基础。

张大可[15]采用正交试验设计方法进行母体沥青混合料的配合比设计,将混合料的性能与配合比联系起来确定出最佳配合比。全面评价了半柔性复合路面材料的路用性能,并对其强度形成机理进行了分析。

黄芳[16]通过室内试验及理论分析,发现半柔性复合路面材料在高温稳定性及水稳定性方面比普通沥青混凝土得到了很大的改善。通过线收缩系数试验研究表明半柔性复合路面材料对温度敏感很低,产生温度裂缝的可能性不大。分析了半柔性复合路面的破坏状态,得出裂缝是其最主要的破坏模式,并重点探讨了其开裂破坏机理,提出了这种新型路面结构的设计方法。

张弛[17]对比了室内试验结果和试验路检测结果,开展半柔性路面材料的路用性能研究,结果表明:半柔性路面材料具有良好的高温稳定性、水稳定性和低温抗裂性,最终提出一种适用于实际工程的半柔性路面材料的配合比。

田荣燕等[18]通过室内车辙试验以及四点弯曲试验,研究了温度、荷载对半柔性路面材料的抗车辙性能和抗裂性能的影响。研究结果表明,半柔性路面材料更能适应高温和重载作用下的路面抵抗变形要求,但该材料在 5 ℃时表现出一定的脆性,可能会影响实际的工程应用。

古红兵等[19]基于矩形梁四点弯曲疲劳试验,在五种不同温度下开展半柔性橡胶沥青混合料的疲劳性能试验。试验结果表明,随着试验应力水平的提高,各温度下材料的疲劳寿命均呈下降趋势,当应力水平增加一倍时,材料对数疲劳寿命下降 15%～38%。提出半柔性路面材料在冬季更加容易发生疲劳破坏的观点。

王伟明等[20]结合矿料主骨料空隙体积填充法(CAVF 设计法)、谢伦堡析漏和肯塔堡飞散试验,开展半柔性路面材料优化设计研究。通过对三种不同孔隙率基体的半柔性路面材料的室内试验评价其综合路用性能。试验结果表明,半柔性路面材料具有优良的高温稳定性、水稳定性和较强的抗疲劳能力,但其低温抗裂能力则稍显不足。

陈祥峰[21]等采用体积法设计了母体沥青混合料，通过近似正交试验法、正交试验法设计了满足流动性能、强度要求的普通水泥净浆和砂浆配合比。在此基础上，设计了高性能流动性水泥净浆配合比，并与普通水泥净浆进行了流动性能、干缩及强度等性能的对比分析，通过将不同配合比的浆体灌入不同空隙率的母体沥青混合料中的试验，研究了高性能流动性水泥灌浆材料的可灌性。最后通过一系列室内相关性能试验对灌浆复合材料的路用性能进行了系统研究。

黎凯等[22]通过半柔性材料的多尺度力学分析，得到大空隙沥青混合料极限应变，据此建立体积稳定型水泥浆体设计指标体系，开发体积稳定型水泥浆体配合比设计方法，修筑实体试验路工程对研究成果进行验证。

樊冬梅等[23]提出了三种用于水泥砂浆施工的方法人工拌和灌注法、厂拌法及稀浆封层机施工法。对现阶段水泥砂浆的施工方法做了较为详尽的介绍，指出其存在施工效率低、精度差、机械配置简陋等不足之处。另外，对半柔性路面施工定额、技术经济特点做了相应的研究。提出了基体沥青混合料的施工定额参考、三种水泥砂浆施工方法的施工定额参考，并对水泥混凝土路面上加铺橡胶沥青半柔性路面与加铺同体积普通沥青结构的全寿命周期成本进行了比较，发现橡胶沥青半柔性路面在技术经济上具有较大优势。

综上可知，虽然国内对半柔性路面进行了很多研究，但都缺乏系统性，因此半柔性路面在我国的推广应用还有许多工作要做。

1.2 研究方案与试验方法

1.2.1 研究方案

本项目以水泥灌浆半柔性路面（以下称半柔性路面）为研究重点。首先，选用不同的材料组成及不同的配合比，采用均匀设计法进行水泥胶浆的配合比试验，提出符合要求的水泥胶浆的配合比。然后，采用体积法进行母体沥青混合料的配合比研究，提出相应的配合比设计方法；选定三种母体沥青混合料的设计空隙率（21%，23%，25%），灌注水泥胶浆，研究其路用性能，并与沥青混凝土进行比较；运用电镜等现代试验手段，分析其强度形成机理。最后，考虑施工的可操作性，对水泥-乳化沥青混合料进行了研究，提出了相应的配合比设计方法，对其路用性能进行了研究。

1.2.2 试验方法

1.2.2.1 原材料性质分析

水泥选用陕西耀县产的普通 425# 和 525# 硅酸盐水泥，参照《公路工程水泥混凝土试验规程》(JTG E30—2005)中的有关方法进行检验，水泥质量合格。结果见表 1-1。

表 1-1 水泥检验指标

	初凝时间	终凝时间	标准稠度用水量/mL	7 d强度/MPa	
				抗折	抗压
425# 普通硅酸盐水泥	150 min	227 min	125	5.95	41.20
525# 普通硅酸盐水泥	168 min	236 min	130	6.51	42.95

沥青选用埃索 70# 沥青，参照《公路工程沥青及沥青混合料试验规程》(JTG E20—2011)中的有关方法进行检验，沥青各项指标符合要求。结果见表 1-2。

表 1-2 沥青指标检验

		25 ℃	15 ℃	5 ℃
针入度，100 g，5 s，/(1/10 mm)		66	26	12
延度/cm		>100	>100	11
软化点/℃		51.5		
比重/(g · cm^{-3})		0.9791		
薄膜加热试验 163 ℃，5 h	质量损失/%	0		
	针入度比/%	86		
	延度/cm	>100	>100	—
	软化点/℃	56		

粗集料采用河南安阳产玄武岩，为了形成较大的空隙率，采用单一粒径 9.5～13.2 mm；细集料选用玄武岩石屑，为连续级配。根据体积设计法细集料的粒径不能过大的要求，调整细集料级配如表 1-3 所示。矿粉选用普通石灰石矿粉，过 0.075 mm 的方孔筛后使用。参照《公路工程集料试验规程》(JTG E42—2005)实测集料的视密度，结果见表 1-4。

表 1-3 石屑级配组成

方孔筛/mm	2.36	1.18	0.6	0.3	0.15	0.075
用量/%	8.2	24.3	24.3	29.5	11.5	2.2

表 1-4 集料表观密度

项　目	粗集料 ρ_{tc}	矿粉 ρ_{tp}	细集料 ρ_{tf}
视密度/(g · cm^{-3})	2.85	2.63	2.67

标准砂选用福建产标准砂，其具体规格见表 1-5。

表 1-5 标准砂的规格

方孔筛筛孔直径/mm	累计筛余量/%
0.65	<3
0.40	40±5
0.25	>9

粉煤灰选用陕西电厂的普通粉煤灰，过 0.6 mm 筛后使用。

1.2.2.2 半柔性路面用水泥胶浆性能测试方法

1. 流动度的测定

具有良好的流动度是半柔性路面用水泥胶浆必须具备的性质之一。对于具体的流动度测定方法，国内各研究机构采用的仪器及方法均不相同，本研究参考日本半柔性路面的有关规范，提出了具体的流动度测定方法。

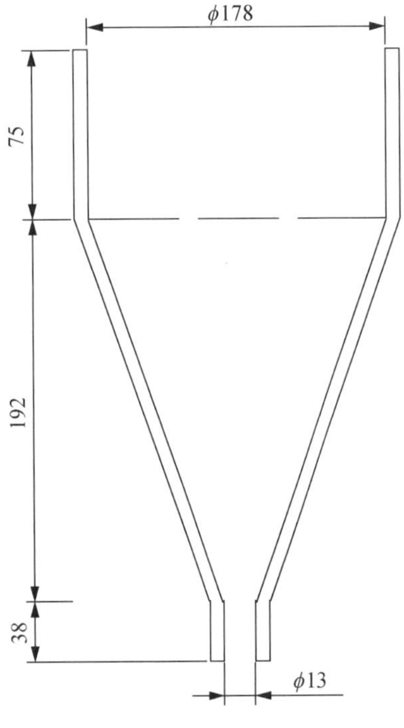

图 1-1 漏斗形状及尺寸(mm)

(1) 试验仪器

① 漏斗：上端内径 178 mm，下端内径 13 mm，流出管长 38 mm，内容量为 1 725 mL；漏斗形状及尺寸见图 1-1。

② 漏斗支撑架。

③ 容器：量筒或量杯。

④ 秒表：精确至 0.1 s。

(2) 试验方法

① 漏斗垂直支撑稳定后，用水冲洗漏斗内壁。

② 将水泥胶浆充分拌和后，倒入漏斗内，先让适量水泥胶浆从流出管流出，然后用手指堵住流出管口，再向漏斗内注入胶浆，直至规定(1 725 mL)为止。

③ 放开手指，水泥胶浆流出的同时开始计时，直至连续流出的水泥胶浆完全流出瞬间计时，读出该瞬间的时间，精确至 0.1 s，即为流动度。

(3) 结果整理

一种水泥胶浆平行试验 3 次，取其算术平均值即为最后结果。

注意事项：在测定流动度之前，要用水充分冲洗漏斗内壁；每次测定完后，用水将附着在内壁上的水泥胶浆冲洗干净，防止硬化的水泥胶浆影响下一次测定的准确度。

2. 强度的测定

根据《公路工程水泥混凝土试验规程》(JTG E30—2005)中水泥胶砂强度测定方法，制备试件(4 cm×4 cm×16 cm)，标准养生条件(温度 20 ℃±3 ℃，相对湿度>90%)养护到规定龄期，测定其抗折、抗压强度。

(1) 抗折强度的测定

① 取出经过规定龄期养护的三个试件，清除试件表面的水分和砂砾，将其放入杠杆式抗折试验机的抗折夹具内，调整杠杆接近平衡位置，进行抗折强度的测定。

② 抗折强度按式(1-1)计算

$$R_f = \frac{3PL}{2bh^2} \tag{1-1}$$

式中 R_f ——抗折强度，MPa；

P ——破坏荷载，N；

L ——支撑圆柱中心距，即 100 mm；

b，h ——试件断面宽及高，均为 40 mm。

抗折强度计算值精确到 0.01 MPa。

③ 抗折强度结果取三个试件的平均值。当三个强度值中有超过平均值±10%的，应剔除后再取平均值，并以此平均值作为抗折强度试验结果。

(2) 抗压强度的测定

① 将抗折试验后的两个断块放入抗压夹具中，在压力试验机上进行抗压强度的测定。压力机加荷速度控制在(5±0.5) kN/s 的范围。

② 抗压强度按式(1-2)计算

$$R_c = \frac{P}{S} \tag{1-2}$$

式中 R_c ——抗压强度，MPa；

P ——破坏荷载，N；

S ——受压面积，为 40 mm×62.5 mm。

抗压强度计算值精确到 0.1 MPa。

③ 六个抗压强度结果中剔除最大、最小两个数值，以剩下 4 个值的平均值作为抗压强度试验结果。如不足六个，取平均值。

1.2.2.3 母体沥青混合料试验方法

1. 粗集料紧装密度的测定

在母体沥青混合料配合比设计中，要用到粗集料紧装密度这一指标。为了与实际情况更接近，采用如下测定方法：称好的粗集料(M)装入标准马歇尔击实筒内($D=101.6$ mm)，注意不要装满，保证集料上表面水平。盖好盖板，用马歇尔击实仪击实 100 次(注：半柔性路面用母体沥青混合料的马歇尔击实次数为正反各 50 次，但对于石料来说，不可能实现正反击实，所以采用单面击实 100 次)，取掉盖筒，同样方法量取集料上表面距离击实筒上边缘的高度 (h_1，h_2，h_3，h_4) 取其平均值 h。取下击实筒，量取上、

下两个表面的直径 D_1，D_2，取其平均值 D 以及量取试模高度 H，计算体积 $V=\frac{\pi D^2}{4}\times(H-h)$，则粗集料紧装密度 $\rho_{sc}=\frac{M}{V}$。本次研究测定粗集料紧装密度 $\rho_{sc}=1.57\ \text{g/cm}^3$。

2. 谢伦堡沥青析漏试验

在母体沥青混合料的最佳沥青用量设计中，使用沥青析漏试验来确定混合料的最大沥青用量。不同国家有不同的试验方法。在日本，试验通常采用 42 cm×30 cm的搪瓷盘，均匀摊铺 2 kg 混合料，将搪瓷盘连同混合料放入 160 ℃的烘箱中 1 h，然后计算其质量损失。而在美国，广泛使用另一种析漏试验即谢伦堡试验，用烧杯代替搪瓷盘进行析漏试验。本研究参照《公路工程沥青与沥青混合料试验规程》(JTG E20—2011)中的有关方法进行沥青析漏试验。

将拌和好的 1 kg 沥青混合料倒入已经称质量的洁净干燥的烧杯（m_0）中，称取烧杯和混合料的总质量 m_1，然后将烧杯放入 170 ℃±2 ℃烘箱中，静置 60 min±1 min 后，取出烧杯，不加任何冲击和振荡，将沥青混合料向下扣倒在盘中，称取烧杯及黏附在烧杯上的残留物的质量 m_2。按式(1-3)计算沥青析漏量。

$$\Delta m=\frac{m_2-m_0}{m_1-m_0}\times 100 \tag{1-3}$$

3. 肯塔堡飞散试验

本研究采用肯塔堡飞散试验来确定沥青混合料中黏附集料所需的最小沥青用量，然后与沥青析漏试验结果相结合，确定合理的沥青用量。

双面击实 50 次成型马歇尔试件，每种级配成型试件 3 个。将试件放入 20 ℃±0.5 ℃的恒温水槽中养生 20 h，取出，称取试件质量 m_0，准确至 0.1 g。迅速将其放入洛杉矶磨耗试验机中，不加钢球，开动试验机，以 30～33 r/min 的速度旋转 300 转。打开试验机盖子，取出试件及其碎块，称取试件残留质量 m_1，按式(1-4)计算其飞散损失。每组级配平行试验 3 次。

$$\Delta S=\frac{m_0-m_1}{m_0}\times 100 \tag{1-4}$$

1.2.2.4 试件成型方法

1. 半柔性路面材料试件成型

将母体沥青混合料在 150～160 ℃下拌和，110～120 ℃下击实或碾压成型，马歇尔试件双面击实各 50 次，混合料试板碾压成型密度由击实马歇尔试件密度控制。

待试件冷却到 60 ℃以下立即进行灌浆，采用平板振动器促进浆液的渗透。渗透完毕后，用橡胶刮板刮除多余的浆液，以暴露出沥青混合料试件表面的凹凸不平为宜。将灌浆后的试件在室温下静置 24 h，待浆料硬化后，放入温度为 20 ℃±3 ℃、湿度大于 90%的养生室内养生 28 d 龄期后，然后测其各项物理力学性质，并进行切割加工成规定尺寸的梁式试件。

2. 水泥-乳化沥青混合料试件成型

(1) 马歇尔试件成型方法

在交通部阳离子乳化沥青课题协作组编著的《阳离子乳化沥青路面》中提到马歇尔试件的成型方法及养生方法如下：

① 每组试件在制作时，上下两面各击实 50 次，并且分为两趟击实。首先在混合料试件拌制入模时，于试件上下击实 25 次，经过规定条件的模内养生后，在养护温度下，再于试件上下两面各击实 25 次，然后冷却脱模。

② 一组试件采用 6 个试件，其中 3 个放在室温条件下养生(温度为 15～25 ℃，相对湿度为 50%～80%)，试件在试模内和试模外分别养生 24 h；另外 3 个试件在 110 ℃的烘箱中于试模内养生 24 h。

以上的方法是针对纯乳化沥青混合料而言的，对于水泥-乳化沥青混合料来说，由于水泥水化的作用，其成型方法及养生条件必有所不同。同济大学的高英等[47]人就水泥-乳化沥青混合料的性能测试方法进行了深入的研究。研究表明，将击实次数从50 次增加到 75 次，不但没有破碎骨料，却使混合料更加紧密，稳定度普遍提高 10%以上。因此，为了满足高等级公路重交通荷载的要求，本研究将击实次数确定为 75 次。高英等人还就马歇尔试件的成型方法和养生条件进行了进一步修正，具体如下：

① 每组试件在制作时，上下击实，分两次进行。第一次击实在混合料拌和入模时进行；第二次击实在水泥初凝时进行。击实次数各为击实总数的一半。第二次击实后将试件脱模养生。

② 一组试件成型 12 个，其中 6 个放在室温条件下养生(20 ℃±5 ℃，保湿)；另外 6 个试件放在 60 ℃恒温恒湿箱内养生 48 h。

英国的 S. F Brown 和 D Needham[27]也曾就水泥-乳化沥青混合料试件养生条件提出了类似的结论，认为对于水泥-乳化沥青混合料，在 60 ℃的烘箱中养生较合适。

因此，参照国内外有关的研究资料，本研究采用以下方法成型及养生试件：

① 每组试件在制作时，上下击实，分两次进行。第一次击实在混合料拌和入模时进行；第二次击实在 2.5 h(水泥初凝时间)后进行。第一趟击实次数为上下各 50 次，第二趟击实次数为上下各 25 次。第二趟击实后将试件脱模养生。

② 一组试件成型 6 个，其中 3 个放在室温条件下养生(20 ℃±5 ℃，保湿)；另外 3 个试件放在 60 ℃烘箱中养生 48 h。

(2) 车辙板成型方法

水泥-乳化沥青混合料经过一段时间的行车碾压后，其中的水泥水化过程基本完成，乳化沥青完全恢复黏结作用，多余的水分不断蒸发至混合料干燥，密实度达到最佳。

同济大学高英等[47]人的研究证明，水泥-乳化沥青混合料在 60 ℃的烘箱中养生 48 h 后，其性能接近混合料后期情况。英国的 S. F Brown 和 D Needham[27]对于水泥-乳化沥青混合料也采用 60 ℃烘箱养生方法来表征其后期情况。综合国内外研究情况，本研究采用以下方法来成型板式试件。

① 将矿料在常温下拌和好后，倒入试模中，然后用小型击实锤由边至中转圈夯实，整平成凸圆弧形。

② 将盛有混合料的试模放到轮碾机的平台上，开动轮碾机，在常温下碾压，至马歇尔标准密实度为 100%±1%为止。

③ 将试板连同模子一起放入 60 ℃的烘箱中养生 48 h 后，再进行各项性能的测试。

1.2.2.5 半柔性路面材料的路用性能试验方法

1. 高温稳定性

目前我国评价沥青路面高温稳定性的室内方法有马歇尔试验法（包括马歇尔稳定度、流值和马歇尔模数）、蠕变试验、车辙试验以及环道试验等，其中应用最广泛的是马歇尔试验法，但是它有一定的局限性。诺丁汉大学的研究表明，马歇尔试验并不是很好的评价沥青路面永久变形抵抗能力的方法。据第十九届世界道路会议对美国、法国、意大利等 16 个国家的调查资料表明，马歇尔方法设计沥青混合料的稳定度和流值与实际路面相关性不大；我国“七五”攻关项目也证明了车辙试验与实际沥青路面相关性比较好。因此，鉴于车辙试验方法的简便直观，以及与路面实际车辙较好的相关性，本研究除了使用马歇尔试验方法来评价其高温稳定性外，主要采用车辙试验来检验半柔性路面复合材料的抗车辙能力。

（1）马歇尔试验

马歇尔试验方法完全参照《公路工程沥青与沥青混合料试验规程》(JTG E20—2011)中的有关方法进行。

（2）车辙试验

① 试验仪器

已有研究表明，半柔性路面材料的车辙变形比较小，如果仍然采用单轮轮辙试验，数据采集所产生的误差对于动稳定度的计算将产生较大的影响。因此，本研究采用双轮轮辙试验，同时在同一试件两端 1/3 位置上进行两次平行试验，取其平均值。为了达到上述目的，本研究选用北京慧思迈仪器开发中心研制生产的 ZCZ-5 型双轮车辙仪来进行车辙试验。ZCZ-5 型全自动双轮车辙试验仪可在试验时取试件三分点分别设定为 A，B 两个通道，试验整个过程中计算机自动采集两个通道的数据，并分别进行动稳定度的计算。这样，同一块试板可同时得到两个动稳定度，降低了数据采集误差对于最终试验结果的影响。

② 试验时间的确定

参照《公路工程沥青及沥青混合料试验规程》(JTG E20—2011)，试验前要将试板连同试模放置在 60 ℃±1 ℃的恒温室中，时间不得少于 5 h，也不得多于 24 h。对于半柔性路面材料试板，仍然参照规范规定进行保温。

2. 低温抗裂性

路面抗裂性能与材料低温性能指标一直是国际道路学术界的重要研究内容。美国 SHRP 计划在沥青混合料技术标准的研究中包括了沥青路面抗裂能力的研究。我国"七五"攻关项目中曾对沥青及沥青混合料的低温性能进行了一些研究，在"八五"国家攻关专题中又专门对沥青及沥青混合料的低温性能指标进行了研究，并提出了建议值。研究沥青混合料低温性能的试验方法有多种，主要包括等应变加载的破坏试验(间接拉伸试验、弯曲、压缩试验)、直接拉伸试验、弯曲拉伸蠕变试验、受限试件温度应力试验、三点弯曲 J 积分试验、收缩系数试验、应力松弛试验等。为了更好地研究半柔性路面材料的低温抗裂性能，本研究采用劈裂试验、低温弯曲试验和弯曲蠕变试验，从不同角度检验半柔性路面材料的低温抗裂性能。

(1) 劈裂试验

劈裂试验即间接拉伸试验，它是通过加载条加静载于圆柱形试件的轴向，试件按一定的变形速率加载，通过 LVDT 得到垂直方向、水平方向变形。从而获得混合料的劈裂强度、破坏应变和劲度模量。

本研究采用美国 MTS 公司生产的土壤沥青闭环液压伺服系统试验机，整个试验过程由计算机程序控制，试验数据由计算机自动采集。具体试验方法如下。

① 试件：直径ϕ(101.6±0.25) mm，高度为(63.5±1.3) mm 的圆柱形试件。

② 试验温度：−10 ℃。

③ 加载速率：1 mm/min。

④ 压条尺寸：宽度为 12.7 mm，内侧曲率半径为 50.8 mm。

计算公式见式(1-5)—式(1-8)。

$$R_T = 0.006287 P_T / h \tag{1-5}$$

$$\mu = (0.1350A - 1.7940)/(-0.5A - 0.0314) \tag{1-6}$$

$$\varepsilon_T = X_T \times (0.0307 + 0.0936\mu)/(1.35 + 5\mu) \tag{1-7}$$

$$S_T = P_T \times (0.27 + 1.0\mu)/(h \cdot X_T) \tag{1-8}$$

式中 R_T ——劈裂抗拉强度，MPa；

ε_T ——破坏拉伸应变；

h ——试件高度，mm；

X_T ——水平方向总变形，mm；

Y_T ——试件相应于最大破坏荷载时的垂直方向总变形，mm；

μ ——泊松比；

P_T ——试验荷载的最大值，N；

A ——试件垂直变形与水平变形的比值。

(2) 低温弯曲试验

低温弯曲破坏试验是国内外较常用的沥青混合料低温抗裂性评价方法。它通过万能材料试验机以一定的速率加载到规定尺寸的梁式试件上，从而确定其抗弯拉强度、弯拉应变和劲度模量等指标。一般说来，抗裂性能好的材料一定具有较高的强度和较大的变形能力。因此，综合考虑应变和应力的影响，在确定其抗弯拉强度、弯拉应变和劲度模量的前提下，进一步计算其破坏状态时的总应变能。

① 本试验仍然在 MTS 试验机上完成。其具体试验条件如下。

试件：轮碾成型后切制的长 250 mm±2.0 mm，宽 30 mm±2.0 mm，高 35 mm±2.0 mm，其跨径采用 200 mm±0.5 mm。

温度：−10 ℃。

加载速率：50 mm/min。

加载方式：中央集中加载。

计算公式见式(1-9)—式(1-11)。

$$R_B = \frac{3LP_B}{2bh^2} \tag{1-9}$$

$$\varepsilon_B = \frac{6hd}{L^2} \tag{1-10}$$

$$S_B = \frac{R_B}{\varepsilon_B} \tag{1-11}$$

式中 R_B ——试件破坏时的抗弯拉强度，MPa；

ε_B ——试件破坏时的最大抗弯拉应变；

b ——跨中断面试件的宽度，mm；

h ——跨中断面试件的高度，mm；

L ——试件的跨径，mm；

P_B ——试件破坏时的最大荷载，N；

d ——试件破坏时的跨中挠度，mm；

② 应变能计算

将弯曲试验得到的荷载和变形数据，根据式(1 9)和式(1-10)计算转换为应力和应变，其应力-应变曲线一般如图 1-2 所示。

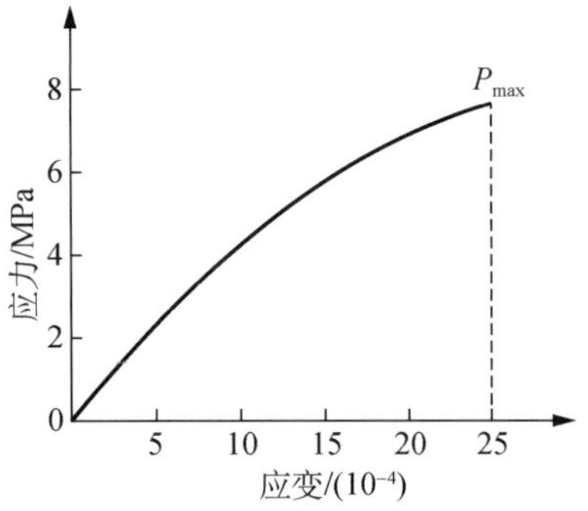

图 1-2 低温弯曲应力-应变典型曲线

对得到的低温弯曲试验数据进行二次、三次、四次多项式回归，发现半柔性路面材料的应力-应变曲线用三次多项式回归时，其复相关系数均大于 0.99，已满足精度要求。因此，半柔性路面材料的应力-应变曲线关系可用式(1-12)表示。

$$P(\delta)=b_0+b_1\delta+b_2\delta^2+b_3\delta^3 \tag{1-12}$$

式中 b_i ——常数，回归得到的系数，$i=0,1,2,3$；

P ——应力，MPa；

δ ——应变。

图 1-2 中虚线所示为破坏状态(P_{max})。破坏状态时的应变能密度 E 可由荷载-变形曲线中虚线和曲线之间的闭合面积积分得到。应变能 E 密度的具体计算如式(1-13)所示。

$$E=\int_0^{\delta_0}P(\delta)\mathrm{d}\delta=\int_0^{\delta_0}(b_0+b_1\delta+b_2\delta^2+b_3\delta^3)\mathrm{d}\delta \tag{1-13}$$

式中，E 为应变能密度，J/m³。

(3) 弯曲蠕变试验

低温蠕变试验按其加载方式的不同可以分为直接拉伸蠕变、劈裂拉伸蠕变和弯曲蠕变试验。由于直接拉伸蠕变试验的条件比较困难，国内外都采用弯曲蠕变或是劈裂蠕变。我国在“八五”攻关课题中，对弯曲蠕变和劈裂蠕变两种方法进行了比较，最后采用弯曲蠕变试验作为我国沥青混合料低温抗裂性能的评价方法。

本研究采用 0 ℃弯曲蠕变速率来评价半柔性路面材料的低温抗裂性能。对于密级配沥青混合料，一般按照 1 MPa 的应力水平来加载。因为密级配沥青混合料 0 ℃时试件的破坏应力在 10 MPa 左右，按照 10%应力水平加载，基本上在 1 MPa 左右，这样加载就会出现蠕变稳定阶段。对于半柔性路面材料，试验表明其破坏应力在 5.0～8.0 MPa，如果仍然按照 1 MPa 应力水平加载的话，试件会很快破坏，得不到蠕变稳定阶段，因此根据《公路工程沥青及沥青混合料试验规程》(JTG E20—2011)中规定，将应力水平选为破坏荷载的 10%。

本试验在 MTS(Test Star Ⅱ)材料试验机上进行，试验温度通过环境箱来严格控制。其具体试验条件如下。

① 试件：轮碾成型后切制的长 250 mm±2 mm，宽 30 mm±2.0 mm，高 35 mm±2.0 mm，其跨径采用 200 mm±0.5 mm。

② 加载方式：单点集中加载。

③ 试验温度：0 ℃。

④ 施加荷载：0.1P，P 为 0 ℃试件的弯曲破坏荷载。

3. 疲劳特性

综合目前已有的研究成果，沥青路面疲劳特性的研究方法基本上可以分为两类：一类为现象学法，即传统的疲劳理论方法，它采用疲劳曲线表征材料的疲劳性质；另一类为力学近似法，即采用断裂力学原理分析疲劳裂缝扩展规律以确定材料疲劳寿命的一种方法。

应用现象学法进行疲劳试验时，可采用控制应力和控制应变两种不同的加载模式。应力控制方式是指反复加载过程中让所施加荷载（或应力）的峰谷值始终保持不变，随着加载次数的增加最终导致试件的断裂破坏。这种方式表征的疲劳特性可由式(1-14)表示。

$$N_f = K\left(\frac{1}{\sigma}\right)^n \tag{1-14}$$

应变控制方式是指在反复加载过程中始终保持挠度或试件底部应变峰谷值不变。在这种加载方式下，试件通常不会出现明显的断裂破坏，一般以混合料的劲度下降到初始劲度的 50%或更低为疲劳破坏强度。其疲劳特性可由式(1-15)表征。

$$N_f = C\left(\frac{1}{\varepsilon}\right)^m \tag{1-15}$$

式中 N_f ——达到破坏时的重复荷载作用次数；

σ，ε ——初始的弯拉应力和弯拉应变；

K，n，C，m ——由试验所确定的系数。

鉴于应力加载模式的简便，本研究选用应力控制方式来研究半柔性材料的疲劳性能。本试验在 MTS 材料试验系统上进行，具体试验条件如下。

① 试件：50 mm×50 mm×240 mm 的梁式试件，跨径为 150 mm。

② 温度：鉴于试验条件限制，采用室温 18 ℃。

③ 荷载形式：半正弦波。

④ 加载方式：三点加载。

⑤ 加载频率：10 Hz。

4. 水稳定性

水损害是沥青路面的主要损害之一，它是指沥青路面在水或是冻融循环的作用下，由于汽车动荷载的作用，进入路面空隙中的水不断产生动水压力或真空负压抽吸的反复作用，水分进入沥青与集料界面上，使沥青黏附性降低并逐渐丧失黏结力，出现沥青混合料掉粒、松散等现象的情形。除了荷载和水分等外界因素外，沥青混合料的抗水害性能是决定路面水稳定性的根本因素。

目前，广泛应用的有浸水马歇尔试验、冻融劈裂强度试验、浸水劈裂试验、浸水抗压强度试验、浸水车辙试验等。借鉴国内外经验，本项目采用浸水马歇尔试验和冻融劈裂试验来检验半柔性路面材料的水稳定性。

(1) 浸水马歇尔试验

每组试件成型 6 个，其中 3 个在 60 ℃的恒温水浴中恒温 30～40 min 后测其马歇尔

稳定度 MS，另外 3 个在 60 ℃中恒温 48 h 后测其马歇尔稳定度 MS_1。其残留稳定度按式(1-16)计算。

$$MS_0 = \frac{MS_1}{MS} \times 100 \tag{1-16}$$

(2) 冻融劈裂试验

本试验在 MTS 材料试验机上进行，压条宽度为 12.7 mm，内侧曲率半径为 5.08 mm，加载速率采用 50 mm/min。具体试验步骤如下。

① 每组试件成型 6 个，其中 3 个放入 25 ℃水浴中恒温 2 h 后，取出测试其劈裂抗拉强度 R_{T1}。

② 另外 3 个试件按照 T0717—1993 中的方法进行真空饱水。在 98.3～98.7 kPa 真空条件下保持 15 min，然后打开阀门，恢复常压，在水中放置 30 min。

③ 取出试件，放入塑料袋中，加入 10 mL 水，扎紧袋口，放入−18 ℃的冰箱中，保持 16 h。

④ 取出试件，去除塑料袋，放入 60 ℃±0.5 ℃的恒温水槽中，保温 24 h。然后取出试件，放入 25 ℃的水中保温 2 h 后，测定其劈裂抗拉强度 R_{T2}。

⑤ 按照式(1-17)计算其冻融劈裂抗拉强度比 TSR。

$$TSR = \frac{R_{T2}}{R_{T1}} \times 100 \tag{1-17}$$

5. 耐油蚀性

国内外研究资料表明，半柔性路面材料具有较高的耐油蚀性。因此，本研究对半柔性路面材料进行了耐油蚀性检验。参考国内外资料，确定具体试验步骤如下。

(1) 每组试件成型 6 个，其中 3 个放入 60 ℃的恒温水浴中保温 30～40 min，测定其马歇尔稳定度 MS_1。

(2) 另外 3 个放入 90# 汽油中浸泡 24 h，然后在 60 ℃的恒温水浴中保温 30～40 min，测定其马歇尔稳定度 MS_2。

(3) 计算其浸油后的残留稳定度 MS_0，计算公式见式(1-18)。

$$MS_0 = \frac{MS_2}{MS_1} \times 100 \tag{1-18}$$

1.2.2.6 半柔性路面材料的路面设计参数

根据《公路沥青路面设计规范》(JTG D50—2017)规定，各层材料的模量均采用抗压回弹模量，沥青混凝土和半刚性材料的抗拉强度采用劈裂强度试验测得劈裂强度。

1. 抗压回弹模量

抗压回弹模量的测定按照《公路工程沥青及沥青混合料试验规程》(JTG E20—2011)中 T0713 方法测定。本试验在 MTS 材料试验系统(Test Star Ⅱ)上进行，试验温度由环境箱严格控制。具体试验条件如下。

① 试件：直径ϕ 100 mm±2.0 mm，高 100 mm±2.0 mm 的圆柱体。

② 温度：用于计算弯沉的标准试验温度为 20 ℃；用于验算弯拉应力的标准试验温度为 15 ℃。

③ 加载速率：2 mm/min。

2. 劈裂试验

劈裂强度的测定按照《公路工程沥青及沥青混合料试验规程》（JTG E20—2011）中 T0716—1993 的规定进行。本试验在 MTS 材料试验系统上进行。具体试验条件如下。

① 试件：直径ϕ 101.6 mm±0.25 mm，高度为 63.5 mm±1.3 mm 的圆柱形试件。

② 试验温度：15 ℃。

③ 加载速率：1 mm/min。

④ 压条尺寸：宽度为 12.7 mm，内侧曲率半径为 50.8 mm。

2 半柔性路面用混合料的设计方法

2.1 半柔性路面用水泥胶浆的配合比设计

作为半柔性路面用水泥胶浆，主要由水泥胶结料、细集料和水组成，必须具有以下性质：①足够的抗压强度和抗折强度；②良好的流动度；③在硬化过程中，体积变化要求小于 0.5%；④具有较小的干缩、温缩特性；⑤必须具有良好的与混合料结合的性能。

考虑以上原则，参照日本道路协会《アスファルト铺装要纲》(《沥青铺装要纲》)，给出了半柔性路面用水泥胶浆主要性能指标，如表 2-1 所示。

表 2-1　水泥胶浆性能目标值

指标	范围	备注
流动度/s	10～14	
抗折强度/MPa	>3.0	7 d 养生
抗压强度/MPa	15～25	

1. 试验方案确定

影响水泥胶浆性能的因素很多，如水灰比、砂用量、矿粉用量、矿粉种类等因素。在本研究中，考虑了水灰比、砂用量、矿粉用量、矿粉种类和水泥标号五种因素，因素水平的选取见表 2-2。

表 2-2　因素水平表

水平	A	B	C	D	E
	水灰比	砂用量/%	矿粉用量/%	矿粉种类	水泥标号
1	0.60	0	0	石灰石矿粉	425#
2	0.65	10	10	粉煤灰	525#
3	0.70	20	20		
4	0.55	30	30		

现在最常用的试验设计方法是正交试验设计法。它在挑选代表点时有两个特点："均匀分散，整齐可比"。但是，它也有其局限性，即只适用于水平数不多的试验。若在一项试验中有 S 个因素，每个因素各有 q 个水平，用正交设计法安排试验，则至少要 q^S 次试验。当 q 较大时，q^S 将更大，试验工作量让人望而生畏。针对这一实际问题，王元和方开泰于 1978 年提出了均匀设计法，该设计考虑了如何将设计点均匀的散布于试验范围内，使得能用较少的试验点来获得较多的信息。对于影响因素多、因素水平多的试

验，采用均匀设计法是非常有效的。因此，鉴于以上原因，本研究采用均匀设计法来安排试验。

均匀设计法是一种只考虑试验点在试验范围内均匀分布的试验设计方法。每一个均匀设计表有一个代号 $U_n(q^S)$ 或 $U_n^*(q^S)$，其中"U"表示均匀设计，"n"表示要做 n 次试验，"q"表示每个因素有 q 个水平，"S"表示该表有 S 列。U 的右上角加"＊"和不加"＊"代表两种不同类型的均匀设计表。通常加"＊"的均匀设计表有更好的均匀性，应优先选用。

每个均匀设计表都附有一个使用表，它指示我们如何从均匀设计表中选择适当的列，以及由这些表所组成方案的均匀度。表 2-3 为 $U_6^*(64)$ 均匀设计表，表 2-4 是 $U_6^*(64)$ 的使用表。它告诉我们，若有两个因素，应选用 1，3 两列来安排试验；若有 3 个因素，应选用 1，2，3 三列。最后一列 D 表示刻划均匀度的偏差，偏差越小，表示均匀度越好。

表 2-3　$U_6^*(64)$ 均匀设计表

No.	1	2	3	4
1	1	2	3	6
2	2	4	6	5
3	3	6	2	4
4	4	1	5	3
5	5	3	1	2
6	6	5	4	1

表 2-4　$U_6^*(64)$ 的使用表

因素数 S	列号	均匀度偏差 D
2	1，3	0.1875
3	1，2，3	0.2656
4	1，2，3，4	0.2990

考虑以上原则，选用 $U_{12}^*(12^{10})$ 均匀设计表(表 2-5)，并根据其使用表(表 2-6)，选择其中的 1，3，4，8，10 列来设计试验。由于因素 A，B，C 各有 4 个水平，而因素 D、E 则有 2 个水平，为混合水平的试验，所以必须要进行拟水平转换，即：将 A，B，C 三列中{1，2，3}→1(水平)，{4，5，6}→2(水平)，…，{10，11，12}→4(水平)；将 D，E 两列中{1，2，3，4，5，6}→1(水平)，{7，8，9，10，11，12}→2(水平)。

表 2-5　　$U_{12}^{*}(12^{10})$均匀设计表

No.	1	2	3	4	5	6	7	8	9	10
1	1	2	3	4	5	6	8	9	10	12
2	2	4	6	8	10	12	3	5	7	11
3	3	6	9	12	2	5	11	1	4	10
4	4	8	12	3	7	11	6	10	1	9
5	5	10	2	7	12	4	1	6	11	8
6	6	12	5	11	4	10	9	2	8	7
7	7	1	8	2	9	3	4	11	5	6
8	8	3	11	6	1	9	12	7	2	5
9	9	5	1	10	6	2	7	3	12	4
10	10	7	4	1	11	8	2	12	9	3
11	11	9	7	5	3	1	10	8	6	2
12	12	11	10	9	8	7	5	4	3	1

表 2-6　　$U_{12}^{*}(12^{10})$的使用表

因素数 S	列号	均匀偏差度 D
2	1　5	0.1163
3	1　6	0.1838
4	1　6　7　9	0.2233
5	1　3　4　8　10	0.2272
6	1　2　6　7　8　9	0.2670
7	1　2　6　7　8　9　10	0.2768

2. 试验结果

具体试验设计及结果见表 2-7。

表 2-7　　水泥胶浆试验结果

试验编号	水灰比 w/c	砂用量/%	矿粉用量/%	矿粉种类	水泥标号	7 d抗折强度/MPa	7 d抗压强度/MPa	28 d抗折强度/MPa	28 d抗压强度/MPa	流动度/s
1	0.6	0	10	2	525#	5.23	26.00	6.80	36.10	12.90
2	0.6	10	20	1	525#	5.50	32.20	6.67	35.60	13.05
3	0.7	20	30	1	525#	6.65	29.25	6.85	33.90	47.22

（续表）

试验编号	水灰比 w/c	砂用量/%	矿粉用量/%	矿粉种类	水泥标号	7 d 抗折强度/MPa	7 d 抗压强度/MPa	28 d 抗折强度/MPa	28 d 抗压强度/MPa	流动度/s
4	0.6	30	0	2	525#	5.11	24.13	6.05	27.33	12.05
5	0.65	0	20	1	525#	5.12	22.65	6.67	28.25	11.08
6	0.65	10	30	1	525#	6.90	30.20	8.40	38.90	23.08
7	0.65	20	0	2	425#	4.15	15.25	5.12	20.35	9.30
8	0.7	30	10	2	425#	4.20	17.80	6.25	25.35	27.20
9	0.7	0	30	1	425#	3.82	15.75	5.08	18.35	13.00
10	0.55	10	0	2	425#	4.00	15.80	5.66	23.10	9.45
11	0.55	20	10	2	425#	4.70	21.15	6.48	27.10	32.36
12	0.55	30	20	1	425#	6.87	35.75	9.60	44.80	183.52

注：矿粉种类中，1 代表石灰石矿粉，2 代表粉煤灰。

3. 水泥胶浆最佳配比的分析与确定

(1) 因素主次分析

为了揭示因变量与影响因素的关系，找出因素的主次关系，从而确定水泥胶浆的最佳配合比，本研究采用回归分析方法来分析试验数据。在此，应用功能强大的 SPSS (Statistical Program for Social Sciences)统计软件包进行回归分析。

以表 2-7 中 7 d 抗折强度的数据为例，介绍 SPSS 的具体分析过程。在 SPSS 中，有以下几种自变量选取方法。

① Enter 选项：让所有选择的变量都进入回归模型。

② Stepwise 选项：如果 F 统计量充分小，在每一步，考虑所有不在回归方程中的自变量，将使方程具有最小的 F 统计量值的变量进入方程。如果 F 统计量变得比较大，则删除刚加入的变量。如此操作，直到方程中没有变量可删除，模型外也没有变量可加入。

③ Remove 选项：在建立回归模型之前，设定一定的条件，在建立回归模型时，根据条件删除变量。

④ Backward 选项：首先让所有的变量进入回归方程，然后逐一删除。在删除过程中，和因变量有最小偏相关系数的变量首先被删除，如此操作，直到回归方程中再没有满足删除条件的变量为止。

⑤ Forward 选项：与“Backward”相反，它逐一让变量进入回归方程。

在本研究的分析过程中，采用逐步回归思想，找出影响显著的因素。而在 SPSS 中，“Backward”和“Forward”恰恰符合逐步回归的思想。因此，本研究采用“Backward”选项来选取变量。具体分析结果见表 2-8—表 2-12。

表 2-8　变量删除与进入表[b]

模型	进入变量	删除变量	变量选取方式
1	矿粉用量，砂用量，水灰比[a]		Enter
2		水灰比	Backward（标准：自变量的 F 统计量的概率值≥0.100）
3		砂用量	Backward（标准：自变量的 F 统计量的概率值≥0.100）

注：a. 全部进入的变量；
b. 因变量为 7 d 抗折强度。

表 2-9　回归模型的一般统计量表[d]

模型	复相关系数 R	R^2	调整后的 R^2	预测值的标准差
1	0.778[a]	0.606	0.458	0.8182
2	0.671[b]	0.450	0.328	0.9108
3	0.550[c]	0.302	0.232	0.9736

注：a. 自变量为矿粉用量，砂用量，水灰比；
b. 变量为矿粉用量，砂用量；
c. 变量为矿粉用量；
d. 因变量为 7 d 抗折强度。

表 2-10　方差分析表[d]

模型		回归平方和	自由度	均值平方	F 统计量	统计量大于 F 的概率(Sig)
1	回归	8.227	3	2.742	4.097	0.049[a]
	残差	5.335	8	0.669		
	全部	13.582	11			
2	回归	6.115	2	3.058	3.686	0.068[b]
	残差	7.466	9	0.830		
	全部	13.582	11			
3	回归	4.103	1	4.103	4.328	0.064[c]
	残差	9.479	10	0.948		
	全部	13.582	11			

注：a. 变量为矿粉用量，砂用量，水灰比；
b. 变量为矿粉用量，砂用量；
c. 变量为矿粉用量；
d. 因变量为 7 d 抗折强度。

表 2-11　　回归方程的回归系数分析表[a]

模型		非标准化系数		标准化系数	t 统计量	假设检验的显著水平值
		偏回归系数 B	偏回归系数的标准差			
1	常数	8.612	2.870		3.000	0.017
	水灰比	−8.487	4.779	−0.446	−1.776	0.114
	砂用量	3.991	2.241	0.419	1.781	0.113
	矿粉用量	8.541	2.512	0.898	3.400	0.009
2	常数	3.626	0.665		5.451	0.000
	砂用量	3.885	2.494	0.408	1.557	0.154
	矿粉用量	6.525	2.494	0.686	2.616	0.028
3	常数	4.403	0.470		9.362	0.000
	矿粉用量	5.230	2.514	0.550	2.081	0.064

注：a. 因变量为 7 d 抗折强度。

以上为 SPSS 软件包得出的统计结果。其中，表 2-8 表示变量的删除与进入情况，这里只有“矿粉用量”最终留在回归模型中；表 2-9 表示回归方程的一般统计，列出了回归模型的复相关系数“R”，复相关系数的平方“R Square”等；表 2-10 表示回归模型的方差分析表，列出了回归的平方和，自由度，均值的平方和 F 统计量的值以及统计量大于 F 值的概率“Sig”；表 2-11 为回归系数分析表，各个变量的偏相关系数“B”及其他统计量。

类似以上步骤，得到各个因变量的回归模型，见表 2-12。

表 2-12　　回归模型及方差分析表

因变量	回归模型	复相关系数 R	统计量 F	Sig
7 d 抗折强度	$y = 4.403 + 5.230x_3$	0.550	4.328	0.064
7 d 抗压强度	$y = 61.744 - 71.530x_1 + 45.260x_3$	0.714	4.668	0.041
28 d 抗折强度	$y = 13.434 - 14.338x_1 + 4.832x_2 + 9.593x_3$	0.818	5.373	0.026
28 d 抗压强度	$y = 76.970 - 86.615x_1 + 47.280x_3$	0.687	4.028	0.056
流动度	$y = 247.606 - 479.586x_1 + 267.832x_2 + 298.744x$	0.812	5.177	0.028

注：x_1—— 水灰比；x_2—— 砂用量；x_3——矿粉用量。

由表 2-12 分析可知，在各回归模型中，水灰比的偏相关系数最大，其次是矿粉用量。因此，综合以上分析和实际情况，可知水灰比和矿粉用量是主要影响因素，砂用量、矿粉种类和水泥标号是次要影响因素。

（2）最佳配合比的确定

水泥胶浆配合比设计的主要任务，不但是要找出影响胶浆性能的主要因素，还要最终确定各种材料组成的比例。观察表 2-12 的方差分析数据，其中复相关系数最大的是以 28 d 抗折强度为因变量的回归模型，为“0.818”。观察 SPSS 得出的散点图，从统计学的角度讲，上述回归模型的线性回归不是特别显著。因此，考虑用曲线回归来拟合试验数据。

为了能在得到结果的同时，减少繁琐的计算过程，本研究采用只取一个变量，将其余变量视为常数的方法对水泥胶浆试验数据进行曲线拟合。以流动度与水灰比关系为例进行曲线回归，结果见表 2-13。

表 2-13　　流动度与水灰比曲线回归

因变量	自变量	回归模型	统计量 F	统计量大于 F 的概率(Sig)
流动度	水灰比	$y=3\ 190.20-9\ 908.4x+7\ 709.00x^2$	9.12	0.228

由表 2-13 中的回归模型，通过二次求导方法得，当流动度取得最小值时，水灰比取 0.64。但是，表 2-1 中流动度的范围是10～14 s，所以由图 2-1中的两条虚线得水灰比的范围是 0.61～0.62。

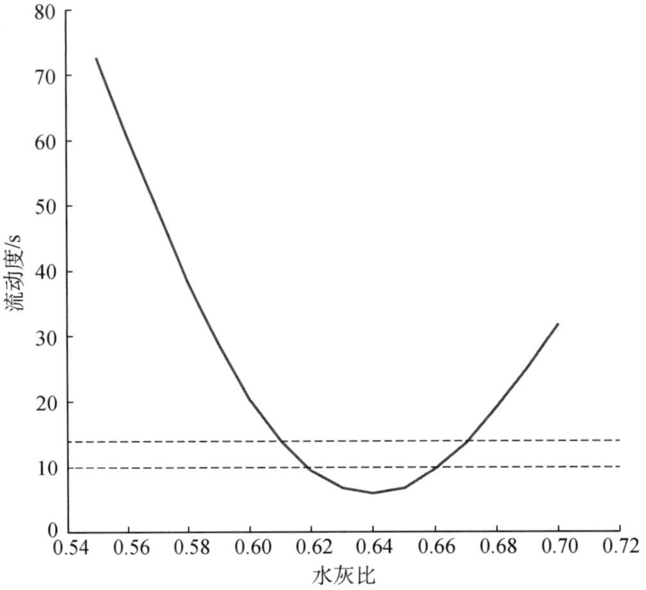

图 2-1　流动度与水灰比关系曲线

类似以上方法，分析各个因变量与自变量的关系，得到胶浆的最终配合比为水灰比为 0.61，矿粉用量为 10%，砂用量为 20%。所得配比不在试验设计水平中，为检验所得水泥胶浆性能指标是否符合要求，补充试验，结果见表 2-14。

参照表 2-1，可知此配比的水泥胶浆完全符合设计要求。

表 2-14　　补充试验结果

配合比	7 d 抗折强度/MPa	7 d 抗压强度/MPa	流动度/s
水灰比：0.61 砂用量：20% 矿粉用量：10%	4.00	19.85	10.98

(3) 水泥胶浆配比的优化

为了改善水泥胶浆的黏附性，使灌入的水泥胶浆能很好地与母体沥青混合料结合，同时也降低其脆性，本研究在水泥胶浆最佳配合比的基础上，加入聚合物乳液，进一步优化水泥胶浆的配比。

本研究选用三种胶乳掺入量 1%，3%，5%，胶乳掺入量以聚灰比（胶乳/水泥）来表征。试验设计及结果见表 2-15。

表 2-15　　水泥胶乳优化配比设计及结果

聚灰比	水灰比	流动度/s	7 d 养生强度/MPa		28 d 养生强度/MPa	
			抗折强度	抗压强度	抗折强度	抗压强度
1%	0.72	20.00	4.57	24.9	7.46	31.20
	0.75	13.80	4.41	23.8	6.09	24.78
	0.76	9.80	3.11	20.2	5.66	24.15
3%	0.65	25.00	4.53	27.2	6.60	32.85
	0.70	12.80	3.81	25.4	5.27	30.40
	0.72	14.00	3.75	20.4	5.93	27.15
5%	0.70	16.00	4.53	21.8	5.93	31.20
	0.72	12.60	4.10	21.0	5.16	20.55
	0.75	13.20	3.75	20.4	4.84	24.75
0	0.72	—	3.90	22.5	4.94	30.60

选择水灰比为 0.72 的一组进行比较，观察聚合物胶乳对于试件抗折强度和抗压强

度的影响，得到柱状比较图 2-2 和图 2-3，并得到以下结论。

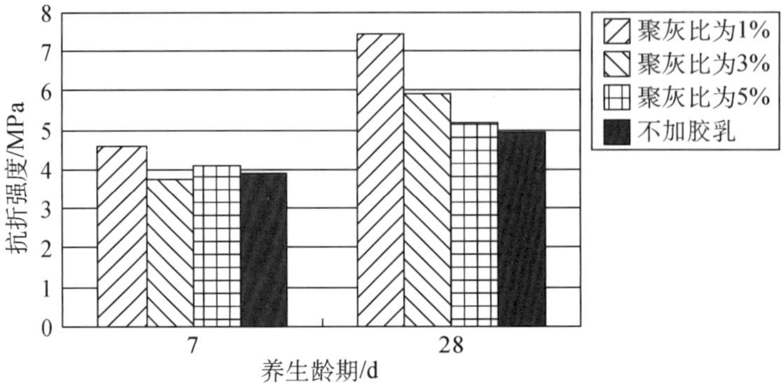

图 2-2 抗折强度比较

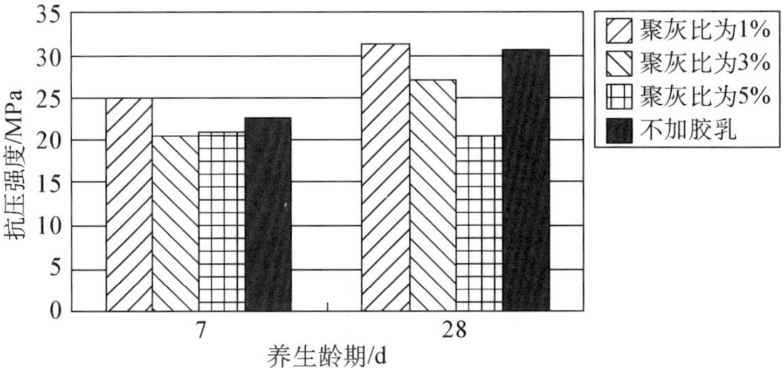

图 2-3 抗压强度比较

① 养生 7 d 龄期，加胶乳试件与不加胶乳试件的抗折强度和抗压强度相差不大；胶乳掺入量对强度没有明显的影响。

② 养生 28 d 龄期，加胶乳试件的抗折强度有明显的增加，而抗压强度则降低了；随着胶乳含量的增加，抗折强度的增加幅度减小，抗压强度的降低幅度也减小。

参照表 2-1 所示指标范围，本研究选择表 2-16 中所示的三种配合比进一步展开研究工作。

表 2-16 水泥胶浆改性配比

配合比	聚灰比/%	水灰比	砂用量/%	矿粉用量/%
1	1	0.75	20	10
2	3	0.70		
3	5	0.72		

2.2 半柔性路面用母体沥青混合料的设计方法

沥青混合料可因矿料级配的不同而形成不同的组成结构，诸如悬浮-密实结构、骨架-空隙结构和骨架-密实结构。半柔性路面混合料属于骨架-密实结构，而母体沥青混合料则属于骨架-空隙结构，即在形成骨架的同时提供足够大的空隙以使水泥胶浆充分灌入。母体沥青混合料的体积特征对半柔性路面的力学性能可产生重大影响，因此，在母体沥青混合料的设计过程中要突出混合料的体积特征，使其具有良好的体积特征。

1. 沥青混合料级配设计理论及体积设计法思路

沥青混合料是一种复合材料，它由粗集料（≥4.75 mm）、细集料（<4.75 mm）、矿粉以及沥青和外加剂组成。其抗剪强度主要取决于矿质集料的物理-化学作用而产生的黏聚力 c 以及矿质集料在沥青混合料中分散程度不同而产生的内摩擦角 φ，如式(2-1)所示。

$$\tau = f(c,\ \varphi) \tag{2-1}$$

沥青混合料中，由于组成材料质量和数量的差异，所以形成不同的组成结构，表现出不同的力学性能。也就是说沥青混合料的级配组成不同，所表现出的力学性能也不同。

目前常用的级配理论，主要有最大密度曲线理论和粒子干涉理论。前者主要描述了连续级配的粒径分布，认为固体颗粒按粒径大小有规则地组合排列，可以得到密度最大、空隙最小的混合料，可用于计算连续级配；后者认为，为达到最大密度，在前一级颗粒之间的空隙应由次一级颗粒所填充，其余空隙又由再次小的颗粒所填充，但填隙的颗粒粒径不得大于其间隙的距离。粒子干涉理论不仅可用于计算连续级配，而且可以用于计算间断级配。

现行矿质混合料的级配，可以分为连续级配和间断级配两种。所谓连续级配，就是矿料中各级粒径的粒料，由小到大逐级按一定的质量比例组成。如图 2-4中的 a 部分，连续的密级配混合料虽然可以获得最佳的密实度和较大的黏结力，但不能构成最大的内摩阻力，其强度主要受黏结力所左右。在现代重型汽车交通荷载作用下，路面可能因热稳定性不足而产生车辙、波浪、推移等变形，从而影响正常使用。连续开级配混合料（图 2-4 中的 b 部分），虽然增加了粗骨料的含量，混合料可以形成骨架作用，但是由于细集料含量少，不能充分填充粗骨料之间的空隙。这类材料的强度主要取决于内摩阻力，黏结力相对是次要的，因而其热稳定性可以显著提高，但是路面耐久性不好。为了解决上述矛盾，近年来发展了一种新的矿料级配类型——间断级配。所谓间断级配，就是指在矿料组成中，大小颗粒不是连续存在的，而是在某一个或某几个粒径范围内没有或是很少矿料颗粒所组成的一种矿质混合料。级配曲线如图 2-4 中 d 部分。间断级配虽然在理论上能解决路面热稳定性和耐久性之间的矛盾,但是在实际应用中,由于路面用的矿质混合料的最大粒径不超过 40 mm(或 35 mm),一般最多只能间断一个或两个分级。因此许多国家虽已将间断级配应用于沥青混合料,但只是针对特定的使用目的,凭经验设计,尚未形成成熟的设计方法。

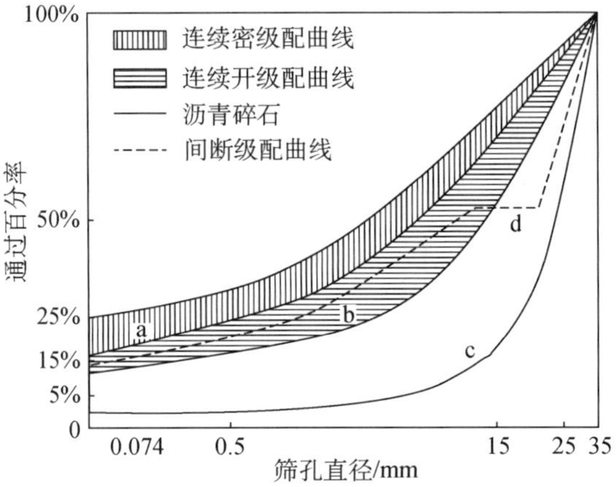

图 2-4　不同类型矿料级配曲线示例

近几年,国外提出了一种新的沥青混合料设计方法——体积设计法。一般认为,沥青混合料的干涉可以分为两类:一类是颗粒干涉,主骨架的粒料被较小的粒料挤开,从而主骨架颗粒不能很好嵌挤;另一类是沥青胶浆干涉,当细集料和沥青用量较大时,沥青混合料发生胶浆干涉,形成密实悬浮结构。体积设计法的基本思路是实测主骨架矿料的空隙率,计算其空隙体积,使细集料体积、矿粉体积、沥青体积及沥青混合料最终设计空隙体积之总和等于主骨架空隙体积。也即细集料和沥青所组成的胶浆是作为填充料以填充主骨架的空隙,因此不会发生胶浆干涉。为了避免颗粒干涉,细集料的颗粒不能太大。体积设计法既强调主骨架的充分嵌挤作用,又充分利用细集料的填充、黏结作用,把嵌挤原则和填充原则有机结合起来。

2. 国外大孔隙沥青混合料配合比设计方法概述

配合比设计的目的是决定集料与结合料的组合,作为路面结构的一部分,以提供长期的使用性能;经良好设计的沥青混合料可在各种荷载及环境下成功地使用多年。配合比设计仅是保证沥青混凝土路面层将被完成的一个起点,还须结合适当的工程实体进一步验证。以下列举各国采用的大孔隙沥青混合料配合比设计方法。

1) 美国

根据 Kandhal 和 Mallick 对 OGFC 配合比设计的调查显示,有 76%的州采用正式的配合比设计法,19%的州采用处方规范,5%为二者并用。联邦公路总署(Federal Highway Administration, FHWA)在 1974 年曾开发一套 OGFC 配合比设计法供各州公路局使用，但因没有规定最小空隙率及沥青最大流淌量，因此效果并不佳，最终有些州停止使用。1990 年 FHWA 建议空隙率设计为 15%，但其建议的流淌试验并非用来决定最佳沥青含量，而是用来校正 OGFC 拌和温度。1999 年 Kandhal 和 Mallick 推荐新的 OGFC 设计法[28]，步骤如下：

步骤 1，选择材料。选择适用于 OGFC 的材料，包括集料、沥青及添加剂等。

步骤 2，选择设计级配。选用 3 个混合级配，分别为在规范范围内的上、中、下限级配；依据 AASHTO T19 测定每一个级配的粗集料在干捣状况下的空隙（VCA_{DRC}），并加入 6%～6.5%的沥青，用 Superpave 的旋转（Gyratory）压实仪以双面各 50 次制作试件，然后测定每一压实次数后混合料的粗集料空隙（VCA），如果压实混合料的 VCA 等于或小于 VCA_{DRC}，时存在石-石接触，则选为设计级配。

步骤 3，决定最佳沥青含量。根据表 2-17 的设计准则来确定。

表 2-17　决定最佳沥青含量的设计准则

性质	准则
集料级配	NCAT Report425
高黏度改性沥青含量/%	6～6.5
空隙率/%	18～20
未老化试件 Cantabro 磨耗损失	<20%
老化试件 Cantabro 磨耗损失	<30%
流淌量	<0.3%
室内透水率/($m \cdot d^{-1}$)	>100

步骤 4，评估混合料水稳定性。使用改良洛特曼（Lottman）法（AASHTO T283）用 5 次冻融循环后试件测定抗拉强度，其残留抗拉强度（TSR）至少应为 75%。

2）日本

日本的《排水性路面技术指南》规定，大孔隙沥青混合料的配合比设计，在由试算法决定集料配合比的混合料流淌试验中取得最佳沥青含量，接着由密度试验、马歇尔（Marshall）稳定度试验、透水试验及 Cantabro 磨耗试验决定设计沥青用量，制作马歇尔试件的击实次数为每面各 50 次[29]。

（1）配合比设计步骤（图 2-5）

（2）最佳沥青用量确定

流淌试验用于确定透水沥青混合料在高温下保持静态的最大沥青量，以沥青的流淌量与沥青含量关系曲线中的拐点为最佳沥青量。流淌试验一般在沥青量 4%～6%，以 0.5%为增量，对 5 组沥青含量分别求其流淌量。若在 4%～6%无明显拐点时，可针对 4%以下或 6%以上的沥青量以 0.5%为变化量追加试验至得到明显拐点为止。

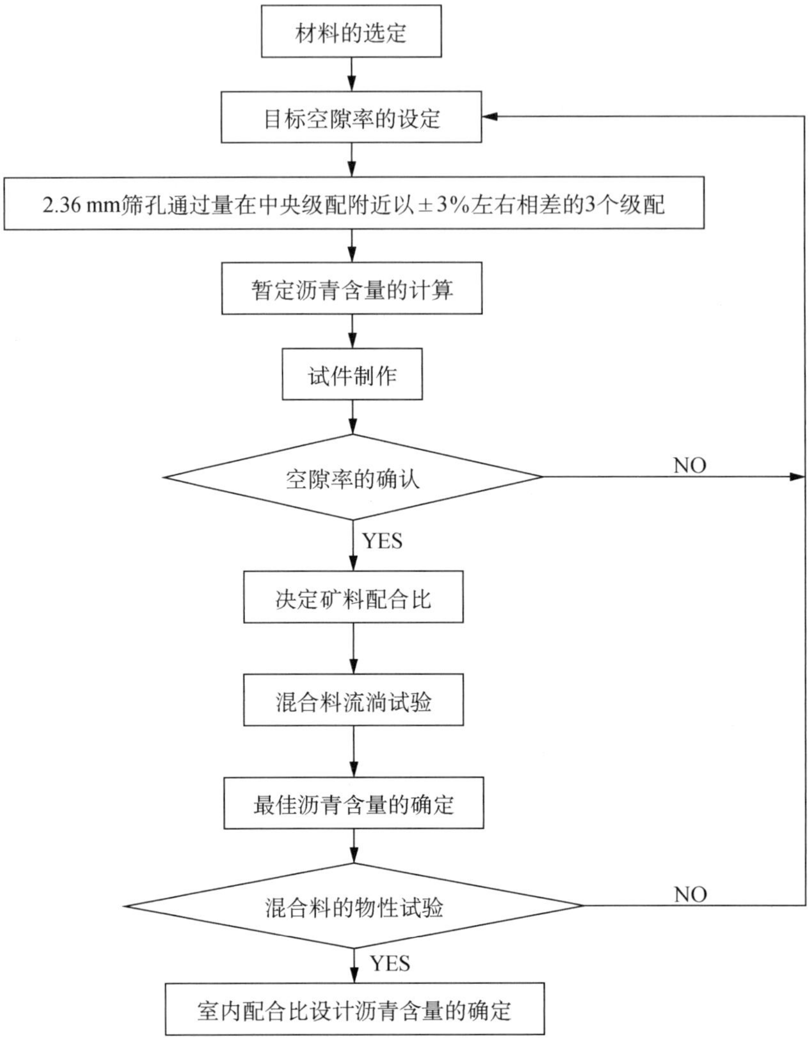

图 2-5　日本大孔隙沥青混合料配合比设计步骤

(3) 配合比设计规范

大孔隙沥青混合料设计标准如表 2-18 所示。

表 2-18　大孔隙沥青混合料设计标准

项目	目标值
空隙率/%	20%左右
透水系数/(cm·s^{-1})	>10^{-2}
马歇尔稳定度/kN	>3.5
动稳定度/(次·mm^{-1})	>1 500

3）西班牙

大孔隙沥青混合料设计依据如下。

(1) 避免沥青流淌，且混合料内要有良好耐久性的最大沥青含量。

(2) 确保抵抗因交通引起的颗粒松散，且要有足够的沥青膜厚以包裹集料的最小沥青含量。

抵抗颗粒松散是以 Cantabro 磨耗试验进行分析，试件以马歇尔击实仪每面各击 50 次，为考虑耐久性，有一最小沥青含量限制，设计沥青含量依表 2-19 决定。

表 2-19　决定设计沥青含量的指标要求

沥青含量	混合料性质	指标要求
最小	抵抗颗粒松散试验/%	<25
	耐久性(沥青含量)/%	>4.5
最大	沥青流淌	—
	降噪性(空隙率)/%	20

4）比利时

比利时采用处方规范，由比利时公路研究中心(Belgian Road Research Centre, BRRC)建议，主要考虑空隙率及低噪声，规范如表 2-20 所示。

表 2-20　比利时大孔隙沥青混合料设计规范

项目		指标要求
集料级配		0/14 mm(间断级配)
集料(≥2 mm)/%		83
碎石、砂(0.08～2 mm)/%		12
填充料(<0.08 mm)/%		5
结合料	80/100 沥青/%	4～5
	改性沥青/%	4～5
	橡胶沥青/%	5.5～6.5
空隙率	平均值/%	19～25
	个别值/%	16～28
排水能力	平均值/s	≤60
	个别值/s	≤180

3. 大孔隙沥青混合料配合比设计要点

大孔隙沥青混合料配合比设计要解决两个方面的问题，即功能性(排水、降噪)和耐久性。事实上,功能型和耐久性是一对矛盾的统一体。这就是说,空隙率越大,其功能性越好,但是其耐久性就越差。而且,沥青用量是确定空隙率的关键。如何解决这对矛盾是大孔隙沥青混合料配合比设计的基本要点。

(1) 确保功能性所必备的条件

排水性路面跟其他形式路面的不同之处在于它具有吸声性和排水性等特殊功能。另外,使用的混合料除应具有特定的目标功能外,还必须满足耐久性要求,也就是说路面的功能性和耐久性同时依存于混合料的空隙,因此为了保证功能性和耐久性都达到标准,必须慎重选定混合料的空隙率。

在沥青适量的情况下,混合料的空隙率与功能性和耐久性的关系模式如图 2-6 所示。由图可知:空隙率与功能性和耐久性的关系是相反的,但存在两者都满足的范围。在混合料配合比设计中首先确定这个共同的空隙率范围是非常重要的,注意共同范围的下限由功能性、上限由耐久性确定。

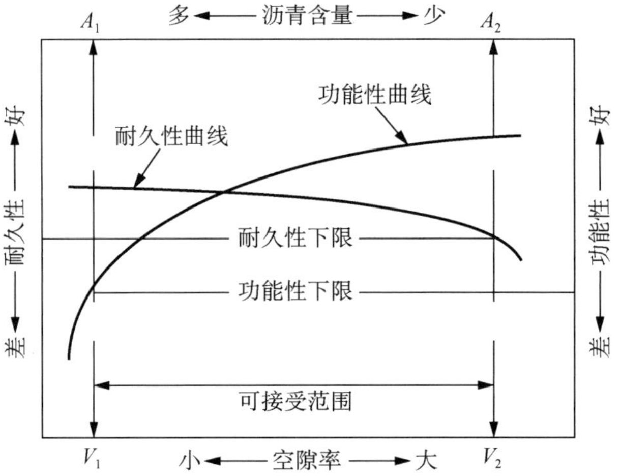

图 2-6 混合料的空隙率与功能性和耐久性的关系模式[30]

(2) 确保耐久性所必备的条件

大孔隙沥青混合料跟普通沥青混合料相比,在抗剥落性等耐久性方面表现不良,这就要求空隙率在满足功能性和耐久性的同时,其他的性能也应不影响实用性。

为了得到实用混合料,控制沥青添加量是很重要的。在允许的空隙率范围内和不产生裹覆不良及流溢现象的同时,对混合料施加外力的情况下尽可能得到能够确保其稳定性的粗集料间黏结力。用这种方法决定沥青的添加量是相当必要的。

沥青的添加量、空隙率及粗集料间黏结力的关系如图 2-7 所示。当沥青用量在 A_1 以下时,沥青的裹覆不完全,粗集料间黏结力极端低下。随着沥青添加量的增大,沥青的裹覆变得好些,粗集料间黏结力也随着增大,空隙率减小,当达到 A_2 以上时,由于沥青过剩,在产生流溢现象的同时,粗集料间黏结力也不断减小直至不起作用。

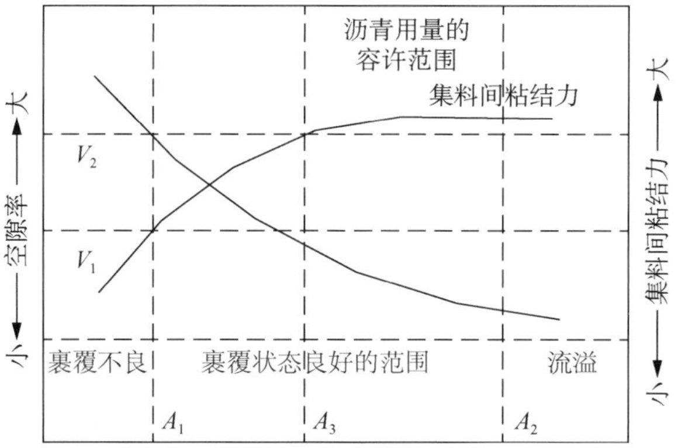

图 2-7　沥青的添加量、空隙率及粗集料间黏结力的关系[30]

由此可见，大孔隙沥青混合料中沥青的添加量就是图中实线表示的 $A_1 \sim A_2$ 的范围。可为了确保混合料的稳定性，由必要设定使粗集料间黏结力有一定提高的沥青添加量 A_3。因此认为沥青的添加量在 $A_3 \sim A_2$ 的范围内时，能够得到实用的混合料性状。其范围下限由粗集料间黏结力、上限由产生流溢现象的界限量决定。

综上所述，在大孔隙沥青混合料配合比设计中，首先设定同时满足功能性和耐久性的空隙率，然后确定能够保证这一空隙率的粗集料级配，最后按粗集料的级配确定沥青的添加量。

4. 母体沥青混合料的配合比设计

参照日本规范，半柔性路面用母体沥青混合料的设计空隙率要求在 20%～28%，沥青用量在 3.5%～5.0%。具体指标要求见表 2-21。

表 2-21　母体沥青混合料的设计要求

项目	密度/(g·cm^{-3})	空隙率/%	击实次数	沥青用量/%	稳定度/kN	流值/0.1 mm
指标要求	≥1.9	20～28	双面各 50 次	3.5～5.0	≥3.0	20～40

从表 2-21 可以看出，半柔性路面用母体沥青混合料的设计空隙率远远大于常用的中粒式与细粒式沥青混合料的空隙率，这将便于水泥胶浆的渗透和容纳。因此要求粗骨料比例大，能形成一定的骨架，而细集料比例小，且细集料的粒径不能太大，否则会导致粗骨架空隙尺寸无法容下细集料而使粗骨架被撑开，影响粗骨架的稳定性。鉴于以上特点，本研究采用体积法来设计母体沥青混合料。

1) 体积法设计母体沥青混合料步骤

体积法设计母体沥青混合料的步骤可参照流程图 2-8。

其具体步骤如下：

① 选定材料，确定其级配。

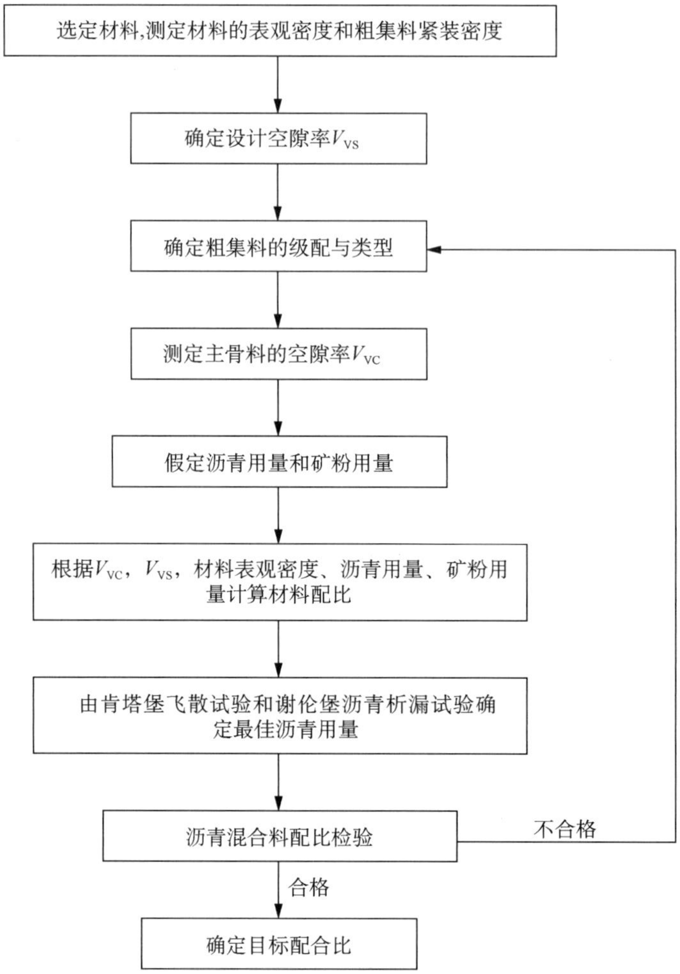

图 2-8　体积法设计母体沥青混合料流程图

② 测定材料的表观密度和粗集料的紧装密度 ρ_{sc}。

③ 计算主骨料的空隙率 V_{VC}。

$$V_{VC}=\left(1-\frac{\rho_{sc}}{\rho_{tc}}\right)\times 100 \tag{2-2}$$

式中　V_{VC} ——主骨料空隙率,%;

ρ_{sc} ——主骨料紧装密度,g/cm^3;

ρ_{tc} ——主骨料表观密度,g/cm^3。

④ 根据经验确定矿粉、沥青用量。

⑤ 根据功能要求确定沥青混合料的设计空隙率 V_{VS}。

⑥ 根据以上步骤中确定的已知量,依据体积法的基本思想,即细集料体积、沥青体积、矿粉体积和沥青混合料最终设计空隙体积之和等于主骨架空隙体积,利用

式(2-3)和式(2-4)联立求解，即可得粗集料用量 q_c 和 q_f。

$$q_c + q_f + q_p = 100\% \tag{2-3}$$

$$\frac{q_c}{100\rho_{sc}}(V_{VC} - V_{VS}) = \frac{q_f}{\rho_{tf}} + \frac{q_\rho}{\rho_{tp}} + \frac{q_a}{\rho_a} \tag{2-4}$$

式中 q_c——粗集料质量百分数，%；

q_f——细集料质量百分数，%；

q_p——矿粉质量百分数，%；

V_{VC}——粗集料装填空隙率百分数，%；

V_{VS}——沥青混合料设计空隙率百分数，%；

ρ_{tf}——细集料的表观密度，g/cm³；

ρ_{tp}——矿粉的表观密度，g/cm³；

ρ_a——沥青密度，g/cm³。

⑦ 由肯塔堡飞散试验和谢伦堡沥青析漏试验确定最佳沥青用量。

2）试验研究

(1) 材料选择及指标测定

① 沥青：因为母体沥青混合料的空隙率较大，为了避免沥青发生流淌及保证母体沥青混合料的稳定，沥青针入度宜为 60～80。因此，选择埃索 70# 重交通石油沥青。具体指标检验见表 1-2。

② 集料：粗、细集料和矿粉的选用以及其视密度的测定如 1.2.2 节中所述。

2）矿料级配确定

本研究选择三种设计空隙率，即 21%，23%，25%；确定矿粉沥青比为 1.0，即 $q_p/q_a=1.0$；每种设计空隙率下，选定五种沥青用量 q_a=3.5，4.0，4.5，5.0，5.5。根据式(2-3)、式(2-4)和表 1-3 确定沥青混合料的矿料级配，如表 2-22 所示。

表 2-22　不同沥青用量下母体沥青混合料配合比　（单位：%）

空隙率	9.5	2.36	1.18	0.6	0.3	0.15	0.075	矿粉	沥青
21%	77.9	1.5	4.5	4.5	5.5	2.1	0.4	3.5	3.5
	78.9	1.4	4.2	4.2	5.0	2.0	0.4	4.0	4.0
	79.9	1.3	3.8	3.8	4.6	1.8	0.3	4.5	4.5
	80.9	1.2	3.4	3.4	4.2	1.6	0.3	5.0	5.0
	81.8	1.0	3.1	3.1	3.7	1.5	0.3	5.5	5.5
23%	79.9	1.4	4.0	4.0	4.9	1.9	0.4	3.5	3.5
	80.9	1.2	3.7	3.7	4.5	1.7	0.3	4.0	4.0
	81.9	1.1	3.3	3.3	4.0	1.6	0.3	4.5	4.5

（续表）

空隙率	9.5	2.36	1.18	0.6	0.3	0.15	0.075	矿粉	沥青
23%	82.9	1.0	2.9	2.9	3.6	1.4	0.3	5.0	5.0
	83.9	0.9	2.6	2.6	3.1	1.2	0.2	5.5	5.5
25%	81.9	1.2	3.5	3.5	4.3	1.7	0.3	3.5	3.5
	82.9	1.1	3.2	3.2	3.9	1.5	0.3	4.0	4.0
	83.9	1.0	2.8	2.8	3.4	1.3	0.3	4.5	4.5
	85.0	0.8	2.4	2.4	3.0	1.2	0.2	5.0	5.0
	86.0	0.7	2.1	2.1	2.5	1.0	0.2	5.5	5.5

3）最佳沥青用量的确定

现行规范中，确定沥青混合料最佳沥青用量的方法是马歇尔试验法，即通过马歇尔试验分析得到最佳沥青用量的初始值，然后根据沥青混合料技术标准及气候条件等调整得到最佳沥青用量，并通过浸水马歇尔试验、车辙试验等检验其路用性能。

本研究中的母体沥青混合料属于骨架-空隙结构，不同于常用的密级配沥青混合料。母体沥青混合料中粗集料含量大，细集料含量少，在形成骨架的同时，细集料不能填充骨架之间的空隙，因此形成较大的空隙率。如果仍然采用传统的马歇尔试验法来确定最佳沥青用量，所确定的最佳沥青用量将超过裹覆集料所需的沥青用量，这样所得到的沥青混合料中会存在大量的自由沥青，从而导致沥青的流淌，且对路用性能也有不良影响。因此，对半柔性路面用母体沥青混合料最佳沥青用量的确定，不宜再采用传统的马歇尔试验方法，必须寻找一种新的试验方法。

本研究中半柔性路面用母体沥青混合料的设计空隙率分别为 21%、23%和 25%，均属于骨架-空隙结构。这一点与开级配抗滑表层（OGFC）极为相似，因此借鉴 OGFC 的设计方法来确定母体沥青混合料的最佳沥青用量。

日本、美国等国家对于 OGFC 的设计方法虽然有所不同，但对于最佳沥青用量的确定均是基于沥青流淌试验，只是试验方法不同。对于 OGFC 的设计并无一定的章法可循，沈金安认为，在流淌试验的基础上，再考虑其他性质，综合决定比较切合实际。他将现行综合设计方法分为三种类型。

（1）综合判断法

变化不同的沥青用量进行众多的试验，如马歇尔试验、车辙试验、流淌试验、劈裂试验等，分别找出合理的沥青用量，从中综合判断适宜的沥青用量。在判断时，流淌试验的结果起主导作用。

（2）沥青膜厚度最大限度决定法

设定几个目标空隙率，变化不同的级配，进行流淌试验。如图 2-9 所示，得出不同空隙率、不同级配条件下由流淌试验决定的沥青最大容许限度的曲线（图中虚线）。由此决定要求空隙率时的沥青用量。然后再进行其他试验方法验证。

(3) 沥青膜厚度最小时的沥青用量

这是通过一种经验方程式计算的方法。根据矿料级配由式(2-5)计算沥青膜厚度：

$$\text{膜厚}=\frac{\text{油石比}}{\text{矿料表面积}}\times 48.8 \tag{2-5}$$

$$\text{矿料表面积}=2+0.02a+0.04b+0.08c+0.14d+0.3e+0.6f+1.6g \tag{2-6}$$

式中，a，b，c，d，e，f，g 分别为 4.75 mm，2.36 mm，1.18 mm，0.6 mm，0.3 mm，0.015 mm，0.075 mm 的累计通过百分率；表面积以 ft^2/lb 计。

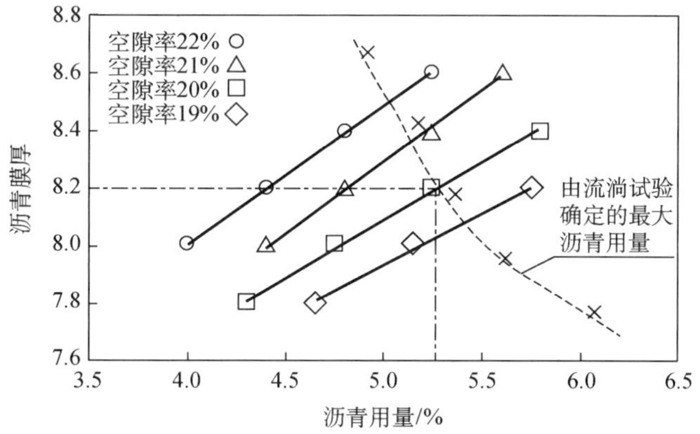

图 2-9　由沥青膜最大厚度决定的沥青用量

设计母体沥青混合料最佳沥青用量的基本原则是平衡沥青用量，不但要防止因沥青用量过大、自由沥青过多，而在施工中发生沥青滴落阻塞空隙从而影响水泥胶浆灌入的情况，还要防止因沥青用量不足、结构沥青膜厚度不够而引起集料松散脱落。因此，在设计母体沥青混合料的最佳沥青用量时，采用谢伦堡沥青滴落试验（即流淌试验）和肯塔堡飞散试验相结合的方法来确定最佳沥青用量，并检验其马歇尔稳定度等指标。变化几种沥青用量，制作马歇尔试件，参照《公路工程沥青及沥青混合料试验规程》(JTG E20—2011)分别进行谢伦堡沥青析漏试验和肯塔堡飞散试验，绘制谢伦堡析漏量与沥青用量关系曲线及肯塔堡质量损失与沥青用量的关系曲线。由曲线拐点处得到最大(小)沥青用量，在沥青用量范围内确定符合要求的最佳沥青用量。

以设计空隙率为 23%的级配为例，采用五种沥青用量，试验结果见表 2-23。

表 2-23　　不同沥青用量下的飞散损失和析漏量(空隙率 23%)

沥青用量	飞散损失	析漏量
3.5%	40.7%	0.06%
4.0%	29.1%	0.07%

（续表）

沥青用量	飞散损失	析漏量
4.5%	19.1%	0.17%
5.0%	16.2%	0.50%
5.5%	14.6%	1.37%

由沥青用量与析漏量绘成曲线如图 2-10 所示，由曲线拐点得到最大沥青用量为 4.8%；由沥青用量与肯塔堡飞散损失量绘成曲线如图 2-11 所示，由曲线拐点处得到最小沥青用量为 4.6%。在此沥青用量范围内根据目标空隙率选择最佳沥青用量为 4.7%。

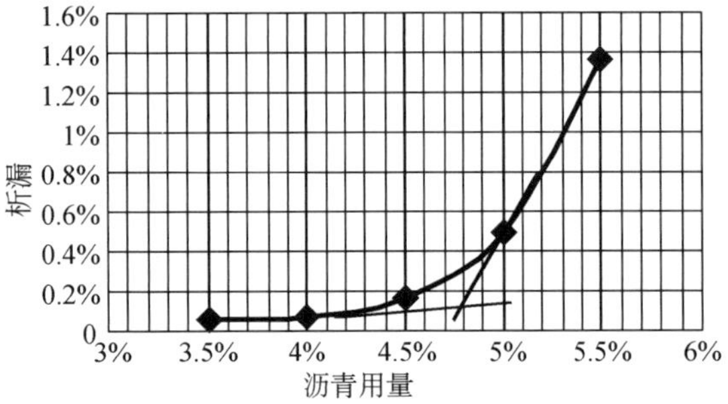

图 2-10　谢伦堡析漏量与沥青用量关系

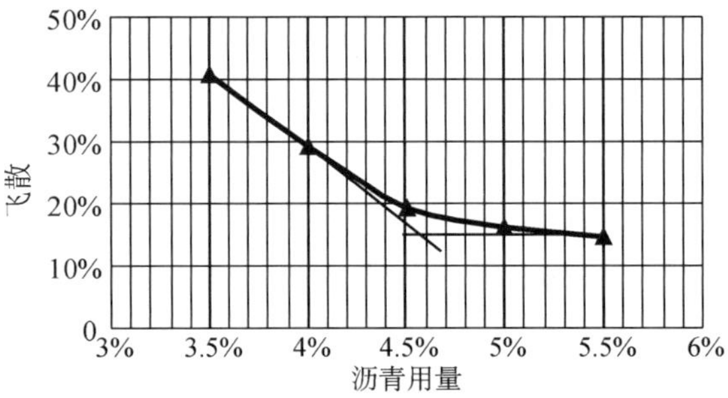

图 2-11　肯塔堡飞散损失与沥青用量关系

确定最佳沥青用量后，根据式(2-3)和式(2-4)计算级配组成。制作马歇尔试件，测定其密度及马歇尔稳定度和流值。结果见表 2-24。

表 2-24　母体沥青混合料马歇尔试验结果

设计空隙率	最佳沥青用量	视密度/($g \cdot cm^{-3}$)	马歇尔稳定度/kN	流值/0.1 mm
21%	4.4%	1.943	3.94	29.6
23%	4.7%	1.928	3.60	34.2
25%	4.8%	1.914	3.43	39.5

各项指标均符合表 2-21 中的指标要求，证明了使用上述方法确定最佳沥青用量方法的有效性。

2.3　半柔性路面用高性能母体沥青混合料的设计方法以及路用性能

2.3.1　原材料性质与技术要求

2.3.1.1　集料性质与技术要求

1. 粗集料

我国《公路沥青路面施工技术规范》(JTG F40—2004)规定了高速公路采用粗集料

的技术要求，大孔隙路面所用的粗集料技术要求与 SMA 混合料所用集料基本相同，均要求石质坚硬和良好的颗粒形状。

在母体大孔隙沥青混合料中，粗集料含量占到矿料总量的 70%以上，因此在进行粗集料的选择使用上应慎重考虑。从母体大孔隙沥青混合料成型机理可以看出，母体大孔隙沥青混合料之所以有较高的空隙率，是基于含量较多的粗集料之间的嵌挤作用。集料嵌挤作用的好坏在很大程度上取决于集料石质的坚硬性、集料颗粒形状和棱角性，可以说粗集料的这些性质是排水性路面成败与否的关键。

大孔隙沥青混合料对粗集料的压碎值要求高，粗集料应均匀、洁净、干燥、无风化、无杂质，并且有足够的强度、耐磨耗性、抗冻性、耐腐蚀性、抗冲击性、耐磨光性、抗破碎性以及与沥青的良好黏附性，且必须严格限制粗集料的扁平颗粒含量。粗集料最好采用玄武岩或花岗岩。表 2-25 摘录了部分国家(地区)对粗集料的品质要求。

表 2-25　　部分国家(地区)对粗集料的品质要求

项目		美国(FHWA)	美国(NCHRP)	日本	瑞典	中国台湾地区
洛杉矶磨耗率		≤25%	≤30%	≤30%	≤30%	≤35%
扁平、细长颗粒	3∶1	≤15%	≤20%			≤7%
	5∶1		≤5%	≤10%		
破裂面	一个以上	≥90%	≥100%			
	两个以上	≥75%	≥90%			≥90%
表干密度/(g·cm^{-3})				≥2.45		
吸水率			≤2%	≤3%		

表 2-26 摘录了陕西机场高速公路大孔隙沥青混合料对粗集料的质量要求。

表 2-26　　陕西机场高速公路大孔隙沥青混合料对粗集料的质量要求

项目	技术指标	试验规范
石料压碎值	≤20%	JTG E42 T0316—2005
洛杉矶磨耗率	≤20%	JTG E42 T0317—2005
视密度/(g·cm^{-3})	≥2.65	JTG E42 T0304—2005
吸水率	≤2%	JTG E42 T0304—2005
沥青黏附性	≥4%	JTG E42 T0616—1993
坚固性	≤10%	JTG E42 T0314—2005
扁平、细长颗粒	≤10%	JTG E42 T0312—2005
软石含量	≤3%	JTG E42 T0320—2005

(续表)

项目	技术指标	试验规范
石料磨光值/BPN	≥45	JTG E42 T0321—2005
石料冲击值	≤15%	JTG E42 T0322—2005
两个或多个破裂面	100%	

结合国内外使用经验，本研究按照《公路沥青路面施工技术规范》(JTG F40—2004)中对高速公路及一级公路表面层用粗集料的质量技术要求，对排水性沥青路面所用粗集料进行质量控制。

本研究粗集料采用厦门角美出产的辉绿岩碎石，包括 10～15 mm 和 5～10 mm 两档，按照《公路工程集料试验规程》(JTG E42—2005)的试验方法进行基本性能检测，结果见表 2-27。

表 2-27 粗集料基本性能检测结果

试验项目	试验结果		指标要求
	10～15 mm	5～10 mm	
石料压碎值	16.8%		≤26%
扁平、细长颗粒	9.2%	9.4%	≤15%
沥青黏附性	5	5	≥4
<0.075 mm 颗粒含量	0.02%	0.02%	≤1%
表观相对密度	2.730	2.725	≥2.6

2. 细集料

细集料最重要的指标是棱角性，它对沥青混合料的性能影响很大。天然砂与机制砂、石屑相比，使用于沥青混合料时，性能有很大的差别。由于天然砂经过亿万年的风化、搬运，一般比较坚硬，尤其是海砂，大部分是石英颗粒，天然砂作为细集料，往往有较好的耐久性，但与沥青的黏附性较差，而且砂的颗粒基本上是球形颗粒，对高温抗车辙能力极为不利。石屑由于是破碎石料时的下脚料，基本上是石料中较为薄弱的部分首先变成石屑剥落下来，石屑中扁平颗粒含量特别大，而且强度较差，所以规范中对石屑的用量有所限制。

关于大孔隙沥青混合料中细集料的技术要求，可以采用《公路沥青路面施工技术规范》(JTG F40—2004)中的规定指标，如表 2-28 所示。细集料应洁净、干燥、无风化、无杂质，并具有适当的颗粒级配。

表 2-28 大孔隙沥青混合料用细集料技术要求

指标	技术要求	试验规范
视密度/(g·cm^{-3})	≥2.5	JTG E42 T0328—2005
坚固性	≤12%	JTG E42 T0340—2005
含水量	≤1%	JTG E42 T0332—2005
含泥量	≤1%	JTG E42 T0333—2005
砂当量	≥60%	JTG E42 T0334—2005
棱角性	≥45%	JTG E42 T0345—2005

考虑到天然砂与沥青的黏结性较差，对高温抗车辙极为不利，所以本研究没有采用天然砂。细集料由产自厦门角美的辉绿岩石屑组成，包括 2.6～5 mm 和 0～2.6 mm 两档，基本性能检测结果见表 2-29。

表 2-29 细集料基本性能检测结果

试验项目	细集料		指标要求
	2.6～5 mm	0～2.6 mm	
表观相对密度	2.700	2.708	≥2.5
含泥量	0.01%	0.3%	≤1%

2.3.1.2 填料性质与技术要求

填料在沥青混合料中的作用极为重要，沥青只有吸附在矿粉表面才能形成薄膜，才能对其他粗、细集料产生黏附作用，所以沥青矿粉胶浆才起到真正的黏结作用。大孔隙沥青混合料由于要获得较大的空隙率，故填料的数量应较小，但其品质要求高。填料必须采用石灰岩或岩浆岩中的强基性岩石等憎水性石料经磨细得到的矿粉，原石料中的泥土杂质应除净。矿粉要求干燥、洁净，能自由地从石粉仓流出。常用的填料除了磨细的石灰石粉外，有时可采用水泥、消石灰代替矿粉，以改善沥青与集料间的黏结性，其用量宜控制在矿料总量的 2%左右。

根据国外排水性路面对矿粉的质量要求，结合我国的情况，关于排水性路面所用矿粉的技术要求也可采用《公路沥青路面施工技术规范》(JTG F40—2004)中的规定指标，如表 2-30 所示。

表 2-30 大孔隙沥青混合料用矿粉技术要求

项目	技术指标	试验规范
视密度/(g·cm^{-3})	≥2.6	JTG E42 T0352—2000
含水量	≤1%	JTG E42 T0332—2005

（续表）

项目		技术指标	试验规范
亲水系数		≤1	JTG E42 T0353—2000
粒度范围	<0.6 mm	100%	JTG E42 T0351—2000
	<0.15 mm	90%～100%	
	<0.075 mm	75%～100%	

本研究所用填料选择了适中矿粉厂生产的掺加20%消石灰的石灰石矿粉，性能检测结果见表2-31。

表2-31　矿粉基本性能检测结果

试验项目		试验结果	指标要求
表观相对密度/($g \cdot cm^{-3}$)		2.712	≥2.5
含水量		0.18%	≤1
亲水系数		0.779	≤1
粒度范围	<0.6 mm	100%	100
	<0.15 mm	95.5%	90～100
	<0.075 mm	83.8%	75～100

2.3.1.3 结合料性质与技术要求

1. 国外采用的结合料

开级配多孔性沥青混合料中，粗集料多，细集料少，混合料的强度主要依靠结合料的黏结作用。为承受车轮荷载的作用，需要有一定的强度，故必须采用具有高黏结力的沥青结合料。但由于空隙率大，要求结合料有良好的耐老化能力，并且与集料有很好的黏附性。

国外早期采用针入度大的沥青，认为这样可以防止过早的老化，故欧洲一些国家都采用200号沥青，除考虑老化因素外，还因为这些国家气温较低，同时所铺路面较薄，故使用低黏度沥青尚能适应[31]。美国南北气候有较大的差异，在机场道面上铺筑透水抗滑磨耗层时，美国联邦航空局建议使用60/70沥青；有些城市的机场道面则采用85/100的沥青，并在沥青中掺加0.5%的硅化橡胶，如丹佛机场、盐湖城机场等。美国北部一些城市则采用120/150沥青。

使用普通沥青铺筑多孔性沥青路面，其强度明显不足，在交通荷载作用下路面被进一步压实而变形，使空隙率降低，并影响路面的平整度。同时由于沥青黏度低，集料颗粒表面的沥青膜较薄，不耐老化，集料颗粒容易脱落，造成路面松散。为此一些多孔性沥青路面发展较迟的国家，在开始就注意使用改性沥青材料。表2-32列出了一些国家采用的沥青结合料。

表 2-32　　各国多孔性沥青路面采用的沥青结合料

国家	初期	近期
比利时	针入度 100 沥青	掺加再生胶，纤维或 10%环氧树脂
捷克	70/100 沥青	
丹麦	针入度 100 沥青	
法国	80/100，60/70，40/50 沥青	沥青中添加 15%～20%轮胎粉
德国	B65，B85	B65，B85 或特殊沥青
英国	针入度 200，100 沥青，环氧沥青	掺加纤维，EVA，橡胶，SBS 等
意大利	80/100 沥青	掺加 SBS，纤维
日本	80/100 沥青，橡胶沥青	配置高黏度沥青，彩色硬化沥青
荷兰	180/200，80/100，45/60 沥青	改性沥青
南非	40/50 沥青	
西班牙、瑞士	60/70 沥青	
美国	40/60，80/100，或掺加氯丁橡胶	80/100 沥青中掺加硅化橡胶

日本《排水性路面技术指南》规定，使用可对抗集料飞散性、耐候性、耐水性、耐流动性等功能较高的沥青，亦即使用高黏度改性沥青或改性沥青Ⅱ型、改性沥青Ⅰ型，但在实际使用中则考虑耐久性、排水功能之持续性，多使用高黏度改性沥青，其具体性质特点将在第 3 章中详细说明。

法国研究认为[31]，采用聚合物改性沥青(PMA)在初期具有良好的流变力学性能，但这些性能会随时间而变化，除氧化老化外，PMA 在低温时变成脆性。在沥青中掺加 15%～20%的磨细橡胶粉，配置成橡胶沥青结合料(ARB)，ARB 具有很好的黏附性和柔韧性，在高温下，又有较强的抗蠕变能力和耐老化性能(橡胶中含有抗氧剂)。此外，由于橡胶沥青的高黏性，混合料的沥青用量明显增加，集料颗粒表面沥青膜增厚，有利于抵抗松散，因此认为采用 ARB 比 PMA 好，其性能如表 2-33 所示。

表 2-33　　ARB 结合料和 PMA 结合料的性质

技术指标	ARB	PMA	沥青 60/70
密度(25 ℃)/(g·cm^{-3})	1.030	1.010	1.030
针入度(10 ℃)/0.1 mm	22	18	15
针入度(15 ℃)/0.1 mm	32.5	—	—
针入度(20 ℃)/0.1 mm	46	52	—
针入度(25 ℃)/0.1 mm	68	97	61
针入度(30 ℃)/0.1 mm	205	135	96

（续表）

技术指标	ARB	PMA	沥青 60/70
软化点/℃	63.2	83	50.2
脆点/℃	—	−19	−12

西班牙采取在沥青 80/100 中掺加 EVA，配制成聚合物改性沥青，其性质如表 2-34所示。在表中同时列出沥青 60/70 的性质以做比较。他们研究认为，聚合物改性沥青，在抗塑性变形、抗松散、黏附性等方面，都优于沥青 60/70。

表 2-34　　EVA 聚合物改性沥青的性质

技术指标	B60/70	聚合物改性沥青
针入度(25 ℃)/0.1 mm	65	70
软化点/℃	50	68
针入度指数	−0.5	1.9
脆点/℃	−8	−13
塑性温度范围/℃	58	81
韧性(25 ℃)/(kg·cm)	4	157
黏韧性(25 ℃)/(kg·cm)	75	229

新加坡采用埃索公司的聚合物改性沥青铺筑了 25 km 的排水性沥青路面，该沥青的性能列于表 2-35。埃索公司认为，作为排水性沥青路面的沥青结合料，应具有如下性质，即不太高的黏度，但高温时要有较高的黏滞性，或者说黏稠性，但低温时不发脆，与集料有良好的黏附性，还要有良好的耐老化性能。

表 2-35　　埃索公司聚合物改性沥青的性质

技术指标	埃索 FLEXXIPAVE
针入度(25 ℃)/0.1 mm	55
软化点/℃	62
黏度(135 ℃)/cst	1 000
黏度(150 ℃)/cst	500
韧性(25 ℃)/J	2.7
黏韧性(25 ℃)/J	8.0

2. 结合料选择依据

大孔隙沥青混合料因具较大的空隙率，与一般的沥青混合料相比，更易受到日光、空气、水等的影响，因此要求使用的沥青对集料有耐久性的包裹力、高黏附性，同时还要有较强的抗剥离性，能以较厚的薄膜包裹集料等。排水性路面用沥青应具备的主要特性包括以下方面。

（1）高温性能

国外的经验表明，排水性沥青必须有较高的黏度、黏稠性和较高的软化点，以便使混合料获得较高的温度稳定性。由于测试沥青的软化点比较方便，故结合料的高温性能可用软化点控制。软化点实际上是等黏度条件下温度表示的黏度。软化点越高，表明沥青的黏度越大。但软化点过高，有可能造成拌和时泵送负荷增加过多，影响机器的正常工作，从保证混合料高温稳定性出发，沥青结合料的软化点宜控制在适当范围内。

（2）抗松散性

在沥青用量较少、集料颗粒表面沥青膜较薄的情况下，多孔性路面在车轮荷载作用下易出现粒料脱落现象，混合料必须有足够的抗松散能力。研究表明，混合料的抗松散性与沥青结合料的性质有密切关系，黏滞性好的沥青具有较好的抗松散性。

西班牙 Cantabria 大学提出一种磨耗试验，称之为肯塔堡松散试验（Cantabro Test）。该试验是将多孔性混合料制成马歇尔试件（两面各锤击 50 次），称质量后在 15 ℃温度下保温 4 h，然后将试件放入洛杉矶磨耗机内（不放入钢球），旋转 300 转后从滚筒中取出最大的试块，称重并计算其质量损失百分率。一般来说，混合料沥青用量少，黏结性差，磨耗损失率大；反之，则磨耗损失率小。

用不同沥青结合料所制备的马歇尔试件经 Cantabro 磨耗试验，结果表明，采用不同的改性剂，其抗松散能力有明显区别。表 2-36 是几种结合料混合料磨耗试验的结果。

表 2-36　　不同结合料混合料的磨耗试验结果

样品	结合料类型	磨耗损失率	评价
NO. 1	橡胶（混合料掺加纤维）	13%	优
NO. 2	橡胶改型沥青	18%	良
NO. 3	EVA 改型沥青	20.7%	可
NO. 4	PE 改性沥青	35.5%	差
NO. 5	沥青	25.1%	差

西班牙对于多孔性混合料的设计标准为：混合料空隙率大于 18%，最好大于 20%；试验为 18 ℃时磨耗损失不大于 30%，最多不超过 35%。

在进行多孔性沥青混合料设计时，为检验其抗松散能力，可以 15 ℃温度下磨耗损失不超过 20%作为控制指标。由表 2-36 可见，在混合料中掺加纤维可有效地防止混合料松散，而使用橡胶改性沥青比其他改性沥青的效果要好。

（3）力学性能

多孔性沥青混合料必须具有一定的力学强度。由于表征沥青混合料力学强度的试验比较麻烦，如抗压强度、劈裂强度等，不便于生产中应用，故推荐采用马歇尔稳定度来评价其力学强度。马歇尔稳定度虽然不是标准的力学强度指标，但试验简单方便，作为对材料选择是行之有效的。根据日本对 17 段试验路的室内试验资料，多孔性沥青混合料的马歇尔稳定度与动稳定度之间有很好的相关关系，因此当马歇尔稳定度大于 5 000 N时，它的动稳定度已达到 1 500 次/mm，所以日本对多孔性材料的马歇尔稳定度要求为 5 000～8 000 N。多种多孔性沥青混合料的马歇尔试验结果表明，选择合适的沥青结合料，其马歇尔稳定度是可以达到 5 000 N 以上的。

综上所述，铺筑大空隙沥青路面，采用普通沥青不能很好满足使用性能要求。国外的经验表明，要想获得满意的使用效果，在有条件的情况下，铺筑开级配的抗滑磨耗层，必须专门配制改性沥青。而选择何种改性沥青则可以通过其软化点、黏度、磨耗损失以及马歇尔稳定度试验予以确定。为配制高黏度改性沥青，本项目选取了 SBS，SBR 两种橡胶类材料和一种磨细 PE 粉，按不同剂量添加到沥青中，配制成若干种改性沥青结合料，然后通过试验判断它们的适用性。

2.3.2 高黏度改性沥青的研究

2.3.2.1 高黏度改性沥青的特点

大孔隙沥青混合料是典型的开级配沥青混合料，粗集料的用量占 70%以上，在形成粗集料骨架的同时缺乏细集料填充。因此，如使用普通沥青，则难以对粗集料骨架产生足够的限制约束作用，难以满足要求混合料的力学性能，应采用高黏度改性沥青来提高混合料的力学性能。此外，大孔隙沥青混合料的孔隙率大，沥青与空气的接触面积大，因此需要在沥青中加入抗氧化的成分，以提高混合料的耐久性能；大孔隙沥青混合料的空隙率大使沥青的温感性十分重要，这样才能在温度发生较大变化时对粗集料骨架结构产生足够的约束和限制。

所谓的高黏度改性沥青，是指 60 ℃的绝对黏度在 20 000 Pa・s 以上的沥青，目前日本使用的高黏度改性沥青的特性指标如表 2-37 所示。

表 2-37　日本高黏度改性沥青的特性指标

试验项目	特性标准
针入度(25 ℃)/0.1 mm	≥40
软化点/℃	≥80
延度(15 ℃)/cm	≥50
薄膜加热质量变化率	≤0.6%
薄膜加热针入度残留率	≥65%
韧度(25 ℃)/(N・m)	≥15

（续表）

试验项目	特性标准
黏韧度(25 ℃)/(N·m)	≥20
60 ℃黏度/(Pa·s)	≥20 000
闪点/℃	≥260

基于以上分析，并参考国外推荐指标，本研究对高黏度改性沥青的指标主要采用以下三方面控制。

(1) 沥青黏度，60 ℃黏度不应小于 20 000 Pa·s。

(2) 沥青的抗老化性能，薄膜加热试验(TFOT)质量损失应不大于 0.3%。

(3) 沥青的温度敏感性，不仅仅要提高沥青的软化点，还要提高反映沥青温度敏感性的指标针入度指数 PI。

2.3.2.2 高黏度改性沥青的改性方案比较

1. 改性沥青发展概况

改性沥青起初以加入单质硫来提高沥青的软化点，从而扩大其使用的温度区间。以加入高聚物为改性沥青应用可追溯到 20 世纪的上半叶。从 1937 年英国铺筑的以掺有橡胶碾压沥青为表面的公路开始，法国、德国、美国等国家也大量将改性沥青应用于柔性路面和建筑防水。

19 世纪 60 年代以来，从法国开始，热塑性弹性体改性沥青开始应用于建筑防水。20 世纪 80 年代以来，道路行业大量采用热塑性弹性体改性沥青。1987—1993 年间，美国公路战略研究计划(Strategic Highway Research Program, SHRP)的完成，使得改性沥青在道路上的应用有了更快的发展，研究工作有了更明显的认识。1994—1996 年，ASTM 新纳入多个用于道路改性沥青和用于建筑沥青的标准。SHRP 计划在我国也有较大的影响，比如 1999 年实施的《公路改性沥青路面施工技术规范(附条文说明)》(JTJ 036—1998)中的条文就有不少参照了 ASTM 的标准。

改性沥青有很多种类，目前，改性沥青在大多数的情况下，指的是高聚物改性沥青。高聚物改性沥青是指在沥青中加入橡胶、树脂等高聚物，改进沥青的基本使用性能，而得到的新的共混体系。根据加入改性剂的不同，高聚物改性沥青可以分为以下三类。

(1) 塑性橡胶类改性沥青，主要改性剂有 SBS 等。

(2) 橡胶类改性沥青，主要改性剂有 SBR 等。

(3) 树脂类改性沥青，主要改性剂有 PE, APP 等。

2. 改性剂的选择

由于用于透水路面的高黏度改性沥青对黏度、软化点等指标要求很高，单一改性剂难以满足要求，因此采用聚合物复合改性方法，以达到指标要求。

1) SBS

SBS(苯乙烯—丁二烯—苯乙烯嵌段共聚物)是国外应用最为广泛的一种改性剂。

SBS之所以能被广泛地用于改性沥青与它独特的结构有关：在SBS的嵌段共聚物中，由于聚苯乙烯与聚丁二烯在常温时的不相容性，而共聚物中分子链之间的聚苯乙烯内聚能密度较大，故其两端首先分别与另外的聚苯乙烯聚集在一起，形成许多约束成分的物理交联区域，但又因其嵌段是柔性的聚丁二烯链段，这样就形成了网状结构。在低温下，虽然聚苯乙烯交联点有交联作用，但因聚丁二烯的玻璃化温度较低，此时仍有较好的变形能力，所以在很低温度下，SBS仍具有硫化胶的性能，故SBS有较好的稳定性。当温度上升至超过聚苯乙烯的玻璃化温度时，则聚苯乙烯的链段软化，失去交联作用，可以产生流动，所以SBS在施工温度时，易于施工。

聚合物SBS改性沥青的感温性和黏度的机理是：聚合物在沥青中形成弹性网络结构，这种网络具有理想的弹性、塑性和延伸性。这种苯乙烯一丁二烯一苯乙烯弹性体在制备和施工温度下不会使黏度增加。但只有当沥青的油分使聚合物充分溶胀才能形成连续的网络。由聚合物引起的油流动，可造成沥青胶体体系的不平衡，即能使沥青中的芳香烃和胶质与沥青质不相容，因而导致部分或全部沥青质絮凝。道路沥青中SBS含量一般低于6%，沥青中部分油分即可将聚合物溶胀，而沥青质由其他油分溶胀。

本研究按照《公路工程沥青及沥青混合料实验规程》(JTG E20—2011)试验方法，对比分析了各种不同SBS掺量下改性沥青的性能指标，如表2-38所示。

表2-38　不同SBS掺量改性沥青的性能指标

试验项目	SBS掺量5%	SBS掺量6%	SBS掺量8%	SBS掺量10%	SBS掺量12%
针入度(25 ℃)/0.1 mm	55.7	50.1	50.8	49	46
软化点/℃	81.5	82.4	86	87	95
延度(15 ℃)/cm	>100	>100	>100	>100	>100
60 ℃黏度/(Pa·s)	227	5 369	18 209	24 627	43 930
薄膜加热质量变化率	+0.15%	+0.13%	−0.18%	+0.14%	−0.05%
薄膜加热针入度残留率	67.7%	76.4%	89.9%	68.6%	73.7%

综合以上结果归纳起来可得出以下两个结论。

(1) SBS的掺量有一临界值C，一般认为临界掺量在6%左右，当然随原样沥青的性质不同而有所不同。在临界掺量前后改性沥青会出现很大的不同，在达到临界掺量后，SBS会在沥青中形成网络结构，从而大大改善沥青的各种性能，尤其在黏度方面明显增大很多。

(2) 在沥青性质方面，SBS改性沥青的优越性：低温性能好；在常温下黏度很大，黏附性能好，能抵抗车辙，而在高温时则黏度迅速降低，具有良好的施工和易性。这些性质都正是人们理想中的沥青所应具有的性能。

2) SBR

SBR 对沥青软化点的改善与基质沥青的性能密切相关。基质沥青的软化点越低，软化点随 SBR 的增长率越小，基质沥青软化点越高，软化点随 SBR 的增长率越大。

SBR 可明显改善沥青的低温柔性，SBR 对沥青柔性的改善也与基质沥青的性能有关。基质沥青的针入度越高，改性沥青的低温柔性越好。

在本研究中，对比研究了 SBS 改性沥青在掺加 SBR 改性剂前后的性能指标，如表 2-39所示。

表 2-39　SBS 改性沥青掺加 SBR 改性剂前后的性能指标

试验项目	SBS(10%)	SBS(10%)+SBR(2%)
针入度(25 ℃)/0.1 mm	49	45
软化点/℃	87	102.2
延度(15 ℃)/cm	>100	86.1
韧度(25 ℃)/(N·m)	18.6	18.9
黏韧度(25 ℃)/(N·m)	24	28.5
60 ℃黏度/(Pa·s)	24 627	26 500
薄膜加热质量变化率	+0.14%	−0.03%
薄膜加热针入度残留率	68.6%	75.6%

由以上实验结果可以看出：添加 SBR 胶粉改性剂生产出的 SBS+SBR 改性沥青在保持较好的低温性能的基础上，提高了 SBS 改性沥青的高温稳定性，改善了 SBS 改性沥青的耐老化性能。

3) PE

聚乙烯常用于改性沥青的是低密度聚乙烯和线型低密度聚乙烯。低密度聚乙烯(LDPE)树脂是密度为 0.910～0.925 g/cm^3 的白色蜡状物。分子中由于含有多种长短不同的支链，分子结构不够规整，因而结晶度(55%～65%)低，结晶熔点(108～126 ℃)也较低，熔体指数 M_1 范围(0.2～30)较宽。

PE 能够提高高温性能；PE 对低温一般认为有负面影响。但有研究者却认为 PE 能够改善低温性能。HESP 教授还从断裂力学的角度分析了聚乙烯对沥青低温性能的改善。他通过实验证实了加入聚乙烯后，能提高材料的断裂韧性 KIC，由此认为低温性能得到改善。

本次研究中使用的 PE 改性剂在增加低温黏度的同时，能够显著降低高温时的黏度，很好地改善了高黏度改性沥青的施工和易性。

在本研究中，对比研究了 SBS+SBR 改性沥青在掺加 PE 改性剂前后的性能指标，如表 2-40 所示。

表 2-40　　SBS+SBR 改性沥青掺加 PE 改性剂前后的性能指标

试验项目	SBS(10%)+SBR(2%)	SBS(10%)+SBR(2%)+PE(2%)
针入度(25 ℃)/0.1 mm	45	42
软化点/℃	102.2	104.5
延度(15 ℃)/cm	86.1	>100
韧度(25 ℃)/(N·m)	18.9	25.5
黏韧度(25 ℃)/(N·m)	28.5	31
60 ℃黏度/(Pa·s)	26 500	35 356
薄膜加热质量变化率	−0.03%	−0.14%
薄膜加热针入度残留率	75.6%	77.5%

由以上试验结果可以看出：添加 PE 改性剂生产出的 SBS+SBR+PE 改性沥青进一步提高了 SBS+SBR 改性沥青的高温稳定性和延展性能。

2.3.2.3　高黏度改性沥青的制备

1. 试验原材料和制备工艺

基质沥青：沥青采用新加坡埃索 AH-70 重交道路沥青，根据规范对其技术指标进行测试，结果见表 2-41。

表 2-41　　新加坡埃索 AH-70 重交道路沥青的技术指标

测试项目	试验结果	规范要求
针入度(25 ℃)/0.1 mm	67	60～80
软化点/℃	47.1	≥46
延度(15 ℃)/cm	>100	>100

SBS：选用湖南岳阳石化 YH-791-H 线型 SBS 改性剂。

SBR：采用粉末状 SBR 改性剂。

PE：采用沙索彼得 PE 改性剂。

具体步骤：将沥青加热掺入所需剂量的 SBS、PE 和 SBR 粉末改性剂，在试验所需的温度下人工搅拌 15 min，接着开动剪切机，保持该温度高速剪切 30 min，转速 4 000～5 000 r/min，然后在 120 ℃左右放置 15～20 min，使其充分溶胀，即制成所需的高黏度改性沥青试样。

高黏度改性沥青的生产工艺见图 2-12。

图 2-12　高黏度改性沥青的生产工艺

2. 高黏度改性沥青性能分析

表 2-42 是高黏度改性沥青与基质沥青、普通 SBS 改性沥青的性能对比。

表 2-42　　高黏度改性沥青与基质沥青、普通 SBS 改性沥青的性能对比

技术指标		检测结果			
		基质沥青	普通 SBS 改性沥青(5%)	高黏度改性沥青	技术要求
针入度(25 ℃, 100 g, 5 s)		67	55.7	41.3	≥40
针入度指数		−0.275	0.403	1.56	
软化点/℃		47.1	81.5	>90	≥80
延度(15 ℃)/cm		>100	>100	>100	≥50
60 ℃黏度/(Pa·s)		199	227	35 356	≥20 000
163 ℃旋转薄膜老化 5 h	质量变化	+0.108%	+0.15%	−0.14%	≤0.6%
	残留针入度	63%	67.7%	77.5%	≥65%

从表 2-42 可以看出，通过 SBS 和 SBR 粉末、PE 复合改性配制出的高黏度改性沥青在各项指标上都有很大提高，特别是软化点和针入度指数，这表明高黏度改性沥青不仅在黏度上较基质沥青有很大提高，而且在温度敏感性上有很大提高，针入度指数达到 1.56。各项性能指标均达到日本的高黏度改性沥青特征指标要求，说明本文通过掺入 SBS 和 SBR 粉末、PE 复合改性配制出的高黏度改性沥青具有很好的路用性能，能够满足排水性沥青路面的使用要求。

2.3.3 高性能大孔隙沥青混合料配合比设计

2.3.3.1 高性能大孔隙沥青混合料生产配合比设计

1. 矿料的最大粒径

综合考虑功能性、耐久性以及施工中的问题，本工程级配公称最大粒径取 13.2 mm。

2. 矿料级配的选择依据

矿料级配和混合料的空隙率有关。粗集料多，则空隙率大；反之，细集料多，则空隙率小，这与 SMA 集料级配是一样的。研究表明，混合料的空隙率在很大程度上与 2.36 mm 通过率有关。表 2-43 是不同的 2.36 mm 通过率与空隙率的实测数据。

表 2-43　　不同 2.36 mm 通过率与空隙率的关系

2.36 mm 通过率/%	12	15	18	21
混合料空隙率/%	24.9	21.6	18.9	15.4

将表 2-43 的数据绘在图 2-13 上，可以清楚地看出，混合料的空隙率随细集料含量的增加而减小。

国外许多国家也是通过控制 2.36 mm 通过率来保证混合料空隙率的。表 2-44 是一些国家细集料含量控制的范围。由表可见，国外多孔性沥青路面空隙率控制在 20% 左右，而 2.36 mm 通过率控制范围为 10%～18%[32]。

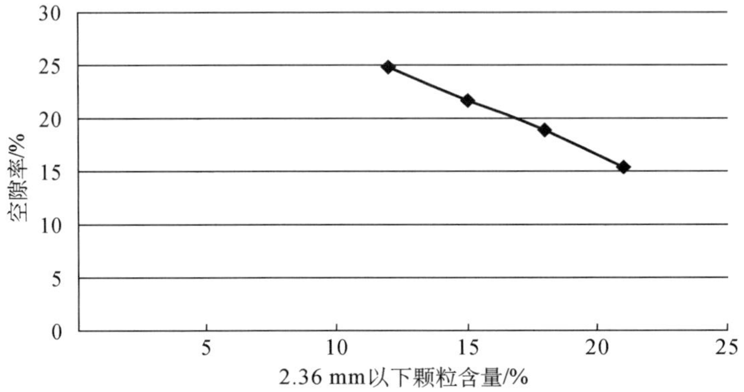

图 2-13　不同 2.36 mm 通过率与空隙率的关系

表 2-44　部分国家细集料含量的控制范围

国家	筛孔/mm	控制范围	要求空隙率
英国	2.35	—	20%
德国	2.00	10%～15%	20%
日本	2.36	10%～20%	20%
美国	2.36	5%～10%	15%

日本在 20 世纪 80 年代便发展出了大孔隙沥青混合料配合比设计方法，且近年来在各级道路上得到了广泛应用。考虑到日本地理、气候等各方面条件与我国比较接近，所以本工程配合比设计采用日本道路协会《排水性路面技术指南》的配合比设计方法作为参考依据，其所推荐的矿料级配范围如表 2-45 所示。

表 2-45　日本《排水性路面技术指南》推荐的矿料级配范围

筛孔尺寸		级配范围	
		最大粒径 20 mm	最大粒径 13 mm
通过质量百分率	26.5 mm	100%	
	19.0 mm	95%～100%	100%
	13.2 mm	64%～84%	90%～100%
	9.5 mm	44%～64%	47%～68%

（续表）

筛孔尺寸		级配范围	
		最大粒径 20 mm	最大粒径 13 mm
通过质量百分率	4.75 mm	10%～31%	11%～35%
	2.36 mm	10%～20%	10%～20%
	0.075 mm	3%～7%	3%～7%
沥青含量		4%～6%	

3. *矿料级配的确定*

1）粗、细集料及矿粉的粒径组成

粗、细集料及矿粉的筛分试验结果如表 2-46 所示。

表 2-46　　粗、细集料及矿粉的筛分试验结果

材料	通过下列筛孔的百分率								
	16 mm	13.2 mm	9.5 mm	4.75 mm	2.36 mm	1.18 mm	0.6 mm	0.3 mm	0.075 mm
辉绿岩 10～15	100%	87.9%	15.7%	0.5%	0	0	0	0	0
辉绿岩 5～10	100%	100%	98.8%	13.3%	0.2%	0	0	0	0
石屑 2.6～5	100%	100%	99.8%	92.6%	6.1%	0.3%	0	0	0
石屑 0～2.6	100%	100%	100%	99%	95.1%	54%	36.3%	16.6%	1.3%
矿粉	100%	100%	100%	100%	100%	100%	100%	95.5%	83.8%

2）级配的初选

在试验室内逐级筛分粗、细集料后，根据推荐的最大公称粒径 13.2 mm 的级配范围，初步选择 3 种级配进行回配，分别为级配一、级配二、级配三，如表 2-47 和图 2-14所示。

表 2-47　　3 种初选级配及推荐级配范围

级配	通过下列筛孔的百分率					
	16 mm	13.2 mm	9.5 mm	4.75 mm	2.36 mm	0.075 mm
级配一	100%	97%	64%	23%	18%	5%
级配二	100%	94.3%	60%	20.9%	15.4%	5%
级配三	100%	97%	64%	15%	12%	5%

（续表）

级配	通过下列筛孔的百分率					
	16 mm	13.2 mm	9.5 mm	4.75 mm	2.36 mm	0.075 mm
级配上限	100%	100%	80%	35%	20%	7%
级配中值	100%	95%	70%	23%	15%	5%
级配下限	100%	90%	60%	11%	10%	3%

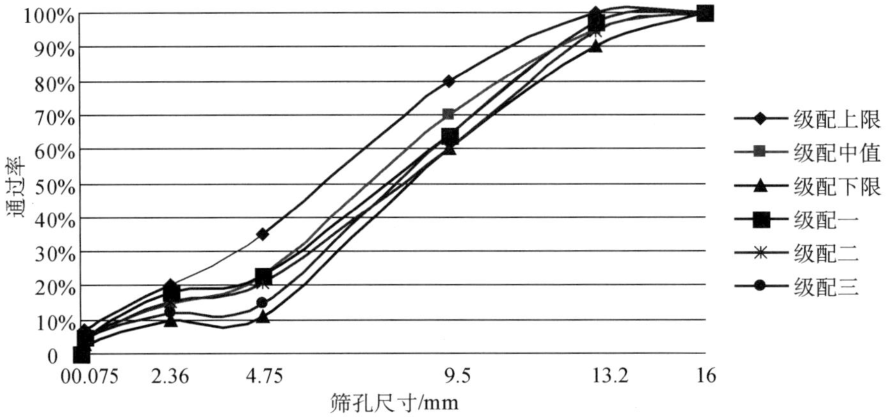

图 2-14　3 种初选级配及推荐级配范围

3）级配确定

由沥青油膜法预估试验时的沥青用量，计算过程如前面理论计算最佳沥青用量、马歇尔稳定度校验法所述。首先确定集料表面积，然后预估沥青油膜厚度，一般按照 14 μm 计算，即可计算得到油石比。3 种级配的预估沥青用量如表 2-48 所示。

表 2-48　　3 种初选级配的预估沥青用量

级配	预估沥青用量
级配一	5.7%
级配二	5.5%
级配三	5.2%

根据选定的沥青含量，每组制作 4 个马歇尔试件，试件击实次数为推荐的双面 50 次。3 种级配的性质如表 2-49 所示。由于此多孔隙沥青路面其主要的功能降噪、排水，同时考虑到耐久性的要求，空隙率要求在 20%左右。由试验结果可见，级配二的空隙率较另两种级配更接近 20%的目标空隙率。通过以上试验，本研究最终决定采用级配二作为设计级配，各档材料配合比为辉绿岩 10～15：辉绿岩 5～10：石屑 0～2.6：矿粉=46.7：37.6：10.2：5.5。

表 2-49　　3 种初选级配的空隙率

级配	毛体积相对密度	最大相对密度	空隙率
级配一	2.00	2.468	18.9%
级配二	1.98	2.475	20.2%
级配三	1.86	2.483	24.9%

合成级配见表 2-50 所示。

表 2-50　　合成级配

通过下列筛孔的百分率					
16 mm	13.2 mm	9.5 mm	4.75 mm	2.36 mm	0.075 mm
100%	94.3%	60.2%	20.8%	15.3%	4.7%

在讨论空隙率的时候，首先必须统一空隙率的计算方法。我国尽管也有明确的规定，但由于计算方法不同，导致名义上空隙率都一样，但实质是不一样的。空隙率是由沥青混合料试件的密度和最大密度计算得到的二次指标。它的值直接由试件密度和最大密度所决定，如式(2-7)所示。

$$V_V = (1 - \gamma_f / \gamma_t) \times 100 \tag{2-7}$$

式中　V_V ——试件的空隙率，%；

γ_t ——按规定方法测定或计算沥青混合料理论最大相对密度；

γ_f ——按规定方法测定的试件相对密度。

式(2-7)是计算空隙率的通用公式，即空隙率的计算与 γ_t 和 γ_f 相关。如果其中一个值的确定方法不统一，空隙率 V_V 就不统一。美国和欧洲均采用实测的最大相对密度(美国用真空法，欧洲用溶剂法)，两种实测方法的本质是从不同的角度反映了沥青被吸入集料的影响。而我国与日本一样，则习惯于通过矿料相对密度计算得到最大理论相对密度，后来试验规程修改时也采用实测的最大相对密度，但允许采用真空法和溶剂法，同时又规定也可以采用计算法。

经过大量的试验研究，一致认为对于普通沥青混合料，采用真空法测定最大相对密度是最先进的方法。但是采用真空法测定改性沥青混合料的最大相对密度，实际情况却比想象的复杂。实践证明，真空法测定最大相对密度测试过程中混合料的分散程度对测定值的影响很大。试验规程一般要求分散到 6 mm 以下。对普通的沥青混合料，在真空容器振动和水的作用下，分散后的团粒能进一步分散，基本上能做到没有封闭的空气，真正能测定零空隙情况下的最大相对密度。由于本研究采用高黏度改性沥青，黏度大，真空及振动不能使团粒继续分散，无法测定零空隙的最大相对密度，故本研究采用计算法。

4. 最佳沥青用量的确定

多孔隙沥青混合料的用油量不能采用马歇尔试验方法确定，这是因为它与沥青含量的关系不存在峰值。美国采用表面常数 K_c 法确定沥青用量，它是按粒料表面所吸收的油量用经验公式确定。目前，许多国家如比利时、日本、西班牙等，则采用磨耗损失等试验方法确定。本试验采用上述的流淌试验法确定最佳沥青用量。

1）最佳沥青用量确定的评定指标

确定最佳沥青用量时沥青混合料的技术指标见表 2-51。

表 2-51　　确定最佳沥青用量时沥青混合料的技术指标

技术指标	推荐指标
锤击次数/次	双面各 50
稳定度/kN	≥3.5
流值/mm	20～40
析漏损失	≤0.2%
洛杉矶磨耗损失	≤20%

2）确定最佳沥青用量

为确定级配二的最佳沥青用量就要进行流淌试验。现拟定 4.0，4.5，5.0，5.5，6.0 五组沥青含量进行试验，结果如图 2-15 所示。

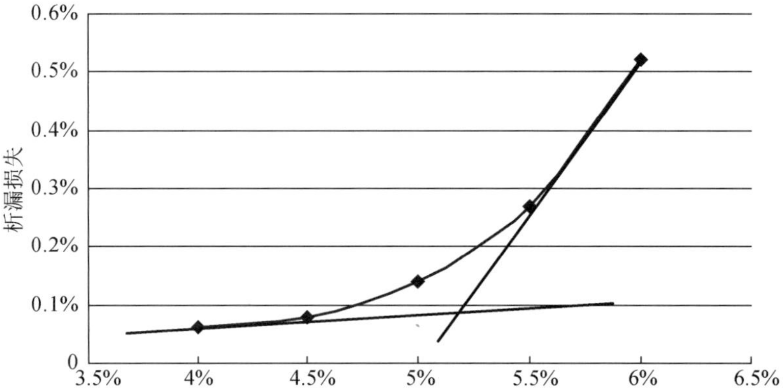

图 2-15　流淌试验结果

由析漏损失率与沥青用量关系曲线可得，曲线拐点出现在 5.3%沥青用量时，故初定沥青用量为 5.3%，但单纯的根据析漏试验还不能确定最佳沥青用量，还要通过制作马歇尔试件，做飞散试验和马歇尔稳定度试验，检验其是否满足要求。

在 5.3%沥青用量下混合料的洛杉矶磨耗试验结果见表 2-52。

表 2-52　　洛杉矶磨耗试验结果

试件	洛杉矶磨耗损失
1	10.4%
2	12.5%
3	13.2%
4	13.4%
平均	13.0%

在 5.3%沥青用量下混合料的马歇尔稳定度试验结果见表 2-53。

表 2-53　　马歇尔稳定度试验结果

试件	马歇尔稳定度/kN	流值/mm
1	5.28	28.1
2	5.04	24.9
3	6.06	27.1
4	5.17	32.5
平均	5.16	26.7

通过以上试验数据可以看出，在 5.3%含量时混合料能够在保持 20%空隙率的条件下保持最大的沥青用量不流淌，且其磨耗损失较小不超过 14%，同时马歇尔稳定度不仅满足了大于 3.5 kN 的要求，而且均达到了 5 kN 的水平，由此可初步确定沥青的最佳用量为 5.3%。

2.3.4 大孔隙沥青混合料路用性能分析

2.3.4.1 功能性相关的性能指标

1. 连通空隙率

大孔隙沥青混合料的空隙包括连通空隙、半连通空隙和封闭空隙三种，其中封闭空隙无法吸声和排水，半连通空隙不能排水但能吸声，真正既能吸声又能排水的是连通空隙，对大孔隙沥青混合料的连通空隙率的研究是相当重要的。

用游标卡尺测量试件的直径和厚度，测量试件的空中重和水中重，计算连通空隙率如式(2-8)。

$$V_C = (V - B) \times 100\% / V \tag{2-8}$$

式中　V_C ——连通空隙率；

V ——试件体积；

B ——集料和封闭空隙的体积，由式(2-9)计算。

$$B = (A - C)/D_W \tag{2-9}$$

式中 A ——试件空中重；

C ——试件水中重；

D_W ——水的密度，通常假定为 1.0 g/cm^3

进行连通空隙率试验，结果见表 2-54。

表 2-54　　连通空隙率试验结果

试件	全部空隙率	连通空隙率
1	22.2%	17.5%
2	20.6%	17.1%
3	22.4%	17.6%
4	21.6%	16.8%
平均	22.1%	17.3%

从表 2-54 中数据可以看出，由于大孔隙沥青混合料采用了大量的粗集料，因此试件形成了较多的连通空隙，占到所有空隙的 78.16%，为排水性沥青路面充分地发挥其降噪、排水功能提供了必要的条件。

2. 吸声性

1) 路面(轮胎)噪声的分类及产生机理

路面与轮胎表面滚动接触过程中产生的噪声可称为路面(轮胎)噪声。它是轮胎与路面相互作用的结果，主要是车辆行驶时的空气泵吸作用和轮胎的振动作用而产生的噪声。泵吸噪声是由轮胎前沿和后缘的空气压力差所产生的涡流引起的，它发出长长的嘶嘶声；而振动则是轮胎胎面花纹与不规则路面表面之间的相互撞击所产生的，它发出低沉的隆隆声。

轮胎在路面上滚动时，轮胎花纹块与路面之间形成若干小空腔。当轮胎接触路面时，小空腔中的空气受到压缩并突然向外喷射；当轮胎滚离地面时，受压缩的花纹块舒展并使小空腔容积增大而形成一定的真空度，空气被吸入。这两个过程被称为轮胎的空气泵吸效应。因为轮胎的空气泵吸效应是周期性的，所以在轮胎周围形成疏密的空气波向外辐射，并形成噪声。

振动作用引起的噪声主要是指轮胎在路面上滚动时由胎面和胎侧振动引起的噪声。主要包括冲击振动噪声、滑移振动噪声、复原振动噪声、路面振动噪声。冲击振动噪声主要是指由于胎面和路面接触时的冲击，使胎面和胎侧发生弹性振动而产生的噪声;滑移振动噪声主要是指接地面内的橡胶花纹块和路面发生相对滑移时,由橡胶花纹块局部振动所产生的噪声;复原振动噪声主要是指轮胎滚离地面时,由胎面变形复原所产生的振动噪声;路面振动噪声主要是指凹凸不平的路面激励轮胎所产生的振动噪声。振动噪声在路面噪声中所占比例较小,故本文未做详细论述。

2) 路面(轮胎)噪声的影响因素

路面(轮胎)噪声的影响因素可以分为轮胎因素和路面状况因素。轮胎因素主要包括轮胎结构设计和花纹设计;路面状况因素主要包括路面的纹理情况和路面的平整度,其中花纹设计和路面状况是影响路面(轮胎)噪声的主要因素。

(1) 轮胎因素

各种轮胎因素产生噪声的大小顺序:光面＝纵向直线花纹＜纵向普通花纹＜双向混合花纹＜横向普通花纹＝越野花纹＜横向直线花纹。造成这种现象的原因是各种花纹轮胎的泵吸效应强度不同,横向花纹更容易造成封闭空腔,空腔中的空腔受挤压强度较高,因而噪声较大。另外,花纹块的大小、花纹沟槽的深度和数目等也对噪声有一定的影响。在同种花纹情况下,增加花纹高度,减小花纹与轮胎轴线的夹角,轮胎噪声将增加;采用窄轮胎结构、合适的花纹宽度,可以降低噪声。

(2) 路面状况因素

在路面状况方面,影响路面(轮胎)噪声产生的声学特性有两个方面:表面构造和声阻抗(或声吸收)。路面表面的力学阻抗(刚度),对于目前常用的筑路材料来说,产生的影响很小,因而一般都假设可以不考虑。

密实的路面表面,可高度反射噪声,其声阻抗接近于无限大(即声吸收接近于零)。这种密实路面表面的噪声生成仅取决于其表面构造。波长处于 1～50 mm 范围内的表面构造将产生噪声。降低混凝土路面噪声水平的基本方案是使波长大于 10 mm 的表面构造的深度(波幅)尽可能小,而波长小于 10 mm 的表面构造深度尽可能大。当波长与轮胎印迹尺寸处于相同数量级时,波幅大将使轮胎变形也相应增大,而轮胎的高振幅会产生高噪声。因而,应尽量降低此波长范围内的路表构造深度。而在波长小的路面表面,轮胎变形小,胎面与表面构造间的空隙可以消散空气压力,使空气泵吸噪声降低。因而,尽量增大此波长范围内的路表构造深度有利于提供更多的空间消散泵吸空气压力。

3) 室内测试方法

为了评价排水性路面在降低噪声方面的功能,本研究利用轮胎落下法进行测试。

轮胎落下法试验采用普通小汽车轮胎(185/70R13),轮胎的气压为 0.2 N/mm^2;测试试件为 30 cm×30 cm×5 cm 的沥青混凝土路面板。轮胎落下法的主要步骤为:让小汽车轮胎从 650 mm 的高台上自由下落,轮胎与路面板试件发生撞击接触,发出声音,用积分型普通噪声计进行测定,可以得到二者冲击接触时所发声音的声压水平。噪声计麦克风的水平距离、高度、角度,水平距离为向外离开轮胎与测试试件落下接触点

800 mm，方向为与水平线成 35°，高度为 560 mm[33]。

轮胎落下法是通过对道路路面噪音发生原理进行室内模拟，从而测试和评价噪声的方法。因为实际路面噪声是路面上一点在某一瞬间与行驶在其上的轮胎作用，在这一瞬间轮胎产生从压缩到变形恢复的完全弹性变形过程。在这一过程中，轮胎与路面之间的作用面会产生空气从狭缝中挤出、在接触处封闭和半封闭空腔中的空气压缩、压缩的空气释放等作用，这三方面的作用构成轮胎下空气的泵吸效应，期间产生的噪声就是路面与轮胎间的主要噪声源，即路面噪声中最主要的部分。

而轮胎落下法正是从模拟上述过程出发，让标准的测试轮胎从一定高度自由落下，当落到待测试件表面时，就产生类似于快速行驶的车辆轮胎瞬时作用于路面表面，轮胎与试件表面接触时的作用，即产生空气从接触面狭缝中挤出、在接触处封闭和半封闭空腔中的空气压缩、压缩的空气释放等作用，此过程产生的噪声接近实际路面噪音，在室内通过噪声计和频谱仪记录下来。由此，通过室内评价与实际路面表面特性完全相同的试件，即可完成实际道路路面噪音的评价。

制作不同沥青混合料类型的车辙板试件，按照上述的路面噪声室内测试方法——轮胎下落法对试件进行测试，测试过程采用德国进口 SLA-301 噪声水平分析仪（图 2-16）测量各种不同沥青混合料的噪声水平，试验用小汽车轮胎与试件如图 2-17 所示。同时对各种不同沥青混合料产生的噪声进行 1/3 倍频程的频谱分析，试验结果如表 2-55 和图 2-18—图 2-20 所示。

表 2-55　　不同沥青混合料噪声水平测试结果

级配类型	噪声水平/dB			平均值/dB
AC-13	83.0	83.9	83.5	83.5
SMA-13	82.2	83.5	83.4	83.0
OGFC-13	79.8	79.5	76.4	78.6

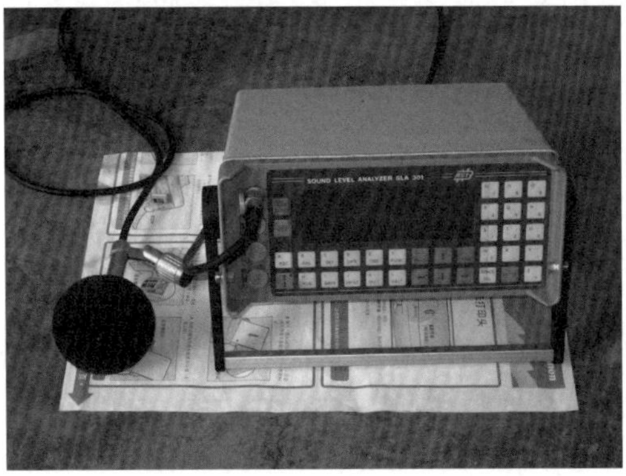

图 2-16　德国进口 SLA-301 噪声水平分析仪

图 2-17　试验用小汽车轮胎与试件

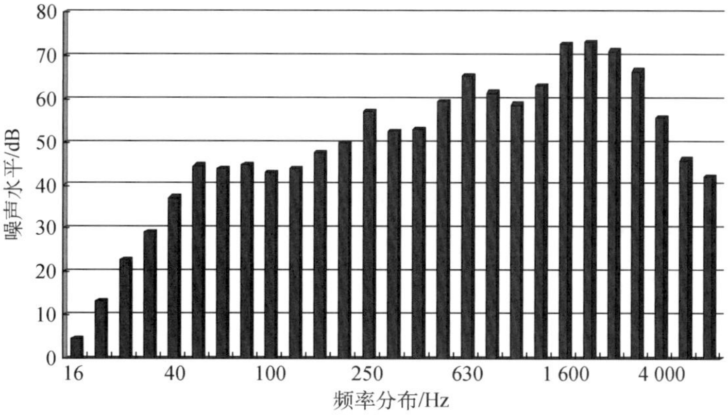

图 2-18　AC-13 型密级配沥青混合料频谱分析结果

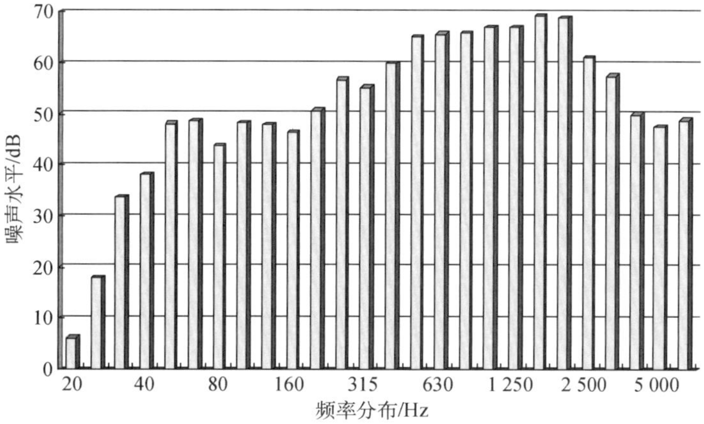

图 2-19　SMA-13 型密级配沥青混合料频谱分析结果

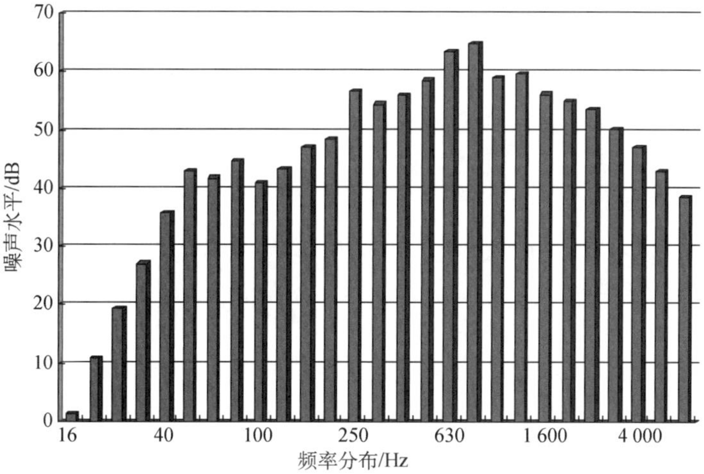

图 2-20　大孔隙沥青混合料频谱分析结果

从表 2-55 中数据可以看出，大孔隙沥青混合料的噪声水平平均比 AC 型、SMA 型密实沥青混合料降低 4.9 dB 和 4.4 dB，与国内外排水性沥青路面实测的降低噪声约4 dB的结果有很好的相关性，说明此次设计的大孔隙沥青混合料达到了公认的降噪水平。

对于一种声音的性质，一般可以通过响度、尖锐度和粗糙度三个参数进行评价，判断一种噪声对人们产生影响的大小不能只看响度一个标准。尖锐度是描述高频成分在声音频谱中所占比例的参数，它反映了声音信号的刺耳程度。由于人耳对高频的声音比较敏感，因此尖锐度对声音的舒适程度影响很大，噪声尖锐度越高，给人的感觉越刺耳。有些声音的响度(dB)并不很大，但听起来很不舒服，更有可能出现响度(dB)较大的声音感觉比响度小的听起来更容易被人接受的情况。从三种类型沥青混合料的频谱分析结果可以看出，AC 型和 SMA 型两种密级配沥青混合料产生的噪声都分布在 1 600～2 000 Hz 的范围内，很接近人类最敏感的频率 2 500 Hz。大孔隙沥青混合料产生的噪声分布在 630～800 Hz 的范围内，相比两种密级配沥青混合料其噪声的尖锐度更低，更不刺耳。

3. 透水性

排水性路面的一个主要功能就是能够迅速地将降水通过结构内部的连通空隙排出路面，从而使路面无积水，提高轮胎与路面附着力，防止水漂、减少溅水和喷雾，因此对大孔隙沥青混合料的透水性能进行研究具有十分重要的意义。

目前，我国对排水性混凝土透水系数的测试主要有两种方法：一种是日本混凝土工学协会推荐的大孔混凝土透水性试验方法，试验时采用定水头的方法；另一种是采用变化水头的方法，即从一定的水头高度开始，以渗流速度 v 表示排水性混凝土的透水系数。

本次研究采用定水头的方法利用自制透水仪对大孔隙沥青混合料的透水系数进行测定(图 2-21)。试验时，从透水套筒的上部注入水，水通过试件进入外套筒，最后从溢水口流出。在持续加水的情况下，当加入的水量与溢出的水量取得平衡时，用量筒计量通过混凝土的出水量，同时记录出水的时间。然后计算达西定律定义的透水系数 K_T，见式(2-10)：

图 2-21　自制透水仪

$$K_T = Q \cdot L / [A \cdot h \cdot (t_2 - t_1)] \quad (2-10)$$

式中　Q—— 由 t_1 至 t_2 溢流出的水量；

L ——试件厚度；

A ——试件截面积；

h ——水头；

t_1——测定开始时间；

t_2——测定结束时间。

试验结果如表 2-56 所示。

表 2-56　　透水系数试验结果

试件	透水系数/(cm·s^{-1})
1	0.046
2	0.045
3	0.055
平均	0.0455

从表 2-56 中数据可以看出，此次设计的大孔隙沥青混合料的透水系数大大超过了日本《排水性路面技术指南》10^{-2}以上的要求，说明了其较高的透水能力。

4. 抗滑性

影响轮胎和路面间有效摩擦的因素除轮胎外主要是路表面粗糙度和受污染的情况，而清除污染是路面养护方面的问题。从工程角度来看，路面摩擦力取决于其粗糙度，粗是指路面要具有宏观构造，即水平方向的尺寸为 0.5～50 mm、竖直方向尺寸为 0.2～1.0 mm；糙的含义是涩而不滑，即路面要具有水平方向尺寸为 0～0.5 mm、竖直方向尺寸为 0～0.2 mm 的微观构造。微观构造决定了路面的基本摩擦力，即给定车速下摩擦力的总体水平；宏观构造则决定了路面摩擦力随车速而衰减的幅度，因此从某种意义上讲是决定了高车速下的摩擦力。摩擦力随车速衰减到极端时发生水漂，轮胎与路面的附着系数为零。宏观构造的作用机理是为轮胎和路面界面上的积水提供排出空间，从而增大轮胎与路面的接触面积，以便让路面的微观构造充分发挥作用。

路面抗滑性能受多种因素的影响，其中主要有沥青特性、混合料组成、施工工艺、路面潮湿程度、温度变化、自然环境、交通荷载及滑溜污染等。

路面摩擦力既可根据摩擦系数直接计算，也可以通过测定路面微观和宏观构造的大小做出间接评价。路面抗滑性能的间接测量方法由微观构造的测定和宏观构造的测定两大类组成，其中宏观构造的测定方法又分为铺砂法、涂脂法、立体照相分析法、激光测量法和流出计法。路面抗滑性能的直接测量方法有制动力系数测量法、横向力系数测量法、刹车法测试、摆式仪法等。

我国现行沥青路面设计规范分别从摩擦系数及路表构造深度两个方面规定路面

抗滑性能，试验分别采用英式摆锤试验仪和灌砂法进行测定，试验结果如表 2-57 所示。

表 2-57　　抗滑性试验结果

项目	1	2	3	4	平均	规定值
摩擦系数	69	69	71	70	69.33	≥46
构造深度/mm	2.49	2.73	2.61	2.65	2.66	≥0.55

从表 2-57 中数据可以看出，排水性沥青路面的摩擦系数和构造深度都远远超过了规范要求，表现出很好的抗滑性能。同时对不同类型混合料的抗滑性能进行了对比研究，结果如图 2-22 和图 2-23 所示。

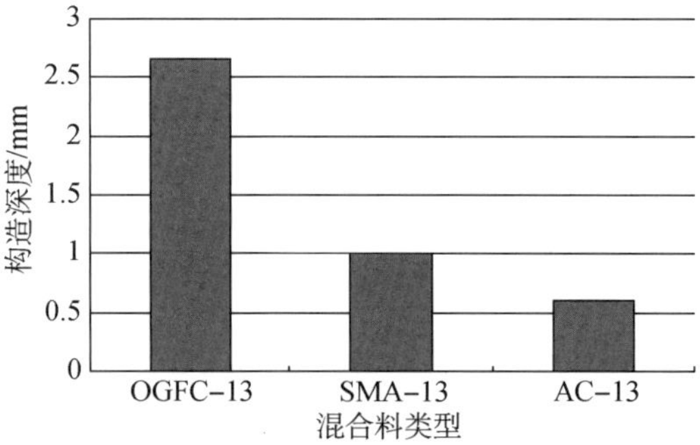

图 2-22　不同类型混合料构造深度对比

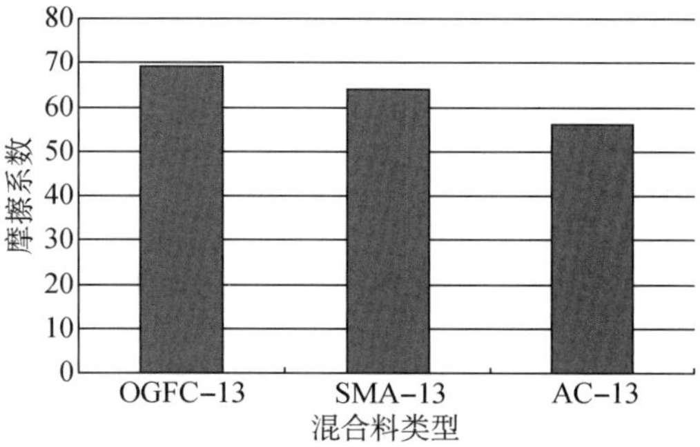

图 2-23　不同类型混合料摩擦系数对比

2.3.4.2　耐久性相关的性能指标

1. 劈裂强度比（*TSR*）

由于大孔隙沥青混合料必须让水通过内部结构，因此预计其受环境因素影响应较一般密级配混合料严重。利用《公路工程沥青及沥青混合料试验规程》（JTG E20—2011 T0729—2000）中的沥青混合料冻融劈裂试验方法进行浸水残余强度（*TSR*）试验，以评价其对于空隙水分影响的敏感度试验，试验结果如表 2-58 所示。

表 2-58　　浸水残余强度（*TSR*）试验结果

项目	1	2	3	4	均值
浸水前试件强度/MPa	0.6927	0.6436	0.6518	0.6452	0.6469
浸水后试件强度/MPa	0.5934	0.6788	0.6251	0.6687	0.6415
TSR	99.17%		要　求	≥80%	

从表 2-58 中数据可以看出，虽然大孔隙沥青混合料具有达到 20%的空隙率，但其仍保持了很高的浸水残余强度（*TSR*），其中一个原因是采用了高性能的高黏度改性沥

青,另一个是由于其较厚的沥青膜所致。同时对不同沥青结合料大孔隙沥青混合料的劈裂强度比(*TSR*)进行了对比研究,结果如图 2-24 所示。

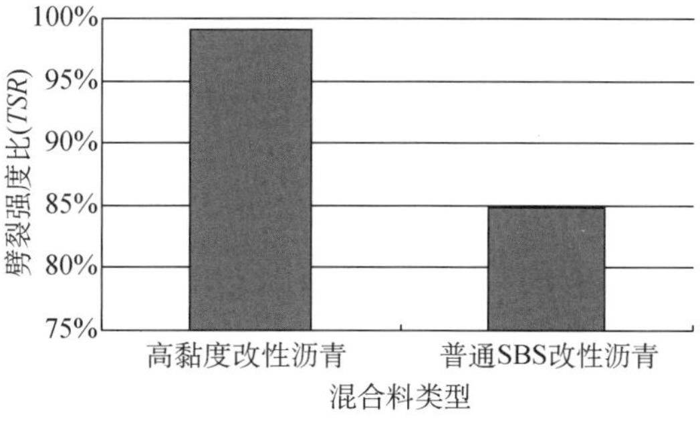

图 2-24 不同沥青结合料大孔隙沥青混合料的劈裂强度比(*TSR*)对比

2. 残留稳定度

水稳定性除了采用浸水残余强度(*TSR*)试验进行测试外,还采用马歇尔试件残留稳定度来评价,试件在 60 ℃水中饱水 48 h 后按照《公路工程沥青及沥青混合料试验规程》(JTG E20—2011)中的沥青混合料马歇尔稳定度试验方法进行试验,试验结果如表 2-59 所示。

表 2-59　　马歇尔残留稳定度试验结果

试件	试验结果/kN
1	6.18
2	4.86
3	5.97
4	5.24
残留稳定度	93.29%
要求	≥85%

从表中数据可以看出,综合以上冻融劈裂残余强度(*TSR*)试验结果,可以说明大孔隙沥青混合料虽然具有很高的空隙率,大量的水分能够在其结构中的连通空隙内自由进出,但它仍保持了很好的水稳定性。同时对不同沥青结合料大孔隙沥青混合料的残留稳定度进行了对比研究,结果如图 2-25 所示。

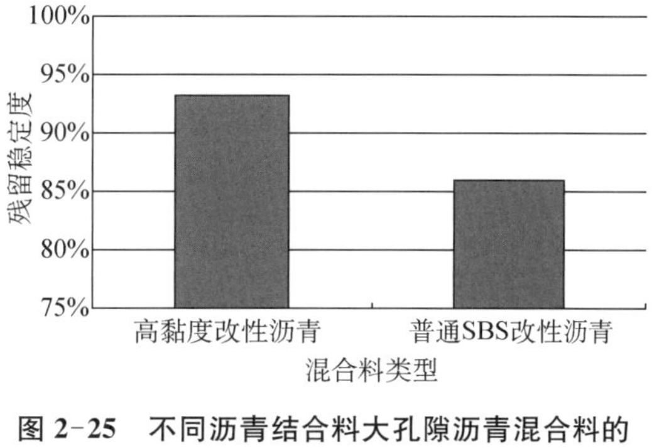

图 2-25 不同沥青结合料大孔隙沥青混合料的残留稳定度对比

3. 车辙

影响沥青路面车辙产生的原因很多,归结起来可分为内因、外因及其他因素三大类。内因主要反映在材料本身的质量上,而外因则主要包括气候条件和交通条件,其他因素则是指路面基层和路面结构组成及其施工质量对路面车辙的影响。当内因、外因及其他因素结合在一起时就会对沥青路面车辙的形成产生综合影响。本研究通过模拟实际路面受交通荷载的作用，观测路面车辙的变形，采用车辙试验的动稳定度评价沥青混合料的高温稳定性，试验的试件是在确定的最佳沥青用量的基础上，成型 300 mm×300 mm×50 mm 的车辙板。试验温度为 60 ℃，轮压 0.7 MPa，车轮行走次数 42 次/min，试验结果如表 2-60 所示。不同沥青结合料大孔隙沥青混合料的动稳定度对比如图 2-26 所示。

表 2-60　　车辙试验动稳定度结果　　（单位：次/mm）

混合料类型	1	2	3	平均
高黏度改性沥青	4 567	4 769	4 516	4 617
普通改性沥青	2 480	2 898	2 512	2 630

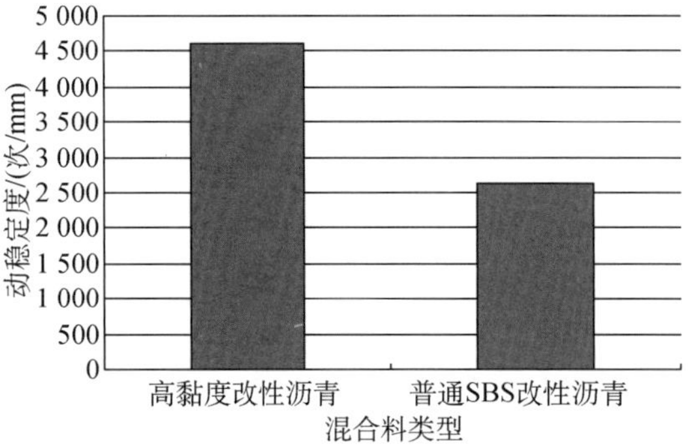

图 2-26　不同沥青结合料大孔隙沥青混合料的动稳定度对比

从表 2-60 中数据可以看出，高黏度改性沥青成型的大孔隙沥青混合料与普通改性沥青成型的大孔隙沥青混合料相比具有较大的动稳定度，充分体现了高黏度改性沥青对大孔隙沥青混合料高温稳定性的重要作用。

4. 疲劳特性

疲劳试验采用马歇尔试件进行劈裂实验。试验设备采用 MTS 伺服液压闭环回路试验系统。对疲劳试验的试验结果分析，一般借助于疲劳试验方程 $N_f = k(1/\sigma)^n$，疲劳试验结果见表 2-61，疲劳曲线如图 2-27 所示。

表 2-61　　劈裂疲劳试验结果

混合料类型	拉伸强度(15 ℃，MPa)	应力比	疲劳寿命/次
高黏度改性沥青	0.96	0.1	208 486
		0.2	22 845
		0.3	6 267
		0.4	2 503
		0.5	1 228
普通 SBS 改性沥青	0.90	0.1	200 478
		0.2	21 515
		0.3	5 831
		0.4	2 309
		0.5	1 126

（续表）

试验项目			试验结果
$N_f = k(1/\sigma)^n$	高黏度改性沥青	系数 k	134.61
		系数 n	3.19
	普通 SBS 改性沥青	系数 k	120.8
		系数 n	3.22

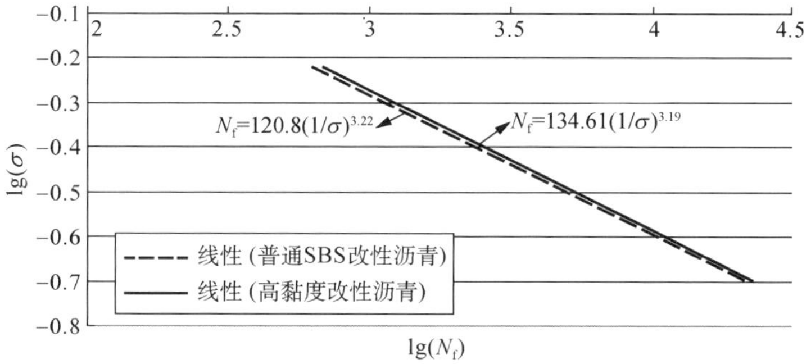

图 2-27 不同沥青结合料大孔隙沥青混合料的疲劳曲线

沥青混合料的抗疲劳性能通过应力比与疲劳作用次数的回归方程的两个参数来反映，k 值表示疲劳曲线线位的高低，值越大说明其耐疲劳性越强，n 值表示疲劳寿命对应力水平变化的敏感程度，值越大耐疲劳性越差。从表中数据可以看出，系数 k 值反映出 OGFC 的疲劳寿命较小；系数 n 值反映，OGFC 对疲劳显得较敏感，但使用高黏度改性沥青，增加沥青膜厚，在一定程度上提高疲劳韧性。

5. 低温拉伸性能

沥青路面在气温骤降或经受长时间的温度循环，在沥青层内产生温度应力，若其超过沥青混合料的抗拉强度则会造成开裂。因此进行沥青混合料设计时需考虑其低温抗裂性能。沥青混合料的低温拉伸性能一般可通过低温弯曲试验、劈裂试验以及低温蠕变试验来评价，本试验采用较常用的低温弯曲试验。低温弯曲试验试件利用车辙板切割 30 mm×35 mm×250 mm 的小梁，跨径 200 mm，加载速率为 50 mm/min，试验温度为－10 ℃，加载方式采用集中加载，试验设备采用 MTS 伺服液压闭环回路试验系统。低温弯曲试验结果见表 2-62 和表 2-63。不同沥青结合料大孔隙沥青混合料的力学性能对比如图 2-28—图 2-30 所示。

表 2-62　　高黏度低温弯曲试验结果

试件	最大荷载/kN	抗弯拉强度/MPa	弯拉破坏应变 $\mu\varepsilon$	劲度模量/MPa
1	0.575	4.517	7 000	645
2	0.670	5.121	5 000	1 024

（续表）

试件	最大荷载/kN	抗弯拉强度/MPa	弯拉破坏应变 $\mu\varepsilon$	劲度模量/MPa
3	0.618	4.845	6 000	808
平均	0.618	4.845	6 000	808

表 2-63　　普通 SBS 低温弯曲试验结果

试件	最大荷载/kN	抗弯拉强度/MPa	弯拉破坏应变 $\mu\varepsilon$	劲度模量/MPa
1	0.468	4.040	1 300	3 108
2	0.571	5.060	1 500	3 373
3	0.462	4.350	1 200	3 625
平均	0.465	4.195	1 250	3 356

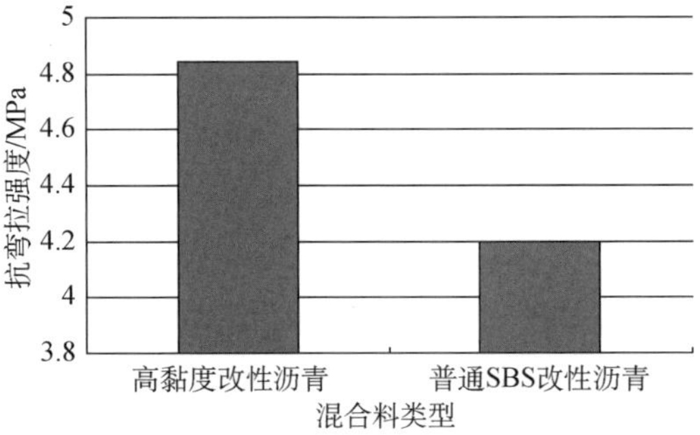

图 2-28　不同沥青结合料大孔隙沥青混合料的抗弯拉强度对比

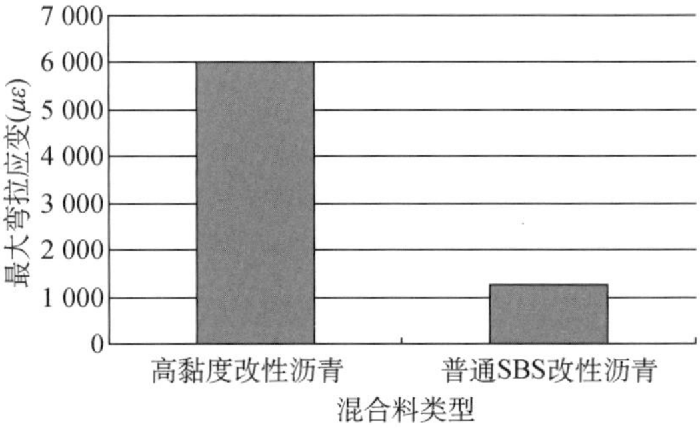

图 2-29　不同沥青结合料大孔隙沥青混合料的最大弯拉应变对比

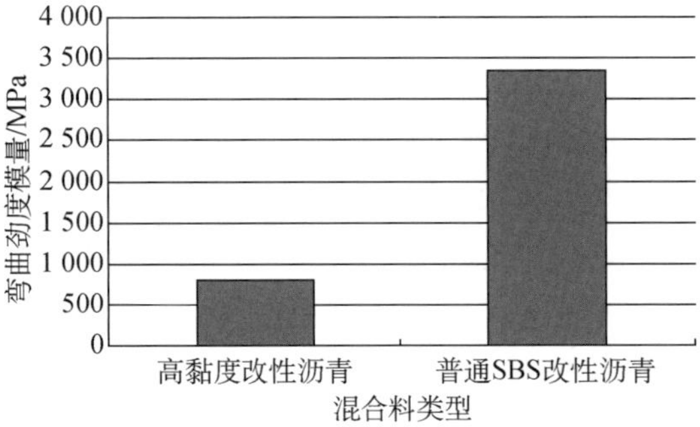

图 2-30　不同沥青结合料大孔隙沥青混合料的弯曲劲度模量对比

从表中数据可以看出，大孔隙沥青混合料的力学性能参数与密级配沥青混合料相比有着一定的差距，这与大孔隙沥青混合料形成的机理有关，其较大粒径骨料彼此紧密相接，而较小粒径集料的数量较少，不足以充分填充空隙，形成骨架-空隙结构。它的强度以骨架间的嵌挤力为主，以沥青的内聚力为辅，因此与密级配所形成的骨架-密实结构有着很大的区别。集料级配对大孔隙沥青混合料的有很大的影响，级配越粗，空隙率越大，则抗张拉性能越差。

综合上述各项技术指标的检验结果可见，5.3%的沥青含量的大孔隙沥青混合料满足功能性和耐久性两方面的各项要求。

2.3.5 大孔隙沥青混合料热老化耐久性研究

2.3.5.1 大孔隙沥青混合料热老化试验方法及研究内容

1. 沥青混合料热老化机理

沥青混合料的热老化源于沥青结合料的热老化，而沥青结合料的热老化主要是沥青中轻质油分的挥发及沥青与空气中的氧气发生化学反应导致。沥青材料在沥青混合料加热拌和、摊铺、碾压施工过程中及沥青路面使用过程中，受热使沥青中的轻质油分不断挥发，使沥青变硬、变脆，黏结性降低。

一般来说拌和温度越高、沥青老化越严重。在沥青混合料的拌和过程中沥青是以薄膜的形式裹覆在热矿料的表面，沥青膜在经受高温和接触热空气时，沥青中的轻质油分必然会迅速挥发，且又与空气中的氧气发生化学反应，从而引起严重的老化。据测定，沥青混合料拌和后，40/60 级沥青针入度可能降低到原沥青针入度的 85%；60/80 级沥青针入度可能降低到原沥青针入度的 80%；80/100 级的沥青可能降低到原沥青针入度的 75%，也有资料中表示会降低到原沥青针入度的 63%。这说明沥青在拌和过程中热老化将使针入度下降 20%～50%，也就是说热老化会损害沥青的使用性能[29]。

研究表明[34]，热老化前后沥青中特征官能团与分子结构有变化。沥青分子中有稠合芳环和少量短侧链存在，分子中含有不饱和双键，沥青经热老化后分子中碳基官能团的吸收峰显著增加，老化温度愈高变化愈明显。由羰基官能团的变化可以认为沥青分子中的双键与老化产生的氢过氧化物自由基反应生成含羰基官能团的活性分子。此外，热老化后沥青分子中高分子量组分的含量增加，分散度变大，说明沥青分子间存在极性官能团之间的缔合作用。

2. 大孔隙沥青混合料热老化试验方法

1) SHRP 提出的沥青混合料热老化试验方法的对比

要对沥青路面的老化给出更切合实际状况的评价，应该从沥青混合料的老化入手研究。在研究沥青混合料的热老化时，要重点体现松散的沥青混合料在拌和、储存和运输中受热挥发和氧化的效应，以及成型后的沥青混合料在沥青路面使用过程中受热挥发和氧化的效应，同时考虑试验的易操作性。

SHRP 根据以往的沥青混合料短期热老化方法的研究试验结果提出了三种方法。这些方法是将经过拌和的沥青混合料再进行一个加速老化的过程[35]。这三种方法如下。

(1) 烘箱加热法：将拌和好的沥青混合料放在烘箱中一定时间，使沥青混合料老化。

(2) 延时拌和法：适当延长沥青混合料的拌和时间，使沥青混合料老化。

(3) 微波加热法：将拌和的沥青混合料用微波加热，使沥青混合料老化。

按模拟施工条件、使用复杂程度、设备投资费用等对上述三种方法的有效性评估结果见表 2-64。烘箱加热法可以很好模拟施工条件、方法简便、设备投资费用不高，因而采用烘箱加热法对沥青混合料进行短期热老化试验。

表 2-64　　沥青混合料短期老化方法有效性的评估

评价标准	烘箱加热法	延时拌和法	微波加热法
模拟施工条件	好	模拟拌和	不相同
使用复杂程度	易于使用，无特殊设备	易于使用，试验室搅拌器或改变的 RTFOT	易于使用
设备投资费用	中等	中等	中等
现有经验	甚少	无	非常少
可靠性或准确性	不确定	不确定	不确定
对沥青混合料变化的敏感性	不确定	不确定	不确定
其他	与 TFOT 类似	与 TFOT 类似	

SHRP 总结以往的沥青混合料长期热老化方法的研究试验成果提出了三种方法。

(1) 加压氧化法：将经过短期老化成型的沥青混合料试件放入压力罐的试样架上，当容器密闭后，注入氧气达到(2±0.5) MPa 的压力，在 40 ℃或 60 ℃的环境下保持一定时间(1 d，2 d，3 d，5 d，7 d)，然后冷却至室温缓缓解除压力的老化过程。

(2) 延时烘箱加热法：将经过短期老化成型的沥青混合料试件过夜冷却、脱模，置于试样架上，放入(85±1) ℃的烘箱中恒温(120±0.5) h 使其老化，然后在不移动试件的情况下，打开烘箱门冷却至室温。

(3) 红外、紫外线处理法：将试件在红外、紫外线下照射一定的时间，主要模拟太阳光对沥青的老化情况。

按模拟施工条件、使用复杂程度、设备投资费用等对上述三种方法的有效性评估结果见表 2-65。从体现野外条件、程度、易于实施、设备投入不高、可敏感地反映沥青混合料性能的变化等方面，延时烘箱加热和加压氧化是沥青混合料试验室长期老化方法中最有效的方法，故本项目采用延时烘箱加热法对沥青混合料进行长期热老化试验。

表 2-65　　沥青混合料长期老化方法有效性的评估

评价标准	老化方法		
	加压氧化处理	延时烘箱加热	红外、紫外线处理
模拟野外的条件	达到了类似的老化程度	能达到类似的氧化程度，温度要高于自然温度	难以评估
使用复杂程度	复杂，处理氧气时注意安全	容易，无需特殊设备	复杂
设备投资费用	中等至高(三轴仪)	中等	中等至高
现有经验	非常少	非常少	非常少

（续表）

评价标准	老化方法		
	加压氧化处理	延时烘箱加热	红外、紫外线处理
可靠性或准确性	有问题	有问题	不确定
对沥青混合料变化的敏感性	有效	有效	不确定
其他		类似于延时的 TFOT 或 RTFOT	

2）本研究热老化试验方法

本研究在研究大孔隙沥青混合料热老化耐久性时，分别考虑相同空隙率不同老化时间和不同空隙率相同老化时间对大孔隙沥青混合料耐久性能的影响。对大孔隙沥青混合料所采用的热老化方法为：将松散大孔隙沥青混合料拌和好后均匀摊铺在搪瓷盘中，松铺厚度为 21～22 kg/m^2，按以下情况进行老化。

（1）将拌和好的大孔隙沥青混合料放入 135 ℃±1 ℃烘箱中在强制通风的条件下老化 4 h 后成型，在热老化过程中每小时用铲在试盘中翻拌一次。

（2）将经过短期老化后成型的试件置于强制通风的烘箱内以 85 ℃±1 ℃的温度加热老化 5 d。

3. 大孔隙沥青混合料热老化试验研究内容

使用高黏度改性沥青，根据日本道路协会的《排水性路面技术指南》设计出三种目标空隙率分别为 20%，18%，15%的大孔隙沥青混合料级配，三种大孔隙沥青混合料级配及沥青含量如表 2-66 所示。

表 2-66　试验用三种不同空隙率的大孔隙沥青混合料级配及其沥青含量

级配类型	筛孔通过率						
	16 mm	13.2 mm	9.5 mm	4.75 mm	2.36 mm	0.075 mm	沥青含量
级配一	100%	90%	48%	11%	10%	5%	5.0%
级配二	100%	93%	55%	15%	13%	5%	5.3%
级配三	100%	95%	60%	18%	16%	5%	5.5%

利用设计出的三种不同空隙率的大孔隙沥青混合料，本章研究了不同空隙率大孔隙沥青混合料的热老化耐久性，主要研究内容有以下两个方面。

（1）热老化对大孔隙沥青混合料高温、低温、抗水损害性能的影响。

（2）不同空隙率对大孔隙沥青混合料热老化耐久性能的影响。

2.3.5.2　热老化对大孔隙沥青混合料高温性能影响研究

目前许多国家已把车辙试验作为沥青混合料组成设计的一项评价指标，美国

SHRP计划已经把它作为AAMAS"沥青混合料分析系统"的一项不可缺少的指标，用它来评价沥青路面高温稳定性能。

本次研究使用车辙试验来评价大孔隙沥青混合料的高温稳定性。

1. 试验结果

试验结果见表2-67—表2-69和图2-31—图2-32。

表2-67 级配一大孔隙沥青混合料车辙试验结果

试件类型	45 min车辙深度/mm	60 min车辙深度/mm	动稳定度/(次·mm^{-1})	试件相对变形
未老化	2.264	2.408	4 550	4.82%
老化	1.407	1.470	10 393	2.94%

表2-68 级配二大孔隙沥青混合料车辙试验结果

试件类型	45 min车辙深度/mm	60 min车辙深度/mm	动稳定度/(次·mm^{-1})	试件相对变形
未老化	1.893	2.009	5 649	4.02%
老化	1.109	1.163	12 107	2.33%

表2-69 级配三大孔隙沥青混合料车辙试验结果

试件类型	45 min车辙深度/mm	60 min车辙深度/mm	动稳定度/(次·mm^{-1})	试件相对变形
未老化	1.711	1.796	7 709	3.59%
老化	0.679	0.722	14 825	1.44%

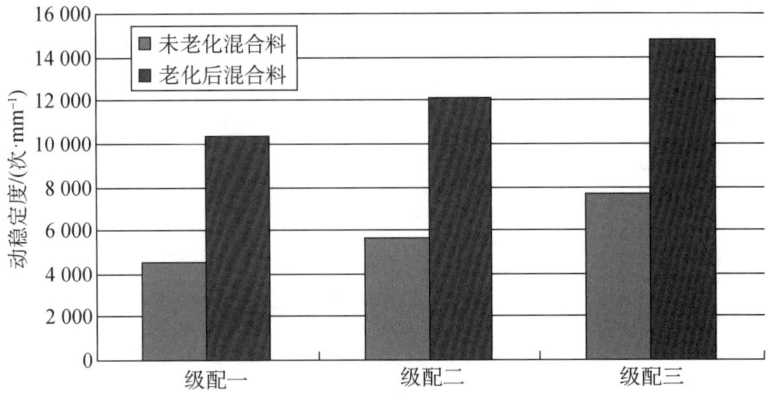

图2-31 不同级配大孔隙沥青混合料老化前后动稳定度

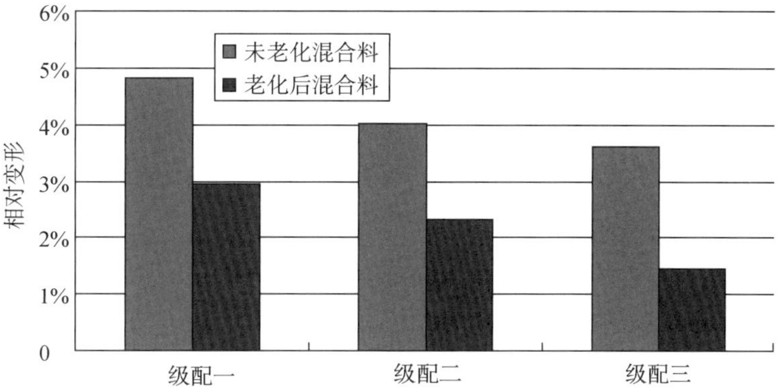

图 2-32　不同级配大孔隙沥青混合料老化前后相对变形

2. 试验结果分析

在相同老化时间、不同空隙率时，大孔隙沥青混合料动稳定度的变化如下。

(1) 级配一大孔隙沥青混合料动稳定度在经过 135 ℃老化 4 h 和 85 ℃老化 5 d 后比没经过老化时动稳定度增大了 1.28 倍，相对变形减小了 1.88%。

(2) 级配二大孔隙沥青混合料动稳定度在经过 135 ℃老化 4 h 和 85 ℃老化 5 d 后比没经过老化时动稳定度增大了 1.14 倍，相对变形减小了 1.69%。

(3) 级配三大孔隙沥青混合料动稳定度在经过 135 ℃老化 4 h 和 85 ℃老化 5 d 后比没经过老化时动稳定度增大了 0.92 倍，相对变形减小了 2.15%。

热老化导致沥青混合料中的沥青发生老化，使得沥青变脆，沥青的劲度模量变大，从而使得沥青混合料的动稳定度变大，相对变形变小。相同的热老化时间，随着空隙率的增大，沥青混合料老化加深，动稳定度增大程度越大。

2.3.5.3 热老化对大孔隙沥青混合料低温性能影响研究

本次研究采用低温弯曲试验评价大孔隙沥青混合料的低温性能，研究了热老化对不同空隙率大孔隙沥青混合料低温性能的影响。

1. 试验结果

试验结果见表 2-70—表 2-72 和图 2-33—图 2-35。

表 2-70　级配一大孔隙沥青混合料低温弯曲试验结果

试件		最大荷载/N	抗弯拉强度/MPa	弯拉破坏应变 $\mu\varepsilon$	劲度模量/MPa
未老化	1	807	6.054	4 000	1 409.321
	2	776	5.560	3 000	1 697.263
	3	758	5.350	4 000	1 396.149
	4	604	4.289	3 000	1 553.813
平均		780	5.313	4 000	1 514.137

（续表）

试件		最大荷载/N	抗弯拉强度/MPa	弯拉破坏应变 με	劲度模量/MPa
老化	1	591	4.389	3 000	1 350.775
	2	604	4.911	3 000	1 581.600
	3	758	5.280	4 000	1 366.566
	4	623	5.155	4 000	1 435.423
平均		606	4.934	3 000	1 433.591

表 2-71　　级配二大孔隙沥青混合料低温弯曲试验结果

试件		最大荷载/N	抗弯拉强度/MPa	弯拉破坏应变 με	劲度模量/MPa
未老化	1	875	7.028	4 000	1 934.448
	2	851	6.244	5 000	1 149.951
	3	1 183	8.785	5 000	1 802.557
	4	965	7.455	4 000	1 735.304
平均		969	7.378	5 000	1 655.565
老化	1	843	6.362	4 000	1 456.606
	2	794	5.650	4 000	1 466.256
	3	955	6.833	5 000	1 382.940
	4	832	6.057	3 000	1 849.003
平均		856	6.226	4 000	1 435.267

表 2-72　　级配三大孔隙沥青混合料低温弯曲试验结果

试件		最大荷载/N	抗弯拉强度/MPa	弯拉破坏应变 με	劲度模量/MPa
未老化	1	916	7.392	5 000	1 596.296
	2	1 272	9.318	4 000	2 465.043
	3	1 306	9.492	7 000	1 456.652
	4	971	7.525	5 000	1 433.369
平均		1 116	8.432	5 000	1 737.84
老化	1	955	7.670	4 000	1 847.398
	2	850	6.237	5 000	1 276.222
	3	1 164	8.644	4 000	2 280.351
	4	927	7.161	4 000	1 666.971
平均		974	7.428	4 000	1 767.735

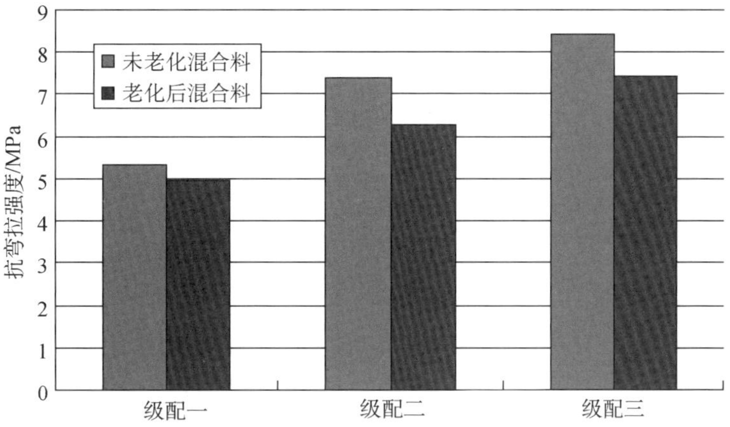

图 2-33　不同级配大孔隙沥青混合料老化前后抗弯拉强度

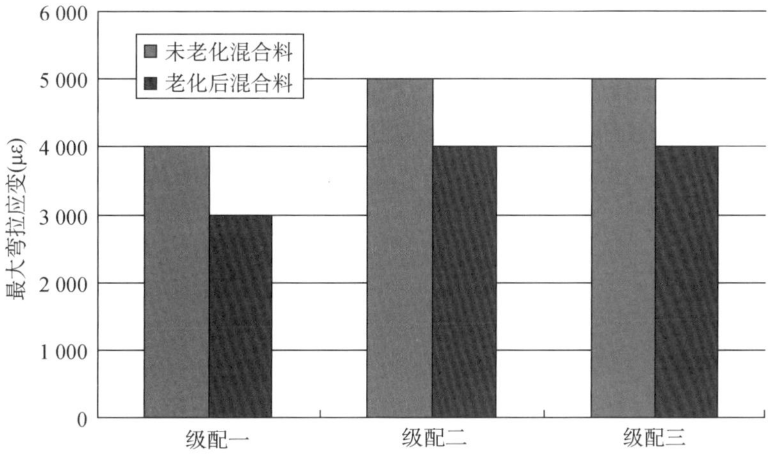

图 2-34　不同级配大孔隙沥青混合料老化前后最大弯拉应变

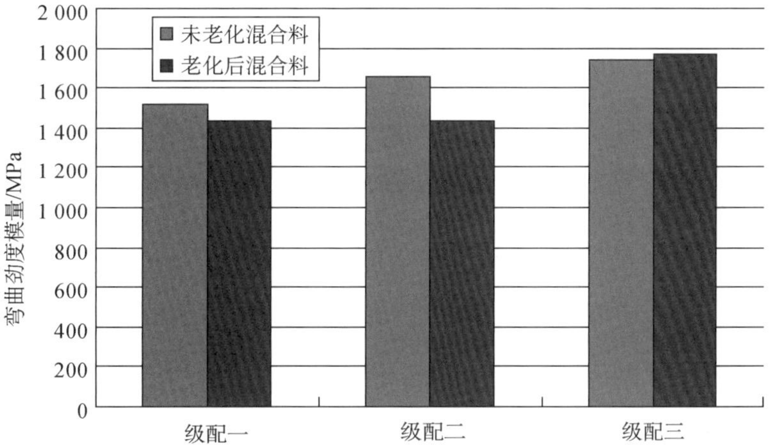

图 2-35　不同级配大孔隙沥青混合料老化前后弯曲劲度模量

2. 试验结果分析

（1）在同一老化时间，大孔隙沥青混合料的最大弯拉强度和最大弯拉应变随空隙率的增大而减小。老化后空隙率越高的大孔隙沥青混合料抵抗破坏的能力越差，低温时抵抗收缩应力的能力就越差。

（2）在同一空隙率下，大孔隙沥青混合料的最大弯拉强度和最大弯拉应变在老化后均减小。

（3）大孔隙沥青混合料热老化后劲度模量有变小的、也有变大的，仅从大孔隙沥青混合料劲度模量大小不能得出热老化后抗低温性能好坏，而要看劲度模量是由何种原因而变化。热老化后大孔隙沥青混合料最大弯拉应力和最大弯拉应变同时变小，由于变小的速度不同，从而导致劲度模量发生变化。仅仅从劲度模量的变小来判断排水性混合料低温性能变差是不合适的。在评价大孔隙沥青混合料低温性能时要结合最大弯拉强度和最大弯拉应变考虑。

2.3.5.4 热老化对大孔隙沥青混合料抗水损害性能影响研究

在浸水条件下，沥青与矿料的黏附力降低，最终表现为沥青混合料的整体力学强度降低。因此沥青混合料的水稳定性最终由浸水条件下沥青混合料的力学性能降低的程度来表征。本节主要研究老化前后大孔隙沥青混合料在冻融循环后劈裂强度的变化。

1. 试验结果

试验结果见表 2-73—表 2-78 和图 2-36—图 2-37。

表 2-73 级配一未老化大孔隙沥青混合料冻融劈裂试验数据

试件	荷载/N	劈裂强度/MPa	劈裂强度均值/MPa	*TSR*
冻融	3 910	0.3890	0.3931	80.67%
	3 900	0.3920		
	3 950	0.3958		
	3 960	0.3955		
未冻融	4 820	0.4868	0.4873	
	4 380	0.4367		
	4 900	0.4925		
	4 800	0.4825		

表 2-74　　级配一老化后大孔隙沥青混合料冻融劈裂试验数据

试件	荷载/N	劈裂强度/MPa	劈裂强度均值/MPa	*TSR*
冻融	4 680	0.4594	0.4599	89.59%
	4 420	0.4369		
	4 820	0.4768		
	4 720	0.4666		
未冻融	4 820	0.4724	0.5134	
	5 020	0.4935		
	5 620	0.5516		
	5 410	0.5361		

表 2-75　　级配二未老化大孔隙沥青混合料冻融劈裂试验数据

试件	荷载/N	劈裂强度/MPa	劈裂强度均值/MPa	*TSR*
冻融	4 880	0.4878	0.4796	86.55%
	4 750	0.4659		
	4 730	0.4716		
	4 900	0.4929		
未冻融	5 400	0.5385	0.5540	
	5 820	0.5836		
	5 680	0.5615		
	5 380	0.5327		

表 2-76　　级配二老化后大孔隙沥青混合料冻融劈裂试验数据

试件	荷载/N	劈裂强度/MPa	劈裂强度均值/MPa	*TSR*
冻融	5 020	0.4931	0.5154	88.44%
	5 230	0.5078		
	5 300	0.5231		
	5 450	0.5375		
未冻融	5 810	0.5707	0.5827	
	4 620	0.4507		
	5 870	0.5803		
	5 960	0.5971		

表 2-77　　级配三未老化大孔隙沥青混合料冻融劈裂试验数据

试件	荷载/N	劈裂强度/MPa	劈裂强度均值/MPa	*TSR*
冻融	5 820	0.5826	0.5494	90.01%
	5 860	0.5839		
	5 000	0.5034		
	5 220	0.5276		
未冻融	5 960	0.6024	0.6104	
	6 080	0.6170		
	5 760	0.5850		
	6 180	0.6369		

表 2-78　　级配三老化后大孔隙沥青混合料冻融劈裂试验数据

试件	荷载/N	劈裂强度/MPa	劈裂强度均值/MPa	*TSR*
冻融	6 119	0.6011	0.6152	94.82%
	6 320	0.6137		
	6 280	0.6198		
	6 350	0.6262		
未冻融	6 310	0.6199	0.6488	
	6 420	0.6263		
	6 670	0.6593		
	6 660	0.6673		

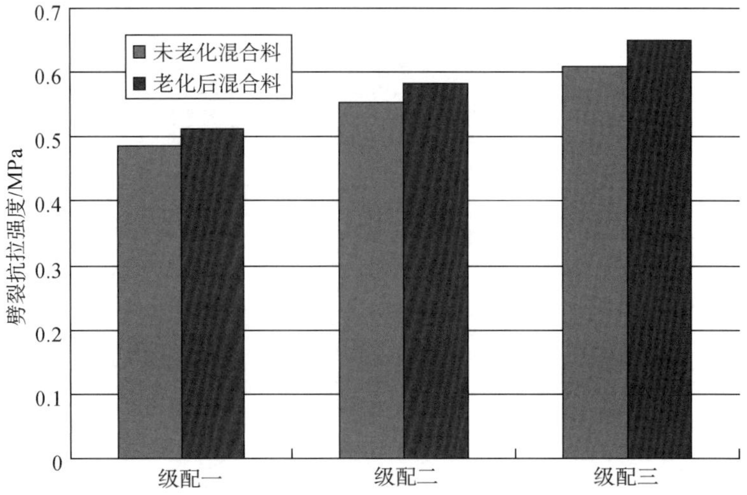

图 2-36　不同级配大孔隙沥青混合料老化前后未冻融劈裂抗拉强度

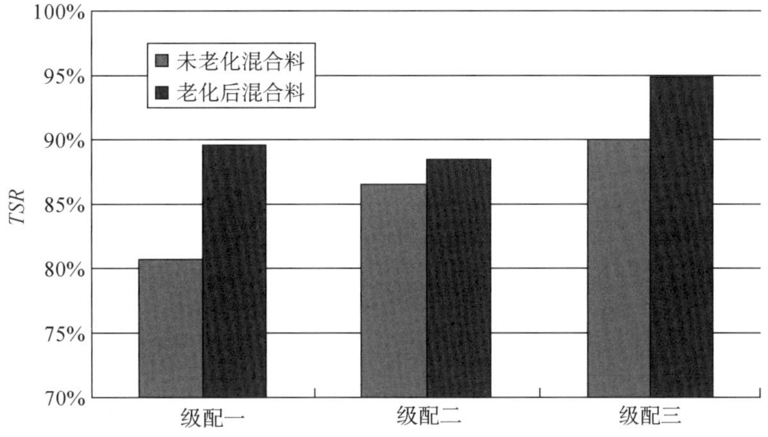

图 2-37　不同级配大孔隙沥青混合料老化前后 *TSR*

2. 试验结果分析

(1) 由图 2-36 和图 2-37 可看出随着空隙率的减小,大孔隙沥青混合料的劈裂抗拉强度和冻融劈裂强度比均增大,说明空隙率越小大孔隙沥青混合料的水稳定性能越好。

(2) 在冻融循环初期,老化后大孔隙沥青混合料的劈裂抗拉强度和冻融劈裂强度比均要较没老化的大孔隙沥青混合料大。

2.4 半柔性路面材料配合比设计

1. 配合比设计方法有效性的验证

在母体沥青混合料的设计中,本研究采用谢伦堡沥青析漏试验和肯塔堡飞散试验相结合的方法来确定最佳沥青用量,虽然通过母体沥青混合料的马歇尔试验检验,最佳沥青用量的确定方法是有效的。但是,此种方法在半柔性路面材料中的有效性还有待检验。因此,为了进一步验证其有效性,鉴定半柔性路面抵抗变形的能力,应对半柔性路面材料的力学指标进行测定。由于本研究的半柔性路面材料偏于柔性,所以采用沥青混合料的试验方法。

按前文规定的方法制备标准试件,在 60 ℃恒温水槽中,保温 40 min,然后将试件放置于马歇尔稳定度仪上,以(50±5) mm/min 的形变速率加荷,测定其马歇尔稳定度和流值,并与母体沥青混合料和普通热拌沥青混合料(级配为 AC-16Ⅰ)相比较,结果见表 2-79。

从表 2-79 试验结果可以看出,灌浆后的稳定度是灌浆前的 5 倍左右,而其流值仅是灌浆前的 1/2 左右。与普通 AC-16Ⅰ沥青混合料相比,其稳定度也有明显的增加,流值明显的降低。这说明半柔性路面材料具有较大的刚性,在高温下具有较大的抗变形能力。

表 2-79　　马歇尔试验结果对比表

空隙率	母体沥青混合料		半柔性路面材料		AC-16 Ⅰ	
	稳定度 /kN	流值 /0.1 mm	稳定度 /kN	流值 /0.1 mm	稳定度 /kN	流值 /0.1 mm
21%	3.94	29.6	19.22	17.2	9.91	31.4
23%	3.60	34.2	18.12	22.0		
25%	3.43	39.5	17.12	19.8		

2. 半柔性路面材料配合比设计程序

对于半柔性路面复合材料的整个配合比设计，可以用图 2-38 来清楚地表示。

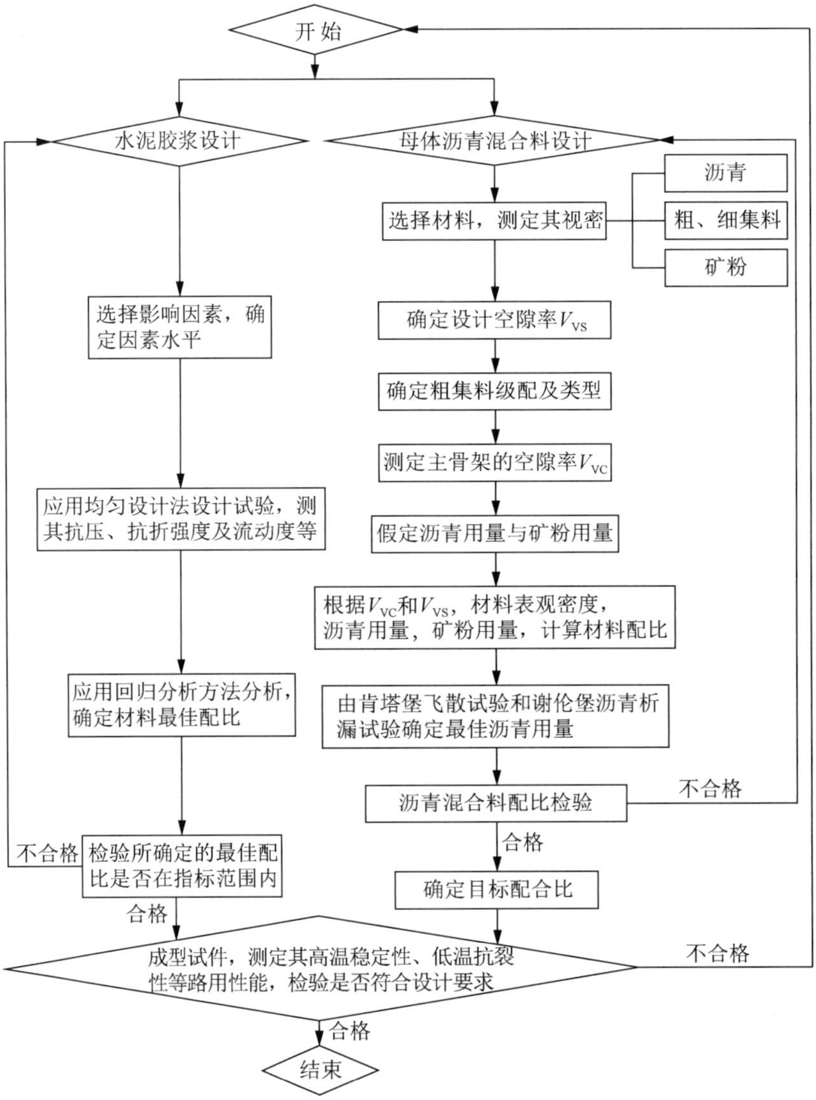

图 2-38　半柔性路面材料设计流程图

3 半柔性路面材料路用性能及设计参数

本项目所研究的半柔性路面复合材料，是在开级配大空隙的沥青混凝土中灌入水泥胶浆而形成的路面，属于“柔变刚”，复合材料偏于柔性，因此在评价其路用性能时，采用沥青混合料的一系列评价方法来评价半柔性路面复合材料的各项性能，并与普通沥青混合料相比较。

3.1 半柔性路面材料的高温稳定性分析

沥青混合料是一种典型的黏弹塑性材料，它的强度和劲度模量随着温度的升高而降低，所以在夏季高温，并在交通荷载的作用下，沥青路面易产生车辙，拥包等病害。尤其对于高等级公路，由于交通量大，重车比例大，且交通渠化，产生车辙等永久变形的可能性就越大一些。车辙、拥包等永久变形的产生，使得路面的平整度明显降低，从而影响路面的行车舒适性；而且坑槽易积水，除了加速路面的破坏之外，还会对行车安全造成很大的威胁。可见，车辙严重影响了路面的使用寿命和服务质量，已成为当今世界路面损坏形式中最为突出的一个问题。

1. 试验结果

车辙试验结果见表 3-1。

表 3-1 **车辙试验结果** (单位：mm)

空隙率	21%	23%	25%	AC-16 I
1 min	0.1598	0.2847	0.1299	—
3 min	0.3695	0.4045	0.2297	—
5 min	0.4444	0.4944	0.3346	—
10 min	0.5743	0.6193	0.4095	—
20 min	0.6842	0.7192	0.5094	—
30 min	0.7391	0.7591	0.5943	—
45 min	0.8240	0.8091	0.6692	—
60 min	0.8739	0.8590	0.7342	—
动稳定度/(次·mm^{-1})	12 625	12 625	10 242	508
变形速率/(mm·min^{-1})	0.00333	0.00333	0.00410	0.083

2. 试验结果分析

(1) 我国“八五”攻关课题首次提出了用车辙试验动稳定度作为沥青混合料的高温性能技术指标，认为动稳定度越大，其高温性能越好，同时给出了高等级公路沥青混合料动稳定度技术指标推荐值(表 3-2)。标准规定对于年最高平均气温在 30 ℃以上的地区，上面层的动稳定度不得低于 800 次/mm，而半柔性路面材料的动稳定度均在

10 000 次/mm 以上，远远超过了规定值。与普通 AC-16 Ⅰ 型沥青混合料相比，也有绝对的优势。可知，半柔性路面材料的高温抗车辙性能非常好。

表 3-2　　动稳定度建议标准

车辙试验动稳定度	年最高月平均气温/℃		
	>30	20～30	<20
上中面层，不低于/(次・mm^{-1})	800	600	400
下面层/(次・mm^{-1})	500	400	300

(2) 由表 3-1 发现，半柔性路面材料的车辙深度很小，在 60 min 时，车辙深度还不到 1 mm。而且，从图 3-1 所示的车辙曲线可看出，车辙在最初 5 min 内发展较快，曲线的斜率较大；而在过了这一点后，车辙的发展就平缓下来了，接近水平线。为了更具体的说明这一点，针对表 3-1 所示车辙变形数据，对 5 min 之后的变形数据进行直线回归，具体结果见表 3-3。表 3-3 中所示直线斜率均小于 0.01，证明了上述结论。

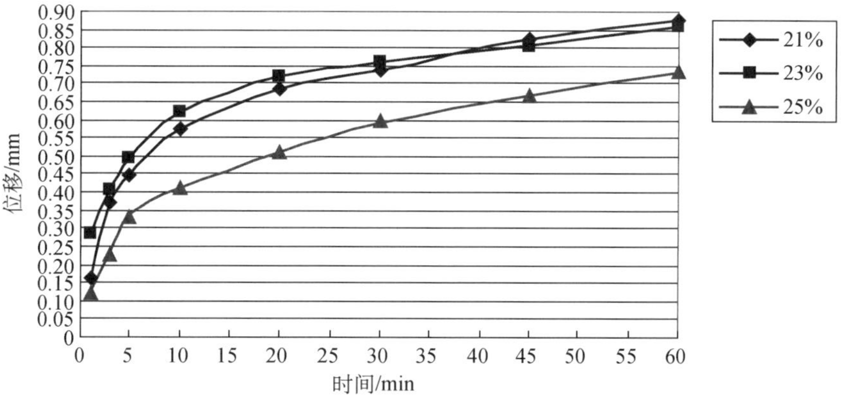

图 3-1　半柔性路面材料位移-时间曲线

表 3-3　　车辙变形-时间直线回归(5～60 min)

母体沥青混合料设计空隙率	回归直线方程	R^2
21%	$y = 0.0072x + 0.4865$	0.9004
23%	$y = 0.0059x + 0.341$	0.8571
25%	$y = 0.0071x + 0.341$	0.9555

(3) 不论是从动稳定度角度，还是从车辙深度这一角度来看，都可以认为半柔性路面材料的高温稳定性非常好。沥青混合料的高温稳定性主要是指材料在高温下抵抗剪切流动变形的能力，半柔性材料由于水泥的加入，材料的刚性增大，抵抗剪切流动变形的能力增大了，因此其抗车辙能力也随之增大。

（4）由表 3-1 发现，对于不同母体设计空隙率的半柔性路面材料来说其动稳定度相差不大。是因为虽然其母体设计空隙率有所差别，但其水泥胶浆填充情况却相差不大。说明在合理的母体空隙率范围内，影响半柔性路面材料抗车辙能力的主要是水泥填充母体空隙的程度，而非母体设计空隙率。

3.2 半柔性路面材料的低温抗裂性能分析

沥青路面面层温度开裂是路面破坏的主要形式之一。此类开裂在许多寒冷国家以及我国北方地区非常普遍。沥青路面低温开裂程度与沥青混合料的低温力学性质有很大的关系。因此，近 30 年来不少寒冷地区和国家都对沥青混合料的低温性质进行了很多研究工作，但是没有提出统一的检验标准。本项目针对半柔性路面材料的特点，进行了低温弯曲、低温劈裂、低温蠕变等的试验检验。

3.2.1 低温弯曲试验

低温弯曲试验是国内外较常用的沥青混合料低温抗裂性能评价方法。它是通过破坏荷载和破坏时的跨中挠度来求算其弯拉应力、应变和劲度模量。通过小梁破坏时的梁底弯拉应力和应变来判断其低温抗裂性能的好坏。为了更清楚地说明其低温性能的好坏，本研究通过应力-应变曲线计算得到其破坏时的应变能密度，通过能量来评价其低温抗裂性能。

1. 试验结果

其低温弯曲试验结果见表 3-4。应变能密度比较见图 3-2。

表 3-4　　低温弯曲试验结果(−10 ℃)

母体沥青混合料设计空隙率	抗弯拉强度 R_B/MPa	最大弯拉应变 $\mu\varepsilon$	弯曲劲度模量 S_B/MPa	应变能密度 $E/(J \cdot m^{-3})$
21%	7.057	901	8 030	2 958
23%	6.509	724	9 094	2 412
25%	6.408	979	6 677	2 625
AK-16B	9.908	802	12 355	2 416
SMA-16	9.180	1 152	7 969	4 572
AC-16 Ⅰ	10.109	1 047	9 655	2 563

2. 试验结果分析

观察表 3-4 的数据可以得出以下结论。

（1）半柔性路面材料与 AK-16B 型沥青混合料相比，其抗弯拉强度小，而破坏弯拉

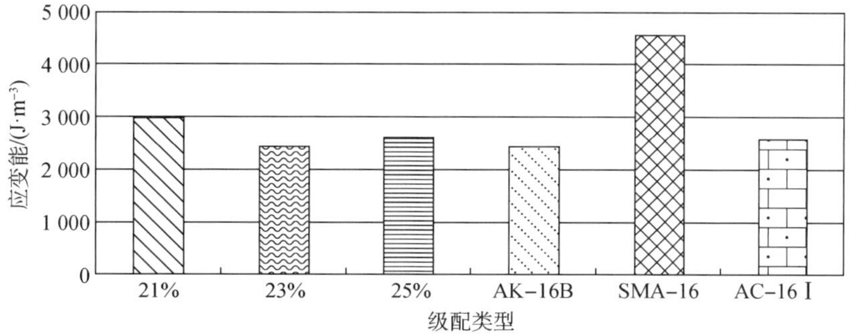

图 3-2　不同级配混合料弯曲破坏应变能比较

应变大，其劲度模量要小得多，其低温破坏应变能密度大一些，可见，半柔性路面材料的低温抗裂性能要优于 AK-16B 型沥青混合料。

（2）半柔性路面材料与 AC-16 I 型沥青混合料相比，其抗弯拉强度小，弯拉应变相差不大，但其劲度模量都有不同程度的降低，应变能密度有一定增大，可见半柔性路面材料的低温抗裂性能要优于 AC-16 I 型沥青混合料

（3）但是，与 SMA-16 型沥青混合料比较，其抗弯拉强度和破坏弯拉应变都较小，其劲度模量要大一些，其低温应变能密度要小得多，二者比较，SMA-16 的低温抗裂性能要优于半柔性路面材料。

（4）综合考虑抗弯拉强度、破坏弯拉应变、劲度模量和应变能密度四项指标，低温抗裂性能优劣顺序为：SMA-16>21%>25%>AC-16 I>AK-16B>23%。可见，半柔性路面材料的低温抗裂性能介于 SMA-16 和 AC-16 I 型沥青混合料之间。其中母体沥青混合料设计空隙率为 21%时半柔性混合料抗低温抗裂性能最好，其次为 25%空隙率、23%空隙率。

（4）只考虑低温应变能指标对表 3-4 中各个级配的沥青混合料进行低温性能的排序，可以发现其优劣顺序与综合考虑四项指标的顺序结果相同。因此，在评价路面材料的低温性能时，采用低温应变能密度指标不失为一种简单可靠的方法。

3.2.2　低温劈裂试验

1. 试验结果

低温劈裂试验结果见表 3-5。

表 3-5　　低温劈裂试验结果

试验条件	级配	劈裂抗拉强度 R_T/MPa	破坏拉伸应变 $\mu\varepsilon_T$	破坏劲度模量 S_T/MPa
温度为−10 ℃，加载速率为 1 mm/min	21%	2.477	4 514	971.3
	23%	3.221	3 801	1 478.0
	25%	2.962	4 813	1 059.6
	AC-16 I	4.160	3 939	1 821.9

2. 试验结果分析

分析表 3-5 数据，可以看出。

(1) 与 AC-16 Ⅰ 型普通沥青混合料相比，半柔性路面材料的劈裂抗拉强度较小，破坏拉伸应变较大，其劲度模量较小，因此其低温抗裂性能较前者要稍好一些。

(2) 综合考虑劈裂抗拉强度、破坏拉伸应变和劲度模量，得到表 3-5 中各级配混合料的低温抗裂性能优劣顺序为 25%＞21%＞AC-16 Ⅰ＞23%。

(3) 本试验只采用了一种试验温度，没有对半柔性路面材料的破坏拉伸应力、破坏应变及劲度与温度的关系进行研究，未确定半柔性路面材料的脆化点温度。为了能进一步运用劈裂试验来评价其低温抗裂性，有必要对脆化点温度进行研究。

3.2.3 弯曲蠕变试验

蠕变试验一般可分为三个阶段，依次为蠕变迁移、蠕变稳定和蠕变破坏，如图 3-3所示。

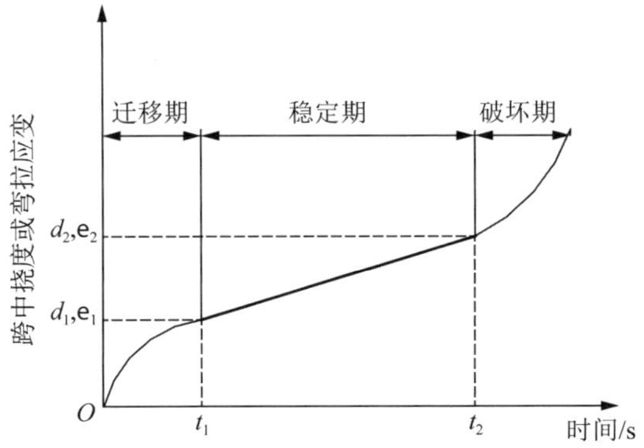

图 3-3 沥青混合料蠕变曲线图

其中，第一阶段为蠕变迁移阶段，反映了沥青混合料的瞬时弹性变形及黏弹部分的性质。在这一阶段，蠕变变形在瞬间迅速增大，但应变速率随时间迅速减小。

第二阶段为蠕变稳定阶段，反映了黏性流动的性质。蠕变变形呈直线性稳定增长，应变速率保持稳定。

第三阶段为蠕变破坏阶段，实际上表征的是试件已发生裂缝破坏的情况。蠕变变形和蠕变速率均急剧增大。

评价沥青混合料低温抗裂性主要考察蠕变试验的第二阶段，即蠕变稳定阶段。在蠕变稳定阶段，荷载作用时从 t_1 到 t_2，弯拉应变由 ε_1 增大到 ε_2，则其蠕变速率计算方法见式(3-1)。

$$\varepsilon(\sigma, t)=\frac{\varepsilon_2-\varepsilon_1}{t_2-t_1} \tag{3-1}$$

1. 试验结果

低温蠕变试验结果见表 3-6。

表 3-6 低温蠕变试验结果

母体沥青混合料设计空隙率	蠕变弯拉应力 σ_0 /MPa	梁底的弯拉应变 $\mu\varepsilon/t^*$	弯曲蠕变劲度模量 $S(t^*)$ /MPa	弯曲蠕变柔量 $J(t^*)$/(1/MPa)($\times10^{-3}$)	弯曲蠕变速率 ε_s/(1/s/MPa)($\times10^{-7}$)
21%	0.670	3543	197.5	5.065	1.190
23%	0.644	2568	289.0	3.988	0.566
25%	0.799	3263	247.0	4.084	1.162
AC-16 Ⅰ	1.340	—	—	—	3.930

注：t^* 取 3 600 s。

2. 试验结果分析

蠕变速率表征了在一定的温度和试验荷载作用下材料的流变性能。它反映了材料抵抗变形发展的能力，其值越大，抵抗变形的能力越强，低温抗裂性能就越好。

由表 3-6 所示数据，可以得出以下结论。

(1) 半柔性路面材料的蠕变弯拉应力和低温蠕变速率，较之 AC-16 Ⅰ 型沥青混合料小。究其原因，主要因为两点：一是受沥青结合料影响，半柔性路面材料的母体沥青混合料采用 AH-70 沥青，低温下较脆，弯拉应变小，因此同一时间区间内其蠕变速率要小得多；二是受水泥砂浆的影响，水泥砂浆本身是刚性材料，灌入母体沥青混合料中，增大了半柔性路面材料的刚性，因此低温下其弯拉应力变小，蠕变速率也变小了。而且低温蠕变速率试验结果离散性大也是不可忽略的因素。

(2) 以蠕变速率为指标，得到低温抗裂性优劣顺序为 AC-16 Ⅰ＞21%＞25%＞23%，其中以 23%的最差。

3.2.4 低温抗裂性能综合分析

综合低温弯曲试验、低温劈裂试验和弯曲蠕变试验这几项试验结果，可得出低温性能的优劣顺序为 21%＞25%＞AC-16 Ⅰ＞23%。总体而言，半柔性路面材料的低温抗裂性能要优于 AC-16 Ⅰ 型沥青混合料，但是与“八五”攻关课题所提出的低温抗裂性能指标相比还有一定的差距。其主要原因有两个方面，其一是沥青结合料，本课题采用 70# 沥青，其针入度较小，低温情况下脆性较大，因此也就影响了半柔性路面材料的低温性能；其二是水泥胶浆，水泥胶浆灌入母体沥青混合料中，虽然填充了母体空隙，但是由于水泥是一种刚性材料，它的存在提高了材料的刚性，使得半柔性路面材料在低温情况下，脆性增大了。因此，要提高半柔性路面材料的低温抗裂性能，除了改变沥青结合料以外，必须从减小水泥胶浆的刚性着手。本研究中在水泥胶浆基本配合比的基础上加入了聚合物胶乳。为了考察其对低温抗裂性能，本研究选取母体沥青混合料设计空隙率为25%的半柔性路面材料进行了低温蠕变试验，试验结果见表3-7。

表3-7　　加入胶乳后的半柔性路面材料低温蠕变试验结果

级配	25%	25%	25%	25%
	聚灰比为1%	聚灰比为3%	聚灰比为5%	未加胶乳
蠕变弯拉应力 σ_0/MPa	0.456	0.470	0.486	0.799
蠕变速率 ε_s/(1/s/MPa)($\times 10^{-7}$)	2.362	2.461	1.881	1.162

由表3-7所示试验结果可以看出，加入胶乳后半柔性路面材料的低温蠕变速率较未加胶乳的材料蠕变速率有所增加，而且其蠕变弯拉应力都比未加胶乳材料小。这说明加入胶乳后，在低温情况下、材料的脆性减小，柔性增加，从而显示其抗低温性能改善。因此可知，要改善半柔性路面材料的低温性能，在水泥胶浆中加入聚合物胶乳是一种行之有效的方法。

3.3 半柔性路面材料的疲劳性能分析

随着公路交通量的日益增长，汽车轴重的不断增长，汽车对路面的破坏作用变得越来越明显。路面在使用期间要经受车轮荷载的反复作用，长期处于应力应变交迭的状态，致使路面强度逐渐下降。当荷载重复作用超过一定次数之后，路面内产生的应力就会超过强度下降后的结构抗力，路面就会产生所谓的疲劳破坏。

早在1942年，O. J. Portor就对路面的疲劳现象进行了研究，并指出裂缝是疲劳的结果，且其取决于弯沉大小和重复次数。我国20世纪60年代开始对路面疲劳特性进行系统研究，对路面疲劳破坏机理也有了更深刻的认识。目前进行疲劳试验的方法有很多，归纳起来主要分为四类。第一类是实际路面在真实汽车荷载作用下的疲劳破坏试验；第二类是足尺路面结构在模拟汽车荷载作用下的疲劳试验研究，包括环道设备和加速加载试验；第三类是试板试验法；第四类是试验室小型试件的疲劳试验研究。前三类试验研究方法耗资大，时间周期长，不适合本研究工作，因此，本研究采用室内小梁弯曲试验来评价半柔性路面材料的疲劳性能。

1. 试验结果

各种级配类型的半柔性路面材料的抗弯拉强度和疲劳试验结果见表3-8。$\sigma - N_f$ 疲劳曲线见图3-4。

表 3-8　　半柔性材料的抗弯拉强度和疲劳试验结果(18 ℃)

母体空隙率	弯拉强度/MPa	应力比	应力水平/MPa	疲劳寿命/次	疲劳方程	R^2
21%	3.2484	0.1	0.32484	25 089	$N_f = 3\ 556\left(\frac{1}{\sigma}\right)^{1.7837}$ $k = 3\ 556$ $n = 1.7837$	0.9915
		0.2	0.64968	7 910		
		0.3	0.97452	4 449		
		0.4	1.0828	1 970		
23%	4.4124	0.1	0.4124	21 783	$N_f = 4\ 133\left(\frac{1}{\sigma}\right)^{1.9696}$ $k = 4\ 133$ $n = 1.9696$	0.9976
		0.15	0.6186	11 917		
		0.3	1.2372	2 769		
		0.4	1.6496	1 472		
25%	3.1146	0.1	0.311465	21 066	$N_f = 5\ 730\left(\frac{1}{\sigma}\right)^{1.2424}$ $k = 5\ 730$ $n = 1.2424$	0.9588
		0.2	0.622293	13 853		
		0.4	0.934395	3 764		
AC-16 Ⅰ	2.837	0.2	0.5674	11 305	$N_f = 3\ 188.7\left(\frac{1}{\sigma}\right)^{2.3329}$ $k = 3\ 188.7$ $n = 2.3329$	0.9960
		0.3	0.8511	5 251		
		0.4	1.1348	2 276		
		0.5	1.4185	1 378		

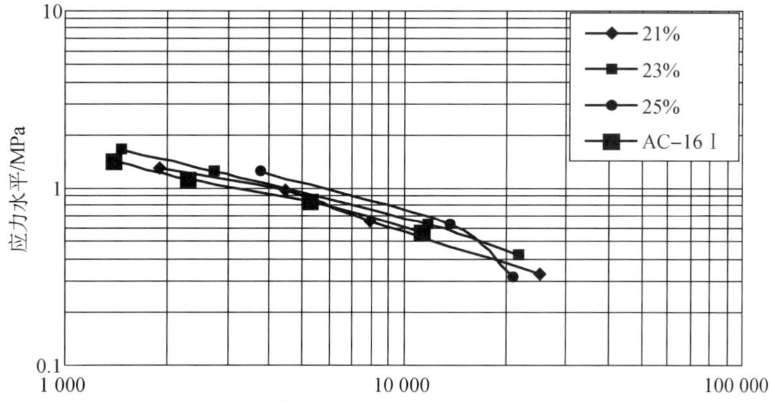

图 3-4　半柔性路面材料的疲劳曲线

2. 试验结果分析

(1) 大量研究表明,应力 σ 与疲劳寿命 N_f 在双对数坐标上表现为线性关系,通过在双对数坐标下回归可得到疲劳方程 $N_f = k\left(\frac{1}{\sigma}\right)^n$,其中参数 k 和 n 可以用来反映材料疲劳性能的优劣。在图 3-4 中，k 表示疲劳曲线与应力水平 1 MPa 这一水平线交点的疲劳寿命值。从图中可以看出，k 值的大小表示了疲劳曲线的线位高低，k 值越大，曲线线位越高，材料的抗疲劳性能越好。n 表示疲劳曲线的斜率，n 值越大，曲线斜率越大，曲线越陡，材料的疲劳性能对于应力水平的变化越敏感。

(2) 由疲劳方程和图 3-4 可以得到其抗疲劳性能优劣顺序为 25%>23%>21%>AC-16Ⅰ。总体来看，半柔性路面材料的抗疲劳性能要优于 AC-16Ⅰ型沥青混合料。对于半柔性路面材料而言，随着母体设计空隙率的增大，其抗疲劳性能逐渐增大。这可能主要是因为，随着空隙率的增大，灌入水泥胶浆的数量增多，材料的刚性增大、劲度变小，在相同的应力水平作用下，梁底的弯拉应变减小，其达到破坏时的荷载作用次数就增大，从而材料的疲劳寿命也随之增大。

(3) 观察表 3-8 和图 3-4 可知，半柔性路面材料的抗疲劳性能对于应力水平的敏感程度低于 AC-16Ⅰ普通沥青混合料。

3. 英国半柔性路面材料疲劳性能研究[40]

使用间接拉伸疲劳试验(ITFT)和两点弯曲试验(2PB)来研究半柔性路面的疲劳特性，设计了不同混合料用以研究级配组成对疲劳性能的影响。图 3-5 为试验研究流程图。

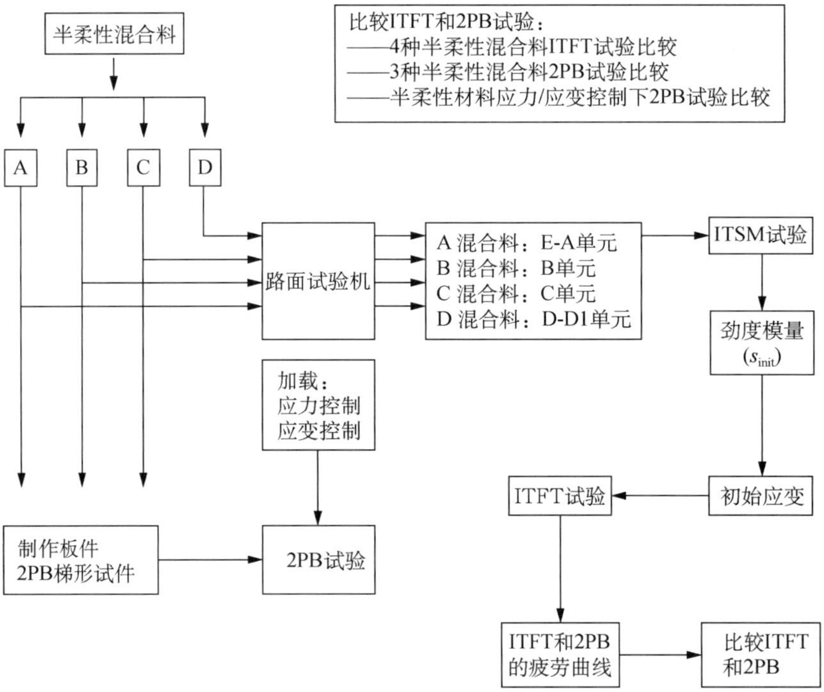

图 3-5　试验研究流程图

标准混合料 A，三种其他的混合料(B，C 和 D)设计成了不同组成的沥青混合料骨架及水泥浆。研究分成两个主要部分。第一步，在 NCPE 中心的路面试验机(PTF)上按比例构建缩小的半柔性路面面层，并将提取的圆柱芯样进行 ITFT 试验。第二步，对实验室制备的梯形试件进行 2PB 试验。试验在混合料 A，B，C 在 7 d 固化后使用应变控制模式下进行。此外，在应力控制模式下进行了 2PB 试验，比较了混合料 A 在不同加载方式下的疲劳行为。

3.3.1 半柔性路面组成设计

1. 集料

研究中使用的骨料是典型的英国花岗岩，其粒径为 10 mm，级配组成见表 3-9。

表 3-9　　10 mm 单尺寸骨料级配

筛粒径/mm	百分比通过率/%	BS 63 Part 1 要求通过率/%
14	100	100
10	89.5	85～100
6.3	1.9	0～35
5	0.8	0～10
2.36	0.2	0～2

将石灰石掺料加入混合料中，以改善粗集料之间的结合。所用掺料的级配列于表 3-10 中。

表 3-10　　石灰石掺料的级配

筛粒径/mm	通过率/%
0.212	100
0.075	99.5

2. 沥青

使用两种结合料检测了其类型对材料疲劳抗性的影响。采用 160/200pen 稠度沥青来制备 A，B 和 D 混合料，而 C 混合料采用苯乙烯-丁二烯-苯乙烯(SBS)聚合物改性结合料(PMB)(表 3-11)。

表 3-11　　结合料的性能

沥青等级	Zhen 针入度/mm	软化点/℃
160/220(pen)	192	36.5
PMB(Cariphalte DA)	110/150	≥70

3. 水泥胶浆

用于研究的水泥结合料是属于一种硅灰基灌浆材料，硅粉可以改善砂浆的工作性

图 3-6　检测灌浆料的流动性

能并且相对于传统水泥制成的灌浆料拥有更好的渗透性能。利用一定量的灌浆料通过标准漏斗的流动时间来测量灌浆工作性或流动性，如图 3-6 所示。在本研究中，将最佳的流动时间设置为 12 s 和 16 s 之间。

第二种水泥灌浆料是实验室用 75%的标准硅灰基灌浆料结合 25%添加粉制备的。调节用水量以达到要求的工作性。这种降低了强度的灌浆料是专门配制用以研究其属性对半柔性混合料性能的影响。根据 BS EN 196—1:2016规范的要求，表 3-12 给出了硅灰基和改性灌浆材料在不同固化时间下的抗压强度值。

表 3-12　　水泥灌浆料的抗压强度

试件硬化时间/d	混合料 A，B，C 中灌浆料抗压强度/MPa	混合料 D 中灌浆料的抗压强度/MPa
1	43.8	26.0
4	67.7	52.4
7	74.4	67.3
28	111.0	92.1

将软弱灌浆料(用于混合料 D)的抗压强度与标准灌浆料相比，在 1 d 硬化后强度降低约 40%，7 d 后降低 10%，28 d 后降低 20%。

4. 混合料设计

标准混合料 A 的配合比基于表 3-13。混合料 B，C 与混合料 A 相比，设计时使用了较低的沥青和填料含量，并且没有添加纤维。混合料 B 采用 160/220pen 沥青而混合料 C 使用 PMB。混合料 A，B 和 C 使用上述灌浆料。混合料 D 也具有相同的级配、结合料含量和结合料类型，但使用的灌浆料强度较低。

表 3-13　　PTF 中开级配沥青混合料组成

材料	混合料 A 和 D/总质量%	混合料 B/总质量%	混合料 C/总质量%
集料	91.75	96.00	96.00
沥青(160/200pen)	4.10	2.00	—
PMB 沥青	—	—	2.00
掺料(石灰石)	4.00	2.00	2.00
纤维素纤维	0.15	—	—

3.3.2 半柔性路面的间接拉伸疲劳性能

通过间接拉伸疲劳试验(ITFT)对不同半柔性路面组成的疲劳特性进行了初步研究,并通过绘制试件初始破坏应变相对的加载次数,分析了从 PTF 提取芯样在 20 ℃时的测试结果。

1. 路面测试机(PTF)

图 3-7 显示了 PTF—半柔性路面面层试验的横截面及不同层的厚度。这部分工作的主要目的是观察半柔性路面面层在交通荷载作用下裂缝的出现及发展(表 3-14)。使用五个不同的单元用于铺筑不同组成的面层:①标准混合料 A(用作参考);②2%—200pen 混合料 B;③2%—PMB 混合料 C;④低强度改性灌浆料混合料 D;⑤设置网状加筋的标准混合料 A(100 kN/m 拉伸强度)。

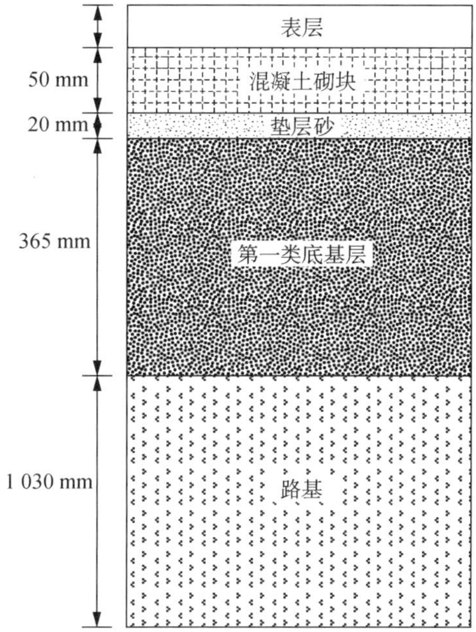

图 3-7 路面试验机横截面示意图

表 3-14 PTF 设备参数

PTF 规格	数据
轮载/轮胎气压/(kN · kPa^{-1})	12/570
日交通量	6 000(approx.)
速度/(km · h^{-1})	8
车辆长度/m	5.0
温度/℃	18～20

由于改性灌浆料单元的方向(横向于车轮方向),面层的划分导致了 6 种不同的单元,如图 3-8 所示,由混合料 A, B, C, D 制得。轨道 1 将加载交通量 20 000 轮次,

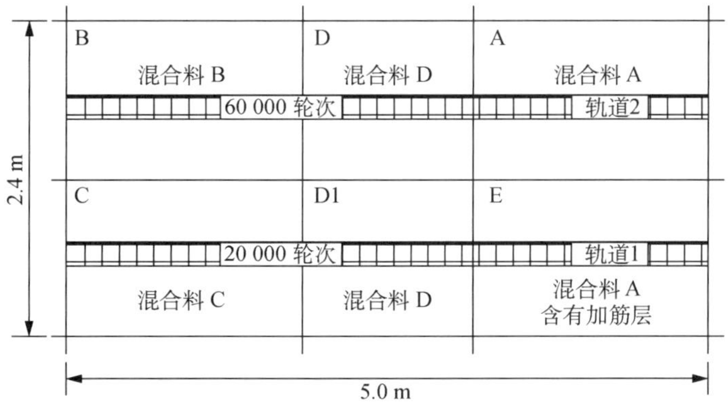

图 3-8 PTF 平面示意图

轨道 2 将加载 60 000 轮次。从 PTF 试验提取的芯样的加载结果，如图 3-9 和表 3-15 所示。

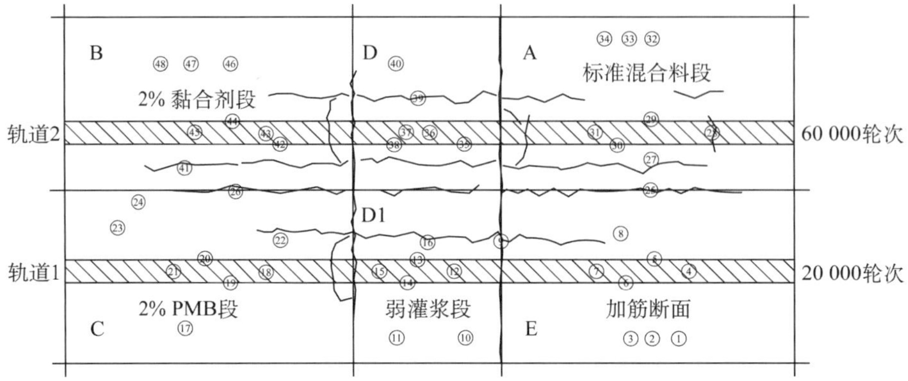

图 3-9　从 PTF 中提取的芯样和主要裂纹位置示意平面图

表 3-15　　　　PTF 提取芯样位置及加载条件

样本代码	混合料类型	单元	通过次数
1～8	A	E	20 000
9～16	D	D1	20 000
17～24	C	C	20 000
25～34	A	A	60 000
35～40	D	D	60 000
41～48	B	B	60 000

PTF 加速试验表明：

① 施工缝在半柔性路面的施工中起着重要作用。在车轮载荷的作用下，单元之间的接缝是第一个出现破坏迹象的位置。

② 为了加速路面性能退化的速率，高估计了砂砾层的承载能力，导致了结构性车辙。并导致了由于过度的永久变形导致的平行于轮迹的表面裂纹的出现。这也突出了支撑层对半柔性路面的路面性能的重要性。

③ 在改性灌浆料单元中观察到的毛细裂缝(由于灌浆料收缩)对混合料性能似乎没有显著影响。

④ 两条轨道各加载 20 000 次后，在轮迹中观察到了非常小的疲劳裂纹。

2. 间接拉伸模量和间接拉伸疲劳试验

间接拉伸模量(ITSM)试验对 39 个从 PTF 提取的样品芯样进行了测试。然后使用相同的试样进行应力控制模式下的 ITFT 试验。用式(3-2)、式(3-3)计算试样中心处的最大水平拉应变。

$$\varepsilon_{x,\max}=\frac{\sigma_{x,\max}\times(1+3\nu)}{S_m}\times 1\ 000 \tag{3-2}$$

式中 $\sigma_{x,\max}$——试样中心处最大拉应力，kPa；

ν——泊松比；

S_m——ITSM 试验在最大拉应力时的劲度模量。

$$\sigma_{x,\max}=\frac{2P}{\pi dt} \tag{3-3}$$

式中 P——载荷，kN；

d——试样直径，mm；

t——试样厚度，mm。

使用两个线性可变位移传感器(LVDTs)对 ITFT 中的垂直永久变形测量，并将 9 mm垂直位移或试样破裂中首先发生的行为作为破坏标准。

3. 试验结果

ITFT 结果绘制为初始应变对数函数与重复载荷次数对数函数之间的线性关系。在图 3-10 中描述了标准的半柔性路面混合料，可以观察到试样在施加荷载后没有产生明显的损害。加载后试样所得到的疲劳寿命曲线都位于或高于提取的未受到损害区域的试样。

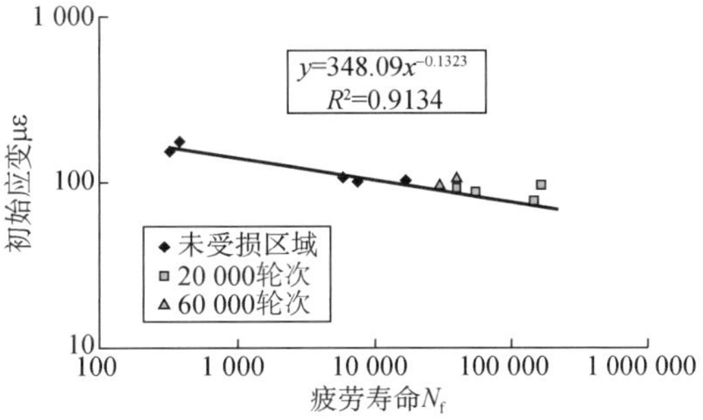

图 3-10 标准混合料 A 单元提取的芯样 ITFT 试验结果

对于其他混合料也得到了类似的趋势，图 3-11 和图 3-12 中分别对“受损”和“未受损”区域中提取试样的结果进行了归纳。为了便于对结果进行对比分析，将二者的疲劳线一起绘制在图 3-13 中。

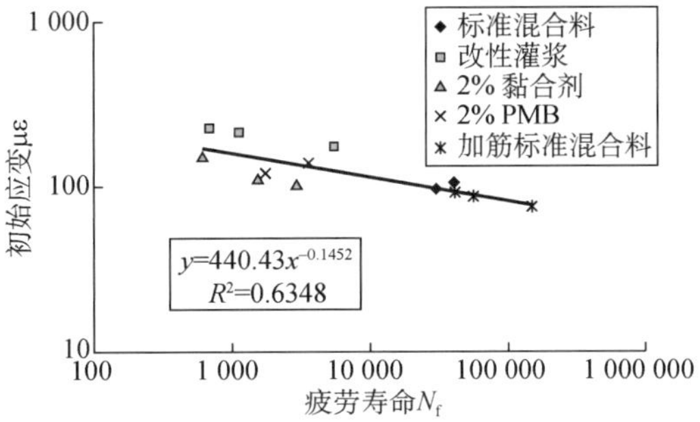

图 3-11 受损试件疲劳试验结果

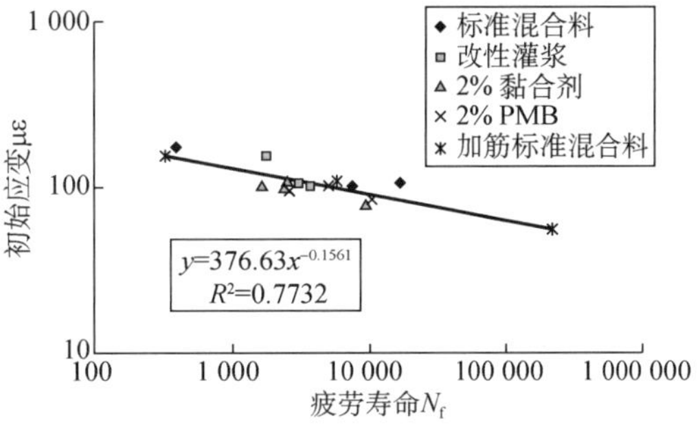

图 3-12 未受损试件疲劳试验结果

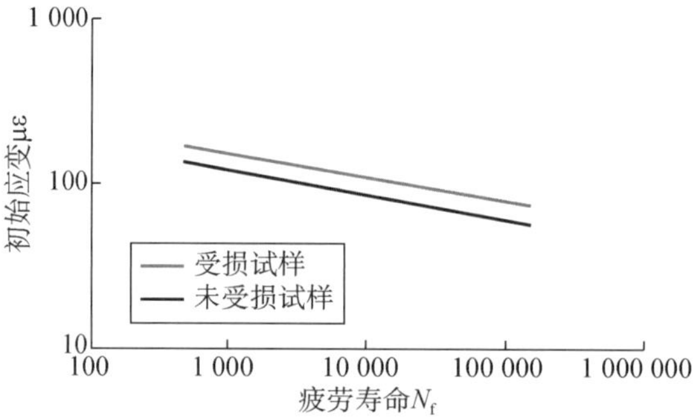

图 3-13　受损和未受损试件疲劳曲线比较

非标准混合料初始劲度的显著降低，说明了加载对其性能影响更大。刚度的减小意味着路面承载能力的降低，这可能导致下面结构层过早失效，从而导致由结构性车辙引起的表面开裂。应该指出的是，观察到的主要表面裂缝(由结构车辙引起)始于非标准混合料单元，并蔓延到其他单元。但是，在本次 PTF 试验中，可以说所有的半柔性路面混合料在疲劳开裂方面表现良好。即使是直接从车轮路径中提取的样品，包含一些细小裂纹，在 ITFT 试验中也没有表现出降低疲劳寿命的迹象。

3.3.3　半柔性路面材料 2PB 试验中的疲劳特性

1. 试验描述

两点弯曲试验(2PB)用于评价混合料 A，B，C 的疲劳性能。对试样施加在恒定频率下变化的正弦弯曲应力/应变。所施加的载荷由位于试样和驱动器之间的测压元件测量，而在试样顶部的变形由 LVDT 测量(图 3-14)。按照 BS EN 12697—24—2018 规范对(图 3-15)测试试样尺寸进行测量。

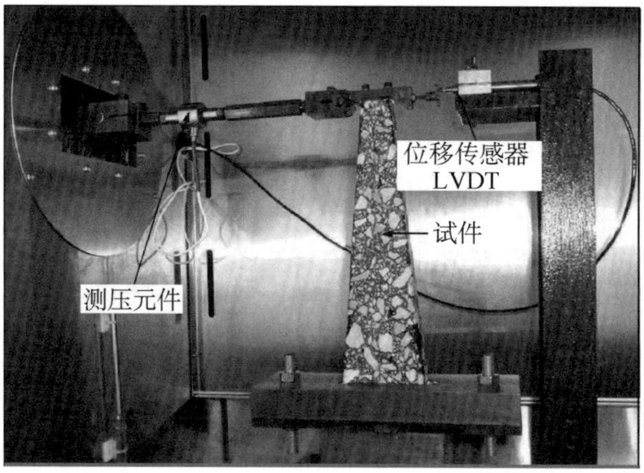

图 3-14　两点弯曲试验(2PB)装置

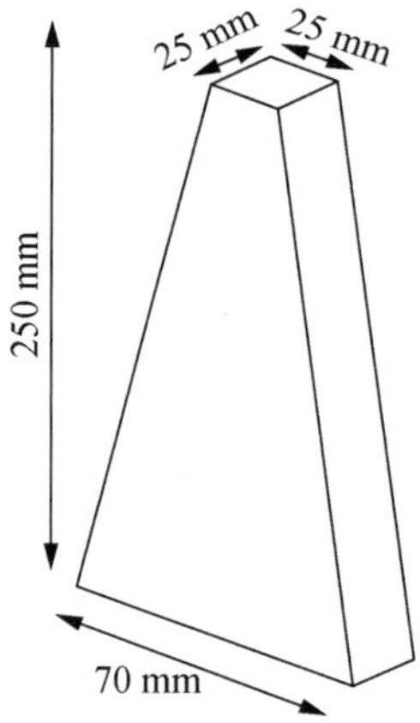

图 3-15　欧洲标准梯形试件的尺寸

根据 BS EN 12697—24—2018 规范,如图 3-16 所示形状试样的理论破坏位置通过式(3-4)计算。

$$x_{max}=\frac{5}{9}l \tag{3-4}$$

式中 l——试件的高度;

x_{max}——最大弯曲应力的位置。

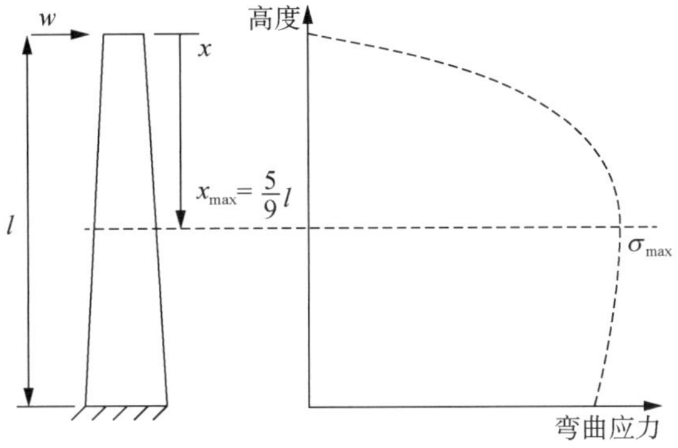

图 3-16 梯形试件的几何形状与应力分布

(2) 试件制作

碾压板件(305 mm×305 mm×112 mm)由混合料 A、B、C 按照根据 BS EN 12697—35—2016(拌和)、BS EN 12697—33—2003(压实)和 BS EN 12697—6—2012(体积密度)规范制备。在灌浆前,所有多孔沥青板件需要在室温下冷却 24 h。

将新拌水泥浆逐渐倾倒进模具中的板件上。通过使用橡胶刮板和振动锤将流动的浆体铺散到板件表面来辅助渗透。硬化 24 h 后,将半柔性路面板件从模具中剥离并切割成 2PB 试验的试样。所有试样在试验前在 20 ℃下养护 7 d。

3. 试验结果

试验在应变控制加载模式下进行。在 A 混合料中也进行了应力控制模式试验。将初始模量降低 50%所需的加载数量定义为应变控制试验的疲劳寿命(N_f),而应力控制试验则采用保留 10%劲度的值。试验温度为 20 ℃,加载频率为 10 Hz。假设所有试件的泊松比为 0.25。表 3-16 显示了应变控制试验结果。

表 3-16 混合料 A, B, C 应变控制两点弯曲试验结果

混合料 A			混合料 B			混合料 C		
初始劲度 /MPa	应变 $\mu\varepsilon$	疲劳寿命 N_f	初始劲度 /MPa	应变 $\mu\varepsilon$	疲劳寿命 N_f	初始劲度 /MPa	应变 $\mu\varepsilon$	疲劳寿命 N_f
4 565	90	1 398 850	6 669	200	—	—	400	—
4 727	300	4 550	8 026	180	10 774	11 396	200	12 334

（续表）

混合料 A			混合料 B			混合料 C		
初始劲度/MPa	应变 $\mu\varepsilon$	疲劳寿命 N_f	初始劲度/MPa	应变 $\mu\varepsilon$	疲劳寿命 N_f	初始劲度/MPa	应变 $\mu\varepsilon$	疲劳寿命 N_f
5 053	400	1 800	9 336	220	4 100	9 409	300	3 234
—	300	—	7 511	100	47 200	8 762	150	26 250
5 670	200	11 150	5 969	300	934	—	250	—
3 036	500	1 750	10 543	150	13 994	8 029	350	1 234
5 057	100	160 600	4 324	400	—	6 516	450	334
6 490	170	15 600	8 417	250	2 850	7 576	400	374
7 106	160	32 350	5 137	400	214	8 716	250	14 850
4 648	150	48 550	7 616	200	6 650	9 331	100	587 850
6 071	250	2 300	10 188	90	55 274	9 894	120	339 214
8 170	110	8 770	4 539	500	100	8 606	280	7 850

从表 3-16 可以看出，混合料 B（低沥青含量）平均比混合料 A 具有更高的劲度模量，而混合料 C（低 PMB 含量）具有最高的平均劲度值。不同试验结果之间的劲度值相差很大。这是因为这种材料在试验（特别是在使用高应变水平的试验中）开始阶段中劲度降低非常快。第一百加载周期时的值被认为是初始劲度，当试验进行到该周期时，材料在较高应变水平下的值明显低于低应变水平试验。

对于应变控制试验，按照试验中使用的应变水平相对的疲劳寿命，使用“对数”-“对数”坐标进行了疲劳曲线绘制和比较。一般来说，可获得良好疲劳回归线系数，如图 3-17所示。混合料 A（沥青含量 4.1%）疲劳性能略优于混合料 B（沥青含量 2%）。

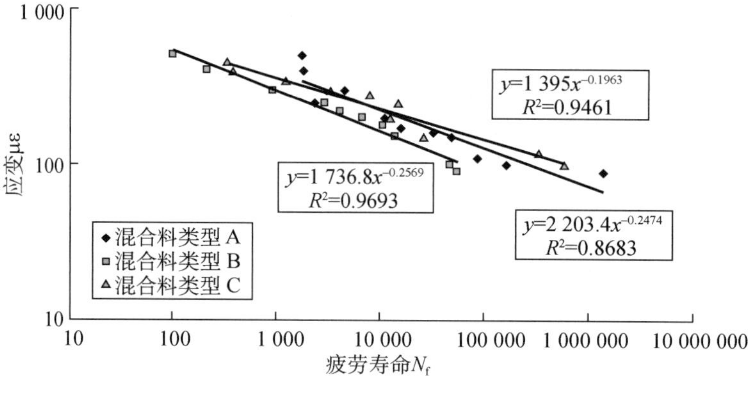

图 3-17　混合料 A，B，C 的疲劳曲线

正如预期的那样，较高的结合料含量提高了疲劳寿命。在相同的沥青含量下，混合料 C 使用 PMB 代替直馏沥青，同样具有对疲劳寿命的积极影响。较高直馏沥青含量混合料 A 与较少 PMB 含量的混合料 C 的性能很难直接比较，并且还要取决于应变水平的程度。

混合料 A 也进行了控制应力试验，其结果如表 3-17 所示。初始应变计算公式如式(3-5)。

$$\varepsilon_{\text{init}}=\frac{\sigma}{E_{\text{init}}} \tag{3-5}$$

式中 σ ——应力(试验中的常数)；

E_{init} ——初始劲度(第 100 次加载时仪器确定)；

$\varepsilon_{\text{init}}$ ——初始应变。

表 3-17　　混合料 A 应力控制试验结果

混合料 A 控制应力的两点弯曲试验			
应力/kPa	初始劲度/MPa	初始应变 $\mu\varepsilon$	疲劳寿命 N_f
800	5 280	152	5 574
1 400	5 557	252	1 074
1 200	6 769	177	2 194
550	5 086	108	26 394
1 600	5 470	293	774
500	6 743	74	67 214
650	5 293	123	10 814
1 000	5 653	177	2 894
1 800	5 659	318	474
600	6 049	99	20 000
1 300	5 714	228	1 114

由于半柔性路面基体中高刚度的胶凝网络，半柔性路面材料比传统沥青材料具有更大的刚度，半柔性路面材料比传统沥青混凝土显示出了较短的疲劳寿命。为了证实这些发现，制备了粗骨料粒径 20 mm(使用 100 pen 等级沥青)的密级配沥青碎石(DBM)试样，与混合料 A 进行比较。

将应变控制、应力控制试验获得的疲劳曲线绘制在同一图形上(图 3-18)。正如预期，半柔性路面和 DBM 混合料应变控制模式的试验结果的疲劳曲线显著优于相应的应力控制试验。对于半柔性路面混合料来说，相比 DBM，应变控制模式的试验(相对于应力控制)引起的疲劳寿命的增加更加显著。半柔性路面应变控制的疲劳曲线位置正好拟合在DBM应力和应变控制的疲劳曲线之间。在应变或应力控制试验中,混合料性能差异的主要原因与整个试验过程中破坏的发展相关;也就是说,在应变控制试验中,随着材料变弱(试样达到规定的位移所需的载荷降低)试样位移引起的损伤减小了,而在应力控制试验中,试样越弱,损伤越大(变弱的试样必须承受相同的载荷)。

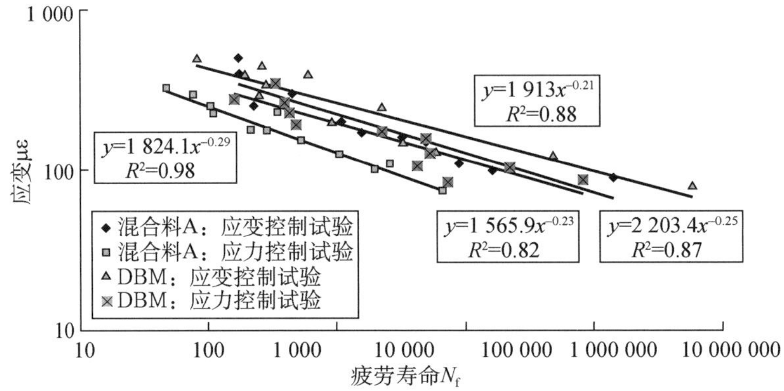

图3-18 应力、应变控制下2PB试验结果

BRANN认为,薄面层的抗弯刚度本质上受下部结构层刚度控制,从而产生受应变控制的加载。Monismith和Salam用多层弹性理论对路面结构进行了分析,发现应变控制的加载模式显示了薄层沥青路面厚度(小于50 mm)的特征,而应力控制的加载模式更适用于厚层沥青路面。由于半柔性路面材料常用于上面层(典型厚度通常不超过60 mm),应变控制模式的疲劳加载对于疲劳性能的分析被认为更具代表性。

Oliveira等人的补充研究表明,传统的沥青混合料在疲劳方面优于半柔性路面材料的论点并不完全错误。研究的结论表明,在沥青行业内普遍采用的破坏标准(即应变控制试验下初始劲度降低50%)对于决定各种混合料的疲劳性能的等级至关重要。如果通过一种替代的破坏标准来评价,半柔性路面材料的性能则显示为远远好于(甚至优越于)沥青混合料。

3.4 半柔性路面材料的水稳定性分析

沥青路面的破坏形式主要表现为车辙、低温开裂和疲劳破坏。20世纪从60年代以来,人们一直在采取措施全力对付这三种破坏形式。但是,人们在对付这些破坏形式的同时,采用的坚硬优质石料、采用较粗的粒径、减少沥青用量等措施,又带来了新的隐患,即沥青路面的水稳定性不足。在春融季节、梅雨季节和雨季,路面逐步出现麻面、松散、掉粒乃至坑槽的现象,严重影响了路面的平整度和行车舒适性和安全性。有资料显示,某高速公路于1995年9月通车后,不到一年的时间就出现了坑洞,1997年和

1998 年共修补坑洞 1 700 多个，修补面积达 2 500 m^2，重铺表面层 7 000 m^2；又如某高速公路旧沥青面层上的 SMA(厚 4 cm)试验路段，虽然 SMA 中除了纤维还加了抗剥落剂，但在自由水透入并滞留的 SMA 面层的局部部位，水使沥青从粗碎石表面脱落下来了。因此，路面的水损坏已成为世界性问题，亟待解决。

本研究的半柔性路面材料，由于母体沥青混合料的设计空隙率较大，虽然有水泥胶浆的灌入，但是考虑到灌浆的不均匀性，因此，检验材料的水稳定性就更为重要。

本研究采用浸水马歇尔试验和冻融循环劈裂试验来检验半柔性路面材料的水稳定性。

3.4.1 浸水马歇尔试验

1. 试验结果

浸水马歇尔试验结果见表 3-18。

2. 试验结果分析

(1) 参照美国 SHRP 对各种标准方法的研究成果，根据我国的气候特征和国产沥青与集料的实际性能，并参照沥青与矿料黏附性的要求，“八五”国家科技攻关专题提出了沥青混合料水稳定性标准见表 3-19。参考表 3-19 中的标准，可知半柔性路面材料的残留稳定度值都能符合Ⅰ级雨量气候区的残留稳定度标准。

表 3-18　浸水马歇尔残留稳定度结果

母体沥青混合料设计空隙率	未浸水	浸水 48 h 后	浸水残留稳定度/%
	稳定度/kN	稳定度/kN	
21%	11.38	8.65	76.0
23%	12.10	9.67	79.9
25%	13.27	11.30	85.2
AC-16Ⅰ(石灰岩)	9.91	8.83	89.1
SMA-16(玄武岩)	—	—	83.0

表 3-19　沥青混合料水稳定性标准

雨量气候分区	年降雨量/mm	马歇尔残留稳定度/%	冻融劈裂残留强度比/%
Ⅰ	>1 000	>75	无此区
Ⅱ	500～1 000	>70	>70
Ⅲ	250～500	>65	>65
Ⅳ	<250	>60	>60

(2) 如表 3-18 所示，半柔性路面材料的残留稳定度均小于 AC-16Ⅰ石灰岩沥青混合料，而接近或大于 AC-16Ⅰ玄武岩沥青混合料，这说明不同石料对沥青混合料水稳定

性的影响非常显著。同时随着水泥胶浆灌入的增多，会弥补热拌沥青混合料母体水稳定性的不足。

(3) 观察表 3-18 显示了半柔性路面材料的残留稳定度优劣顺序为 25％>23％>21％。据此可知，随着母体沥青混合料设计空隙率的增大，半柔性路面材料的残留稳定度逐渐增大，其水稳定性也逐渐变好。这主要是因为，在选用相同流动度水泥胶浆的条件下，随着母体沥青混合料设计空隙率的增大，灌入的水泥胶浆量就多，使半柔性路面材料的残余空隙率减少。影响路面材料水稳定性的一个重要因素就是空隙率，在其余条件相同的情况下，残留空隙率小的路面材料，其抗水损坏性能就好，水稳定性就好。

(4) 关于半柔性路面材料残留空隙率的问题，虽然观察破坏的试件时可以很明显地看出，在水泥胶浆符合流动度标准的前提下，母体沥青混合料的设计空隙率越大，水泥胶浆的填充情况越好，半柔性路面材料的残留空隙率越小。但是，这只是观察的结果，为了能更充分地说明其机制，必须对残留空隙率进行具体量化，这一点需要进一步研究。

3.4.2 冻融循环劈裂试验

1. 试验结果

冻融循环劈裂试验结果见表 3-20。水稳定性柱状比较图见图 3-19。

表 3-20　冻融循环劈裂试验结果

母体沥青混合料设计空隙率	未冻前劈裂抗拉强度 R_{T1}/MPa	冻融后的劈裂抗拉强度 R_{T2}/MPa	冻融劈裂抗拉强度比 TSR/％
21％	0.9431	0.3964	42.03
23％	0.7752	0.4950	63.85
25％	0.7957	0.6589	79.85
AC-16 Ⅰ	0.712	0.619	86.94

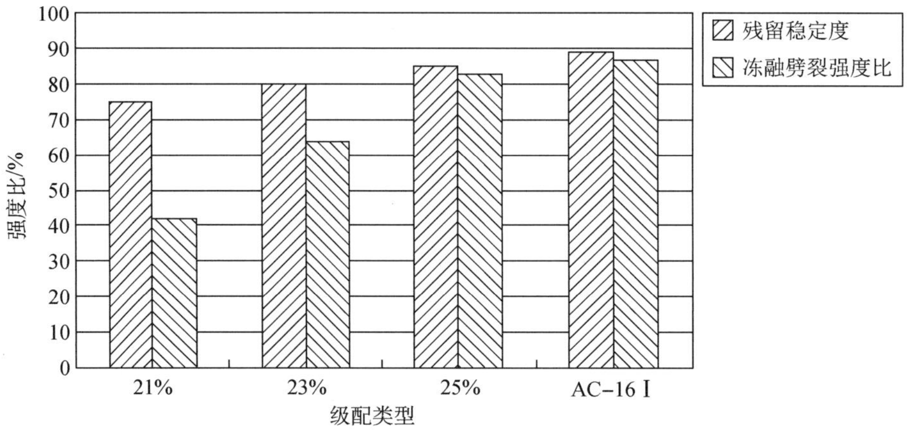

图 3-19　半柔性路面材料水稳定性比较图

2. 结果分析

(1) 参考表 3-21 所示冻融劈裂抗拉强度比，可以知道其冻融劈裂抗拉指标不是很好。对于母体沥青混合料设计空隙率为 21%的半柔性路面材料，其冻融劈裂抗拉强度比只有 42%，远远小于Ⅳ级气候区所规定的冻融劈裂抗拉强度比不小于 60%的要求。但当母体沥青混合料设计空隙率为 25%时，半柔性路面材料的冻融劈裂抗拉强度比符合大于 75%的要求。

(2) 比较半柔性路面材料的冻融劈裂抗拉强度比，其优劣顺序仍为 25%>23%>21%，随着母体沥青混合料设计空隙率的增大，其冻融劈裂抗拉强度比随之增大。这一点与其残留稳定度的规律完全一致。

(3) 综合考虑残留稳定度和冻融劈裂抗拉强度比这两个指标，可以看出材料水稳定性的优劣顺序为 AC-16Ⅰ>25%>23%>21%。其中设计空隙率为 25%，半柔性路面用混合料的水稳定性指标均能满足规范要求。

3.4.3 水稳定性的进一步研究

研究认为，沥青混合料的水损坏与两种作用过程有关：一是沥青与矿料之间的黏附性不足；二是由于沥青的黏聚力减弱。第一种作用过程是由于矿料对水的吸力比对沥青的吸力大，水分可进入沥青与集料之间，从而导致沥青膜脱落；第二种作用机理是由于水分浸入，使得沥青变软，黏性降低，从而使沥青混合料的整体性与强度降低。

作为半柔性路面材料，其水损坏的薄弱点除了沥青与矿料的界面之外，还有沥青与水泥砂浆的界面、水泥砂浆与矿料的界面。因此，提高水泥砂浆的黏聚力也是提高水稳定性的一个重要方面。

本研究选用母体设计空隙率为 25%的沥青混合料为基体，灌入掺加不同剂量的聚合物胶乳的水泥砂浆，对其水稳定性进行进一步研究。仍然采用浸水马歇尔试验和冻融循环劈裂试验来评价其水稳定性。试验结果见表 3-21。

表 3-21　　加入胶乳的半柔性路面材料的水稳定性试验结果

聚灰比	浸水马歇尔试验			冻融循环劈裂试验		
	浸水前稳定度/kN	浸水后稳定度/kN	残留稳定度/%	未冻前劈裂抗拉强度 R_{T1}/MPa	冻融后的劈裂抗拉强度 R_{T2}/MPa	冻融劈裂抗拉强度比 TSR/%
1	12.81	11.41	94.2	0.3398	0.2422	71.3
3	11.44	10.06	87.9	0.2858	0.2270	79.4
5	8.81	8.16	92.6	0.2581	0.1869	72.4

由表 3-21 所示结果可以看出，掺加聚合物胶乳后半柔性路面材料的残留稳定度均在 90%左右，比不加胶乳的半柔性材料有了很大的提高。这说明聚合物胶乳的掺入确

实能改善半柔性路面材料的水稳定性。掺加聚合物胶乳后的冻融劈裂抗拉强度比，与未加胶乳的半柔性路面材料的冻融劈裂抗拉强度比相差无几，没有明显的增长，这可能与试件灌浆的不均匀性有很大的关系。综合两项指标，可以说明掺加聚合物胶乳能改善半柔性路面材料的水稳定性。但是，从冻融劈裂试验结果看出，要经受更为严厉的环境变化，还需要在灌浆程度、水泥胶浆配合比等方面作更为深入的研究。

3.5 半柔性路面材料的耐油蚀性分析

路面作为道路交通的主要结构物，不但要承受交通荷载的作用，还要经历大自然的风、雨、雪等气候变化。作为行车荷载的主要结构物，路面还有可能遭到各种油类的侵蚀。因此，路面材料的耐油蚀性也可以归入路用性能的一部分。

路面材料遭受油类侵蚀的种类很多，对于公路、城市道路，主要造成侵蚀的油类有汽油、柴油等，对于机场道面，主要是航空汽油等。本课题研究的半柔性路面材料，主要广泛地用于公路，因此，在进行耐油蚀性分析时，选用 90# 汽油作为浸泡介质。油类对路面材料的侵蚀机理与水对路面材料的破坏机理相似，因此，本研究参考橡胶材料耐油性能测试方法和沥青混合料残留稳定度的测试方法，对半柔性路面材料进行耐油蚀性的检验。具体试验结果见表 3-22。

表 3-22　　半柔性路面材料耐油蚀性试验结果

母体沥青混合料设计空隙率	未浸油	浸油 24 h 后	浸油残留稳定度/%
	稳定度/kN	稳定度/kN	
21%	14.02	12.19	86.9
23%	14.38	12.75	88.7
25%	14.72	13.02	88.5
AC-16Ⅰ	8.40	3.42	40.7

观察表 3-22 的数据，可以得出以下结论。

(1) 在汽油中浸泡 24 h 之后，半柔性路面材料的 60 ℃马歇尔稳定度丧失了 20%左右。AC-16Ⅰ沥青混合料的稳定度丧失了 60%之多。虽然没有相关的规范可查，但是观察浸泡过的试件以及浸油后的残留稳定度值，再与 AC-16Ⅰ沥青混合料相比，可以说半柔性路面材料的耐油蚀性良好。

(2) 本研究对于半柔性路面材料的耐油蚀性测试，仅仅测试了其 60 ℃马歇尔稳定度。至于在遭受油类侵蚀后，其低温性能、抗疲劳性能有何变化，未进行研究。因此，对于油类对半柔性路面材料低温性能、抗疲劳性能的影响，需要进一步的研究。只有综合考虑这些性能指标的变化，我们才能对于半柔性路面材料的耐油蚀性能有一个全面的认识和评价。

3.6 半柔性路面材料的路用性能综合分析

沥青混合料是一个矛盾统一体，作为以沥青混合料为母体的半柔性路面材料同样也是一个矛盾统一体。其各种路用性能在要求上往往相互矛盾并相互制约，提高了某一性能，很有可能降低了另一种使用性能。比如，在半柔性路面材料中，增加了水泥砂浆的灌入量或是提高了水泥砂浆的强度，虽然有利于其高温稳定性，但是同时却由于低温下试件应变小，降低了其低温抗裂性能。因此，必须对其路用性能进行综合比较，寻找一个最佳结合点，使其各种路用性能都能处于良好的状态。

我国幅员辽阔，各地区的自然条件、气候条件及交通条件都存在着相当大的差异，对路面材料的要求也有所不同。比如，在北方干燥寒冷地区，对路面材料的低温抗裂性能就要求较高一些；而在南方炎热多雨地区，对路面材料的高温稳定性和抗水害性能就要求高一些。因此，对于不同地区的路用性能进行综合分析，不同的路用性能指标应该有不同的权重。但是，限于条件，本研究在综合分析路用性能时，对于不同的路用性能指标采用相同的权重。表 3-23 为不同混合料路用性能综合比较表，以不同级配混合料在各个试验过程中各性能的优劣排序，数值简单相加，根据总积分进行综合性能的比较。总积分越小，其综合路用性能就越好。

表 3-23　　不同混合料路用性能综合比较

级配	高温稳定性	低温抗裂性	水稳定性	抗疲劳性能	耐油蚀性	总积分	综合排名
AC-16 Ⅰ	4	3	1	4	4	16	4
21%	1	1	4	3	3	12	3
23%	1	4	3	2	1	11	2
25%	3	2	2	1	2	10	1

由表 3-23 数据可得出以下结论。

(1) 从综合排名来看，半柔性路面材料的综合路用性能优于 AC-16 Ⅰ 普通沥青混合料。在半柔性路面材料中，以母体设计空隙率为 25%的半柔性路面材料的综合路用性能最佳，其次为 23%和 21%的空隙率。

(2) 从综合排名来看，增大母体沥青混合料的设计空隙率有利于提高其综合路用性能。但是，如果无限的增大母体沥青混合料的设计空隙率，灌入的水泥浆就会越来越多，那么半柔性路面材料势必越来越向刚性发展，虽然在某种程度上提高了其强度和高温稳定性等性能，但是其低温稳定性就会越来越差，最终结果还是降低综合路用性能。

(3) 半柔性路面材料不管其母体设计空隙率的大小，其高温稳定性都具有普通沥青混合料无可比拟的优势;在水稳定性、耐油蚀性和抗疲劳性能方面,一般随着母体设计空隙率的增大,其性能逐渐变好;但是,在低温性能方面,却是空隙率 21%的低温性能最好。因此,针对我国不同地区的气候条件,本研究推荐以下方案:在南方多雨地区,半柔性路面材料的母体设计空隙率应偏向指标范围的上限;在北方严寒地区,半柔性路面材料的母体设计空隙率应尽量向指标范围的下限,必要时为了改善其低温性能,可以在水泥胶浆中掺加聚合物胶浆等,以求增加半柔性路面材料的低温柔性。

3.7 半柔性路面材料的路面设计参数

高等级公路半刚性基层沥青路面的材料设计参数包括结构层的抗压回弹模量和抗弯拉强度,路面材料的弹性模量分为动态弹性模量和静态弹性模量,我国采用的是静回弹模量。路面材料的抗压回弹模量是反映路面材料力学性质的主要指标,是路面结构设计中进行力学验算和厚度计算的一个重要参数。

多年来的实践证明,虽然现行路面设计规范规定对高等级公路的路面应进行弯拉应力的检验,并提出了材料抗弯拉强度的测试方法,但由于材料的抗弯拉试验的笨重和复杂,一般的测设和施工单位难以实施。近 20 年来的试验研究证明,半刚性材料和沥青混合料的抗弯拉强度、劈裂强度和抗压强度之间有较好的关系,而后两种强度的试验简单易行。因此,多年前就有学者建议在进行弯拉应力检验时,利用劈裂强度和抗弯拉强度之间的关系,用劈裂强度试验代替抗弯拉强度试验。

综上所述,本研究采用静抗压回弹模量试验和劈裂试验来确定半柔性路面材料的设计参数。考虑到水泥的存在,本研究测定的设计参数均为养生 28 d 龄期。

1. 抗压回弹模量试验

路面材料的抗压回弹模量测试方法主要有顶面法、粘贴法、夹具法、电测法和承载板法。对路面材料的抗压回弹模量,一致认为以“整层材料”上用承载板法测得的回弹模量为标准。在京津塘高速公路设计中,曾用各种方法对同一路面材料的抗压回弹模量进行了大量的对比试验,试验结果表明,顶面法测得的结果与整层材料上测得结果基本上一致。因此,本试验采用顶面法来测定半柔性材料的抗压回弹模量,试验结果见表 3-24。

表 3-24 半柔性路面材料抗压回弹模量结果

试验条件	母体沥青混合料设计空隙率	抗压回弹模量/MPa
温度为 20 ℃,加载速率为 2 mm/min	21%	1 278.7
	23%	1 669.8
	25%	1 571.2

（续表）

试验条件	母体沥青混合料设计空隙率	抗压回弹模量/MPa
温度为 15 ℃，加载速率为 2 mm/min	21%	1 658.4
	23%	2 101.6
	25%	1 766.4

2. 劈裂试验

路面材料的有关参数，变化幅度很大。就沥青混合料而言，其材料参数就随着沥青性质、集料性质、集料空隙率等而变，还随着温度和加载速率而变。《公路沥青路面设计规范》(JTG D50—2017)中规定，用于检验弯拉应力的劈裂强度试验，温度采用 15 ℃，试验结果见表 3-25。

表 3-25　　半柔性路面材料劈裂强度试验结果

试验条件	母体沥青混合料设计空隙率	劈裂抗拉强度 R_T/MPa	破坏拉伸应变 με	破坏劲度模量 S_T/MPa
温度为 15 ℃，加载速率为 50 mm/min	21%	1.182	4 717	497.06
	23%	1.265	4 337	543.28
	25%	1.228	3 905	588.2

《公路沥青路面设计规范》(JTG D50—2017)中给出的沥青混合料设计参数见表 3-26。

表 3-26　　沥青混合料设计参数

材料名称	沥青针入度	抗压回弹模量 E_0/MPa		劈裂强度 15 ℃/MPa
		20 ℃	15 ℃	
细粒式密级配沥青混凝土	≤90	1 200～1 600	1 800～2 200	1.2～1.6
中粒式密级配沥青混凝土	≤90	1 000～1 400	1 600～2 000	0.8～1.2
中粒式开级配沥青混凝土	≤90	800～1 200	1 200～1 600	0.6～1.0
粗粒式密级配沥青混凝土	≤90	800～1 200	1 200～1 600	0.6～1.0
沥青碎石混合料	—	600～800	—	—
沥青贯入式	—	400～600	400～600	—

由表 3-24 和表 3-25 数据，并参考表 3-26 设计参数标准，可以得出以下结论。

(1) 半柔性路面材料的抗压回弹模量和劈裂强度较沥青混合料的设计参数稍大一些，这说明半柔性路面材料显示了一定的刚性。但由于其与沥青混合料的设计参数相差不大，所以可以说其仍然偏于柔性。这也就证明了，采用沥青混合料路面性能试验方法来检验半柔性路面材料路用性能的方法是有效的。

（2）在半柔性材料中，由于水泥的存在，所以必须考虑到随着龄期的增长、水泥水化的进行，以及灌入水泥胶浆的数量的多少，抗压回弹模量将有一定变化。因此，作为设计参数，必须对于不同龄期和不同灌浆量进行大量的对比试验，从而根据路面实际情况最终确定其路面材料设计参数。

4 彩色水泥灌浆沥青混合料设计方法及路用性能

彩色水泥灌浆沥青混合料作为彩色路面用材料的一种，除了具有多彩的外观外，路用性能也很重要。本章主要研究该复合材料的路用性能。

彩色水泥灌浆沥青路面，是将特殊设计的彩色水泥胶浆灌入多孔开级配沥青混合料的空隙之中而形成的路面。该开级配沥青混合料称之为基体沥青混合料，也叫母体沥青混合料。

4.1 彩色路面应用中色彩的设计

自然界是个色彩绚丽的世界，世界上的万物不仅有千姿百态的形状，而且有丰富多彩的颜色，一切形象在人的视觉中都以色彩的形式反映出来。色彩象征着生命，它具有运动、变化的活力，一切生气勃勃的东西都焕发着诱人的色彩。在各种视觉要素中，色彩属于敏感的、最富表情的要素。经验和研究表明，人类具有偏爱色彩的倾向，只要有可能，人们总是喜欢在他们周围的环境中饰以色彩，进行美化。

色彩效果是彩色路面的生命所在，是彩色路面重要的设计要素。合理地利用色彩对人的心理效应，如色彩的感觉、色彩的表情、色彩的联想与象征等，可以设计出别具一格的铺装色彩来装扮素以灰暗示人的地面，让它充满生机和情趣，与蓝天白云、青山绿水、靓丽楼宇、多彩花园等一起营造优美的生活空间，让人们生活更加精彩。

4.1.1 色彩的设计要体现道路色彩表情达意的丰富性

色彩可以在形体表面上附加大量的信息，使道路造型的表达具有广泛的可能性和灵活性。色彩灵敏多情的天性使道路焕发出诱人的光彩和活力；色彩传达感情最为直接；色彩的表情与人们的心情息息相关，无论是兴奋还是忧郁、欢快还是平静、轻松还是沉重，都能从色彩中寻出“知音”。色彩不可胜数的变化能够与人们内心各种复杂的感受取得共鸣。因此，色彩所具有的风采和情趣常使人们心悦神往。

1. 表现气氛

(1) 色彩表现气氛与基调色有很大关系。

基调色反映色彩表达的基本倾向，它相当于音乐的主旋律，道路色彩所表现的气氛很大程度上是由基调色的感染力形成的，可以利用这一特点来实现铺装景观的功能。一般的规律是：暖色调表达温暖、热烈；冷色调表达凉爽、宁静；高彩度表达华丽、鲜艳；低彩度表达朴素、柔和；高明度表达明朗、轻快；低明度表达稳重、坚实，等等[36]。

基调色的选择可以是单色的，突出表现某种色彩的表现力。

红色热烈鲜艳象征着幸福吉祥，能够引起人的兴奋，同时红色又给人留下恐怖心理，象征流血和危险。如图 4-1 所示的饱和的红色铺装就给人一种力量、热情和冲动之感。

橙色能使血液循环加快，而且有温度上升的感觉，橙色是色彩中最活跃，最富有光辉的色彩，是暖色系中最温暖的颜色，它常和太阳相联系(图 4-2)。

黄色是最明亮的色彩，很能吸引人们的视线，是使人愉快、幸福的颜色，给人明快、泼辣、希望、光明的感觉(图 4-3)。

图 4-1 饱和的红色路面铺装

图 4-2 橙色路面铺装

图 4-3 黄色路面铺装

绿色是我们视觉中最能适应刺激的一种颜色，绿色显得平静，使人的精神不易疲劳，如果你的眼睛感到刺激难受时，可以在绿色中去求得恢复(图 4-4)。

图 4-4 绿色路面铺装

黄绿色是一种冷色的端庄的色彩，平静而又凉爽，显出青春的力量，生机勃勃，蒸蒸日上，使人联想到春、竹、嫩草等，对市民环境心理有一种宁静和园林感的影响。

蓝色与红、橙、黄一类积极的色彩形成鲜明对比，它是消极的、收缩的、内在的色彩。蓝色让人感到雅致而淡冷、宁静而纯洁，当与红、橙暖色用在一起时，可为此类色彩提供深远的空间效果。深蓝色如同天空、海洋，有着遥远而神秘的感觉。

白色具有光明的性格，又能将其他色引为明亮，白色的性格内在，让人感到快乐、纯洁，而毫不外露。

黑色在视觉上是一种消极的色彩，黑色给人稳定、深沉、严肃、坚实的感觉。

由于大面积的白、黑色路面单调乏味，人们进行彩色路面景观铺装，使道路彩化，从而更具吸引力。但这并不意味着铺装景观的色彩设计排除白色和黑色。

灰色是白色与黑色的混合色，由于灰色明度适中，因此它属于能使人的视觉得到平衡的颜色。

此外，也可以用不同色彩的对比和配合，以表现在各种色彩相互衬托情况下多姿多彩的效果。例如，黄白搭配欢快、明亮，红黑搭配稳重、深沉，蓝绿搭配雅致、宁静等。图 4-5 即为蓝色的路面与周围的绿色相搭配，显得优雅、娴静。

图 4-5 优雅、娴静的蓝绿搭配

(2) 色彩在各种存在条件下的对比关系，如色相对比、明度对比和彩度对比都对色彩的表现气氛形成不可忽视的影响。

色彩诱人的魅力是在相互比较和衬托之中显现的。色相对比时，差别越大，色彩越显得艳丽夺目；补色对比时，彩度有互相增强的倾向，可以使色彩生动鲜明；色相接近的色彩并置时，则显示含蓄、柔和的气氛。纯度对比使色彩鲜明、纯正。建筑中常用灰色或白色与某一单纯色彩对比的形式而取得鲜明、清新的效果。明度的强对比具有强烈的明暗反差；明度的弱对比由于明暗反差小，会使形象模糊不清，适中的明暗对比可以取得明确、肯定的效果，使路面清晰、明朗。路面色彩表现气氛与环境色有关。路面与周围环境呈色彩对比时，可以使路面色彩鲜明；路面与周围环境色调适度的差异使二者既能融为一体，又可相映成趣。

2. 区分作用

色彩的差别告诉人们那是什么、情况怎么样。由于有了色彩，人们才有“一目了然”地高效率区分外部环境的本领。在路面设计中，对路面加以适当的区分可以给人以构成清晰的印象。路面色彩的差异起着标识作用，可以传达多种信息，如区分功能区、警示安全等都具有实际的意义。

3. 装饰美化

用色彩作为装饰美化建筑的手段，无论是东方还是西方，都是从古就有的。用色彩作为装饰交通环境和路面的手段，同样可以为道路增添难以言表的生机和活力。随着彩色路面技术的发展，道路设计师们正在寻求越来越多的装点道路的方法。色彩可以像化妆美容一样为路面增光添彩，也可以像产品包装一样使路面形象翻新。需要指出的是，色彩对道路的美化不是无条件的，色彩使用不当，效果会适得其反。道路色彩造型设计应是一种艺术创作，其中艺术鉴赏力对于设计者至关重要，而这种鉴赏力以感觉为标准，建立在审美经验的基础之上。

图 4-6　彩色路面用于拐弯的事故多发处

4. 强调作用

色彩具有强调作用。对特别的部位施加与其余部分不同的色彩，可以使该部分由背景转化为图形从而得到有力的强调。色彩强调针对道路来说，一般用以强调重要的、美观的或是事故多发的部分，如图 4-6 即为彩色路面用于事故多发的拐弯处，用以强调。重点色可以使看起来单调的形象增加活力。重点色与主色调的差异越大，对比效果则越强烈、醒目。由于暖色调有向前的倾向，很容易从背景中跳出来，所以重点色通常用暖色，如红、橙、黄等。采用各种色彩对比也是重点强调的有效方法：如纯度对比、明度对比、色相对比等。

4.1.2　色彩的设计要体现道路色彩背景和图形的双重性

当人们观赏一幅画时，画面图形和背景关系是固定的。图形就是图形，背景就是背景，无论远看、近看都不会改变这种既定关系。在道路的景观环境中，情形则复杂得多，一条道路在某种景观范围内是图形，在另一种景观范围则是背景。道路的图形特征与视点距离有关。在一定距离观看时，道路整体轮廓在视场中心，道路具有图形效果，如图 4-7 所示的彩色路面在整个画面当中就起图形的作用。

图 4-7　远距离彩色路面成为视场画面的图形

随着看视距离拉近，背景图形关系会发生变化。当道路的周边轮廓接近视场边缘时，道路的路面则变为背景，路面上的车流、行人则成为图形。如图 4-8 所示，近距离的彩色路面便成为汽车的背景图案。

图 4-8　近距离彩色路面成为视场图画的背景

道路的图形特征与环境有关。在自然环境中个别的、孤立的道路通常具有图形效果，这时，道路的色彩即是图形的色彩。在道路密集的城市环境中，各种建筑、广场、草坪等则成为新颖的有特色的道路的背景。在进行道路色彩造型设计时，需要根据多种因素从不同范围进行全面综合考虑。

4.1.3　色彩的设计要体现道路色彩的时空变化性

道路的形态是处于时间和空间之中的，道路的色彩也必然受到时间和空间的影响。人与道路的距离及观察角度的不同，对色彩的表现效果会产生不同程度的影响。同样色彩的道路，当近距离和远距离观看时，色调、明度和彩度都有明显的变化。远处的色彩会由于大气的影响趋向冷色调，明度和彩度也随之向灰调靠近。此外，春夏秋冬的季节变化和阴晴雨雪的天气都会使道路处于不同的景色陪衬之下。光源的色彩变化对道路的色调也有直接的影响。晴天时，太阳光线一般是极浅的黄色，早上日出后 2 小时显橙黄，日落前 2 小时显橙红，道路在朝霞和夕阳映照下色彩绚丽的景观是一天中最富表情的时刻。如图 4-9 所示，黑色路面在夕阳的映照下发出淡紫色。

天气变化给自然光源带来了色彩的丰富性。阴天时，太阳光通过云层的折射，光源显出冷色调，便使道路笼罩在清凉的色调之中。

图 4-9　在夕阳映照下发出淡紫色的黑色路面

道路色彩的时空变化性使单调的色彩产生许许多多的变化，人们从道路的色彩变化中，不仅得以识别形体空间，而且可以感受到道路的生机和活力。所以利用色彩的时空变化性，可使得道路设计师们可以运用简单的色彩取得丰富的效果。

4.2　彩色水泥胶浆的设计

作为彩色灌浆沥青路面用水泥胶浆，它主要由水泥胶结料、砂、矿粉、水、外加剂和色粉等组成。必须满足以下性质。

① 足够的抗压强度和抗折强度；

② 良好的流动性；

③ 在硬化过程中，体积变化要小于 0.5%；

④ 具有较小的干缩、温缩特性；

⑤ 必须具有良好的与混合料结合的性能。

水泥：选用江西产 425# 普通硅酸盐白色水泥，参照《公路工程水泥混凝土实验规程》(JTG E30—2005)中有关方法进行检验，水泥质量合格，结果见表 4-1。

表 4-1　　水泥技术指标测定结果

初凝时间/h	终凝时间/h	标准稠度用水量	3 d强度/MPa	
			抗折	抗压
2～2.5	4	24%	3.5	>17.0

砂：选用福建产标准砂，为了能使水泥胶浆中的砂容易灌入沥青混合料的空隙中，砂通过 0.6 mm 筛孔的通过率要大于 80%，最大粒径不能超过 1.18 mm。

色粉：红色、绿色、黄色等色粉。

外加剂：采用早强剂和减水剂。

考虑以上原则，参照日本道路协会《アスファルト铺装要纲》(平成四年修订版)，水泥灌浆沥青路面用水泥胶浆主要性能指标如表 4-2 所示。

表 4-2　　水泥胶浆性能目标值

指标	范围	备注
流动度/s	10～14	
抗折强度/MPa	>2	7 d养生
抗压强度/MPa	10～30	

4.2.1 水泥胶浆评价及实验方法

1. 流动度测定

具有良好的流动性是水泥灌浆沥青路面用水泥胶浆必须满足的性质之一。对于流动度测定方法，国内各个研究机构采用的仪器及方法均不相同，本研究参考日本有关规范，提出具体的流动度测定方法。

(1) 实验仪器

流动度仪：上端内径 178 mm，下端内径 13 mm，流出管长 38 mm，内容积为 1 725 mL。漏斗形状及尺寸见图 4-10。

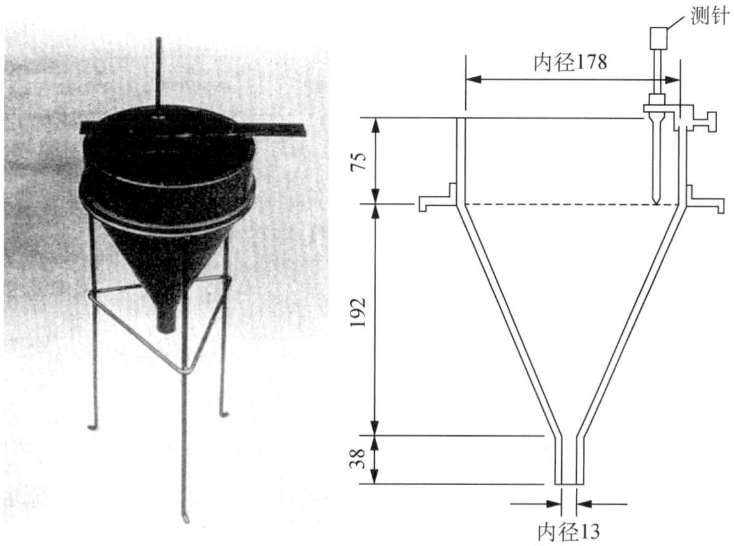

图 4-10 流动度仪(单位:mm)

容器：量桶或量杯；

秒表：普通秒表。

(2) 试验方法

① 漏斗垂直支撑稳定后，用水冲洗漏斗内壁；

② 将水泥胶浆充分拌和均匀后，倒入漏斗内，先让适量水泥胶浆从流出管流出，然后用手指堵住流出管口，再向漏斗内注入胶浆，直至规定体积 1 725 mL 位置。

③ 放开手指，水泥胶浆流出的同时开始计时，直至连续流出的水泥胶浆完全流出瞬间计时，读出该瞬间的时间，精确至 0.1 s，即为流动度。

(3) 结果整理

一种水泥胶浆平行试验三次，取其算术平均值为最后结果。

注意事项：在测流动度之前，要用水充分冲洗漏斗内壁；每次测定完后，用水将附着在内壁上的胶浆冲洗干净，防止硬化后的水泥胶浆影响下一次测定的准确度。

2. 强度测定

根据《公路工程水泥混凝土试验规程》(JTG E30—2005)中水泥胶砂强度测定方法，制备试件(4 cm×4 cm×16 cm)标准养生条件(20 ℃±3 ℃，相对湿度>90%)养生到规定零期，测定期抗折、抗压强度。

(1) 抗折强度的测定

① 取出经过规定零期养生的三个试件，清除试件表面的水分和砂砾，将其放入杠杆式抗折试验机夹具内，调整杠杆接近平衡位置，进行抗折强度的测定。

② 抗折强度按式(4-1)计算。

$$R_f = \frac{3PL}{2bh^2} \tag{4-1}$$

图 4-11　抗折强度试验后的水泥胶砂试件

式中　R_f ——抗折强度，MPa；

P ——破坏荷载，MPa；

L ——支撑圆柱中心距即 100 mm；

b，h ——试件断面宽及高，均为 40 mm。

③ 抗折强度结果取三个试件的平均值。当三个强度中有超过平均值±10%，应剔除后再平均，此平均值作为抗折强度试验结果。水泥胶砂试件见图 4-11。

(2) 抗压强度的测定

① 将抗折试验后的两个断块放入抗压夹具中，在压力试验机上进行抗压强度的测定。压力机加荷速度控制在(5±0.5) kN/s。

② 抗压强度按式(4-2)计算。

$$R_C = \frac{P}{S} \tag{4-2}$$

式中　R_C ——抗压强度，MPa；

P ——破坏荷载，N；

S ——受压面积，为 40 mm×40 mm。

③ 6 个抗压强度结果中剔除最大、最小两个数值，以剩下的 4 个值的平均值作为抗压强度结果。如不足 6 个，取平均值。图 4-12 为抗压强度试验后的水泥胶砂试件。

4.2.2　水泥胶浆试验结果与分析

水泥胶浆的配合比可以通过不同水平和影响因素的试验设计经大量试验确定，也可借鉴以往的经验，缩小范围，经少量试验确定，可称之为经验法。本研究借鉴以往经验对不同配方的水泥胶浆进行实验，结果见表 4-3。

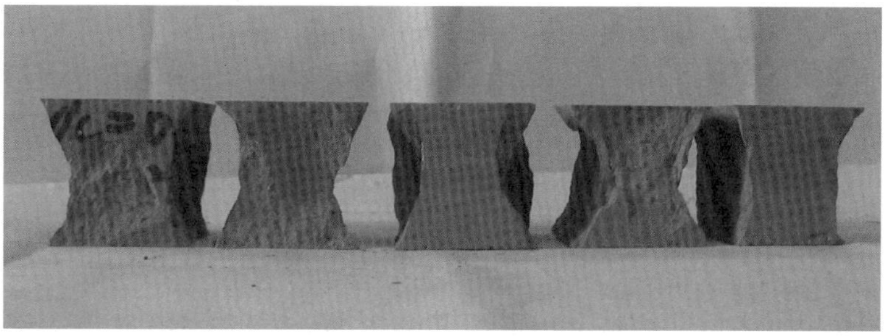

图 4-12 抗压强度试验后的水泥胶砂试件

表 4-3 彩色水泥胶浆性能指标

方案	水灰比 w/c	砂用量 /%	矿粉用量 /%	色粉用量 /%	早强剂 /%	减水剂 /%	1 d 强度 /MPa		3 d 强度 /MPa		7 d 强度 /MPa		流动度 /s
							抗折强度	抗压强度	抗折强度	抗压强度	抗折强度	抗压强度	
1	0.55	20	10	3	0	0	0.70	1.36	2.72	7.90	4.20	13.21	11.40
2	0.55	20	10	5	0	0	0.90	1.60	2.50	7.00	3.85	11.11	12.66
3	0.55	20	10	5	1	0	1.55	3.14	2.70	7.10	3.33	10.55	13.90
4	0.55	20	10	5	2	0	2.28	4.80	3.15	9.00	3.95	10.56	13.20
5	0.52	20	10	4	2	0.1	2.30	5.40	3.79	8.90	4.13	12.30	12.08

彩色水泥灌浆沥青路面用水泥胶浆按养生时间可分为普通型、早强型和超早强型，养生时间的长短大都是根据所使用的水泥种类按经验来确定的，普通型一般在水泥胶浆洒铺成型标准养生约 3 d 后即可开放交通，早强型为 1 d，超早强型为 3～5 h。但是，也有规定养生时间不能按经验来确定，而是根据该复合混合料耐磨和抗车辙性与水泥抗压强度的关系，以水泥的抗压强度在 4.9 MPa 以上为标准来确定路面养生时间的[37]。本研究根据一般需要，将水泥胶浆设计为早强型，借鉴以往研究经验，由方案 1 选水灰比 0.55，砂用量 20%，矿粉用量 10%，验证得 7 d 抗压、抗折强度和流动度均满足要求，但 1 d 的强度太低无法开放交通。固需要添加早强剂，进行方案 2、方案 3 和方案 4 的试验，早强剂用量与强度的关系见图 4-13。

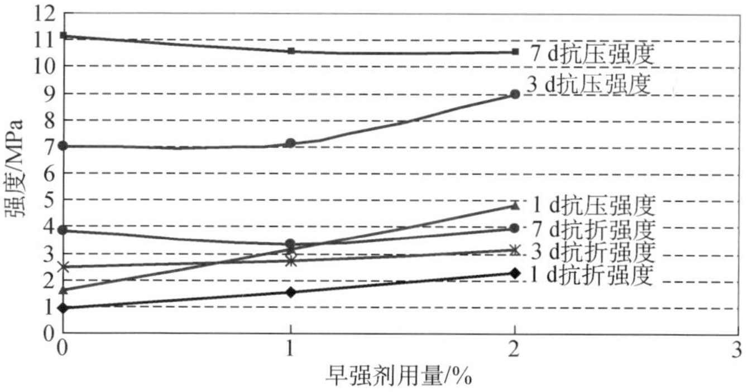

图 4-13 早强剂用量与强度关系

由图 4-13 可见，随着早强剂剂量的增加，水泥胶浆的

1 d 抗折、抗压强度和 3 d 抗压强度增加越多，而对 7 d 的抗折、抗压强度则影响较小。

当早强剂用量为 2%时，1 d 抗压强度达到 4.8 MPa，基本达到 4.9 MPa 的要求；要进一步提高 1 d 抗压强度，但早强剂用量不宜太高，否则可能导致水化太快、收缩加大和影响后期强度等问题，所以进行方案 5 的试验，用降低水灰比来提高强度，同时添加 0.1%的减水剂保证流动度的要求。

通过添加 3%，4%和 5%的色粉，比较色彩效果并考虑造价，最后确定其用量为 4%。

经试验结果表明方案 5 的各项指标满足要求，最后选定方案 5 为该早强型彩色水泥胶浆配合比为水灰比 0.52，砂用量 20%，矿粉用量 10%，色粉用量 4%，早强剂 2%，减水剂 0.1%(用量为占水泥之质量百分比)，该水泥胶浆性能完全达到要求。1 d 抗压强度为 5.40 MPa，达到开放交通的要求。

为使其在施工时段内仍然满足流动度的要求，测定该水泥胶浆经过不同时段的流动度(室温 20 ℃)，结果如表 4-4 所示。

表 4-4　　彩色水泥胶浆流动度测定结果

流经时间/min	0	15	30	50	70	85	105	120
流动度/s	12.08	12.77	12.99	13.32	14.10	14.45	15.37	15.87

由表 4-4 可见，水泥胶浆的流动度随时间的增长而增大。这与水化作用的增加以及随时间的增长水分有一定的散失有关。从实验结果可知，该水泥胶浆可以在 70 min 时间内流动度小于 14 s，保证了施工时间流动性的要求。具体施工时间与水泥胶浆一次洒铺面积、结构层厚度和施工效率有关。

4.3　基体沥青混合料配合比设计

沥青混合料结构层随矿料级配的不同而构成不同的组成结构，诸如悬浮-密实结构、骨架-空隙结构、骨架-密实结构。水泥灌浆沥青混合料属于骨架-密实结构，而基体沥青混合料则属于骨架-空隙结构，即在形成骨架的同时提供足够大的空隙以使水泥胶浆充分灌入。基体沥青混合料的体积特征对该路面的力学性能可产生重大影响，因此，在基体沥青混合料的设计过程中要突出混合料的体积特征，使其具有良好的体积特性。

基体沥青混合料跟 OGFC 混合料在体积特征上相类似。本研究采用简单的马歇尔设计方法确定其沥青用量。

4.3.1　沥青混合料级配

1. 指标要求及级配范围

由于基体沥青混合料设计空隙率高达 20%以上，其最终力学性能又依赖于填充的水泥胶浆，其马歇尔试验结果不能使用现行沥青路面施工技术标准进行判断。对于该混合料来说，马歇尔试验结果仅供确定基体沥青混合料中沥青用量参考。由于目前国内极少开展这项研究，还不能制定相应的标准来指导施工，参照国外的研究，基体沥青混合料的设计空隙率要求在20%～28%之间，沥青用量在3.0%～4.5%之间，具体指标要求如表4-5所示。

表4-5　基体沥青混合料指标要求

项目	密度/(g·cm^{-3})	空隙率	击实次数/次	沥青用量	稳定度/kN	流值/mm
指标要求	≥1.9	20%～28%	50	3.0%～4.5%	≥3.0	2～4

选用具有大空隙率特性的沥青混合料作为水泥灌浆沥青路面用基体沥青混合料，由于我国还未有该种级配的推荐范围，借鉴日本《アスファルト铺装要纲》推荐的沥青混合料级配如表4-6所示。

表4-6　基体沥青混合料级配推荐范围

筛孔/mm	16	13.2	9.5	4.75	2.36	1.18	0.6	0.3	0.15	0.075
质量通过率	100%	95%～100%	—	10%～35%	5%～22%	—	4%～15%	3%～12%	—	1%～6%

2. 拟定矿料级配

选取设计空隙率为26%，参照以上级配范围，选定几种级配按3.4%的初试油石比成型试件(图4-14)，对比空隙率及灌浆情况(水泥浆是否能顺利灌入以及填充空隙情况)，最后拟订设计级配如表4-7所示。

表4-7　设计级配表

筛孔/mm	16	13.2	9.5	4.75	2.36	1.18	0.6	0.3	0.15	0.075
质量通过率	100%	97.5%	61%	15%	13%	—	—	—	—	4%

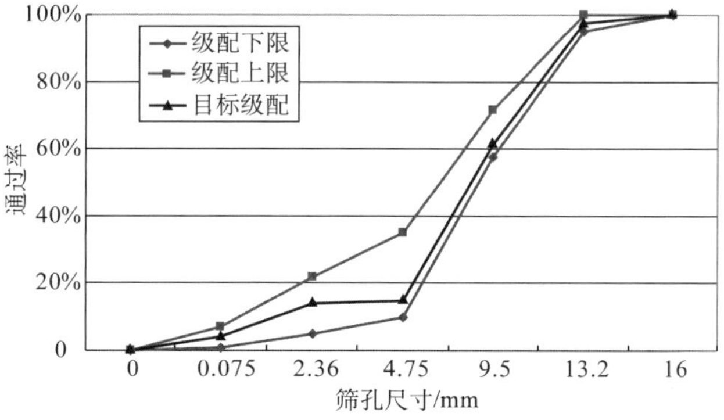

图4-14　级配曲线图

初试沥青用量为3.4%，级配成型试件空隙率为26%。

4.3.2 确定最佳沥青用量

本研究采用马歇尔设计法确定其沥青用量，并只考虑密度、空隙率、稳定度和流值几个指标，试验结果见表 4-8。油石比与各指标关系如图 4-15 所示。

表 4-8　　马歇尔实验结果

油石比	毛体积密度 /($g \cdot cm^{-3}$)	最大相对理论密度	空隙率	连通空隙率	稳定度 /kN	流值/mm
2.0%	1.842	2.601	29.2%	27.0%	2.28	2.08
2.5%	1.842	2.581	28.8%	26.3%	2.33	2.10
3.0%	1.852	2.563	27.7%	25.5%	2.37	2.55
3.5%	1.871	2.545	26.5%	24.3%	2.56	2.63
4.0%	1.865	2.527	26.2%	23.0%	2.18	2.35

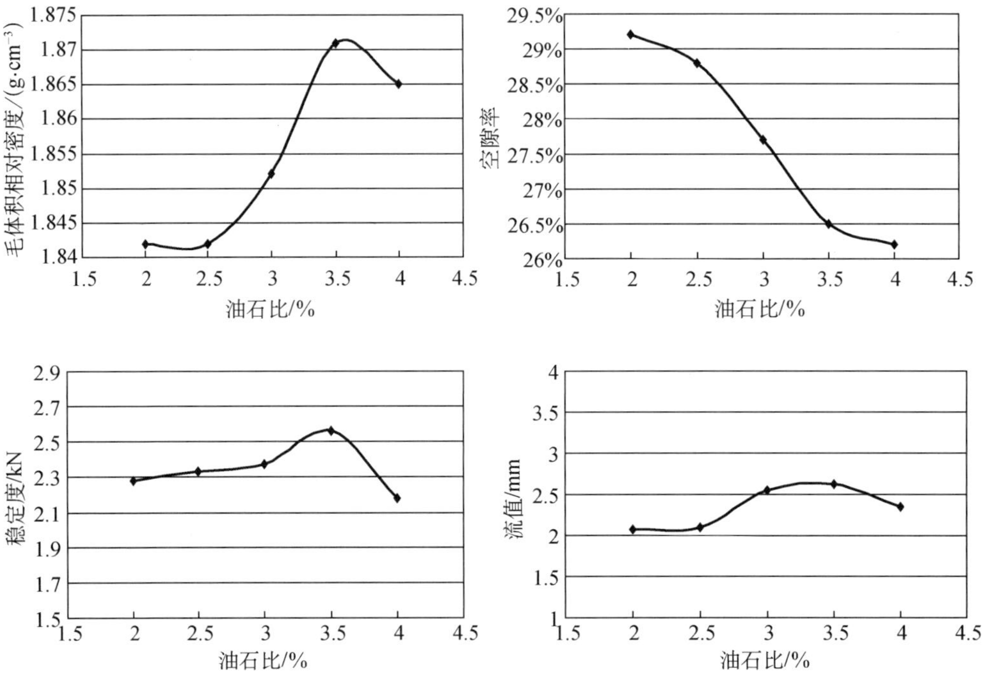

图 4-15　油石比与各指标关系图

最后根据密度，设计空隙率、稳定度和流值等参数，选取 OAC=3.5%，V_V=26.5%，连通空隙率 $V_{V'}$=24.3%。图 4-16 即为设计成型的多空隙基体沥青混合料。

基体沥青混合料中的空隙包括封闭空隙和连通空隙，其中连通空隙率指混合料中相互贯通的空隙占试件体积的百分率，连通空隙为理论上水泥胶浆所被完全填充到的空隙，基体沥青混合料即使具有相同的空隙率，也会存在水泥胶浆填充效果不相同的情况，原因在于空隙中存在着不可填充的封闭空隙。所以为了准确反映基体混合料的可填充性能，非常必要对连通空隙率进行计算。连通空隙率与空隙率越接近说明该基体沥青混合料的填充效率越高，此外，施工中混合料中水泥胶浆的用量也可由该指标计算确定。根据式(4-3)计算连通空隙率。

图 4-16　多空隙基体沥青混合料试件

$$连通空隙率\ V_{V'} = (V - C')/V \times 100\% \tag{4-3}$$

式中　V ——试件的体积，cm^3；

C' ——集料与封闭空隙的体积，cm^3，$C' = (A - C)/\gamma_w$；

A ——试件的干质量，g；

C ——试件的水中质量，g；

γ_w—— 常温下水的密度，$\gamma_w \approx 1.0\ g/cm^3$。

4.4　彩色水泥灌浆沥青混合料路用性能研究

根据拟订的级配和最佳沥青用量成型沥青混合料试件，然后将提前拌好的彩色水泥胶浆灌入其中，养生 7 d 后进行各项路用性能试验(试件灌浆时为避免水泥浆漏出，应对沥青混合料试件的四周和底面采取封堵措施)。该种复合材料的主体仍为沥青混凝土，偏于柔性，因为目前尚无评价该种复合材料各种路用性能的方法，本研究采用沥青混合料的各种评价方法来评价该复合材料的性能，并与第 3 章 AC-13C 沥青混合料作对比分析。图 4-17 为几种彩色水泥灌浆沥青路面的表观图，图 4-18 为剖面图。

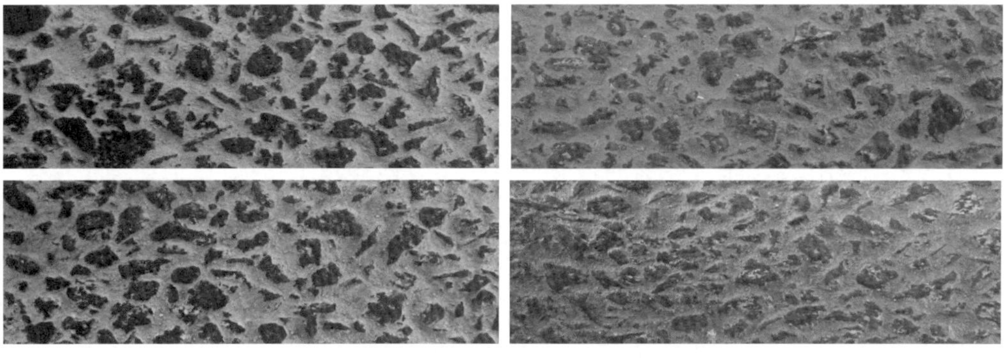

图 4-17　彩色水泥灌浆沥青路面表面图

图 4-18 彩色水泥灌浆沥青混合料剖面图

4.4.1 彩色水泥灌浆沥青混合料高温稳定性

1. 试验结果

彩色水泥灌浆沥青混合料车辙试验结果见表 4-9。

表 4-9 车辙试验结果

混合料类型	动稳定度/(次·mm^{-1})	45 min 变形/mm	60 min 变形/mm	相对变形
彩色水泥灌浆沥青混合料	12 660.7	0.813	0.863	1.7%
AC-13C	1 294.6	4.046	4.525	9.1%

2. 试验结果分析

现行规范采用动稳定度作为沥青混合料的高温性能技术指标，认为动稳定度越大，其高温性能越好，经过多年实践证明了其有效性。现行沥青混合料技术规范给出了 7 月平均气温大于 30 ℃时沥青混合料的动稳定度要求，见表 4-10。

彩色水泥灌浆沥青路面的动稳定度为 12 660.7 次/mm，是普通沥青混合料 AC-13C 的 9.8 倍，也远远超过规范对于上述各种沥青混合料的要求，具有绝对的优势。可知该种材料的高温抗车辙性能非常优越，可用于所有高温气候地区。

表 4-10　　沥青混合料车辙动稳定度技术要求

<table>
<tr><td colspan="2">气候条件与技术指标</td><td colspan="4">要求的动稳定度/(次·mm^{-1})</td></tr>
<tr><td colspan="2" rowspan="3">七月平均最高气温
及气候分区</td><td colspan="4">>30 ℃</td></tr>
<tr><td colspan="4">夏炎热区</td></tr>
<tr><td>1-1</td><td>1-2</td><td>1-3</td><td>1-4</td></tr>
<tr><td colspan="2">普通沥青混合料,不小于</td><td colspan="2">800</td><td colspan="2">1 000</td></tr>
<tr><td colspan="2">改性沥青混合料,不小于</td><td colspan="2">2 400</td><td colspan="2">2 800</td></tr>
<tr><td rowspan="2">SMA
混合料</td><td>非改性,不小于</td><td colspan="4">1 500</td></tr>
<tr><td>改性,不小于</td><td colspan="4">3 000</td></tr>
<tr><td colspan="2">OGFC 混合料</td><td colspan="4">1 500(一般交通)、3 000(重交通量路段)</td></tr>
</table>

由图 4-19 还可知,该种复合材料的车辙相对变形也很小,在 60 min 时还不到 2%,这也证明了该种材料的优良高温性能。图 4-19 为经过车辙试验后的试件,可以发现表面几乎看不出车辙痕迹。

不论从动稳定度还是从车辙相对变形来看,都可以看出该种路面复合材料的高温稳定性非常好。沥青混合料的高温稳定性主要是指材料在高温下抵抗剪切流动变形的能力,该材料中由于水泥的加入使刚性增大,抵抗剪切变形的能力大为增强,因此其抗车辙能力也随之增大。

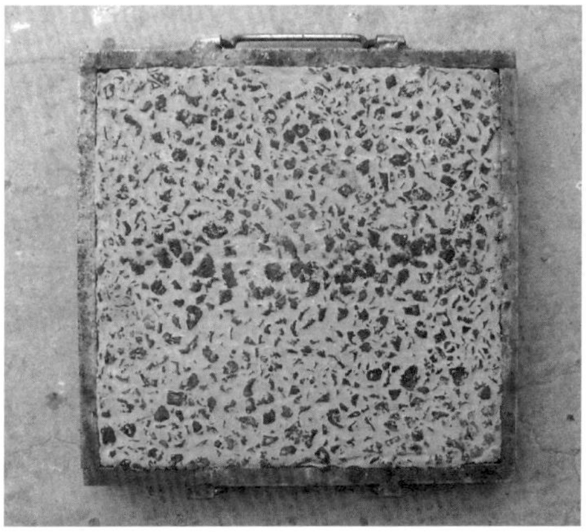

图 4-19　车辙试验后的试件

4.4.2　彩色水泥灌浆沥青混合料水稳定性

1. 试验结果

水稳定性试验结果见表 4-11。

表 4-11　　水稳定性试验结果

<table>
<tr><td rowspan="2">混合料类型</td><td colspan="3">浸水马歇尔试验</td><td colspan="3">冻融循环劈裂试验</td></tr>
<tr><td>浸水 48 h
稳定度
MS_1/kN</td><td>未浸水 40 min
稳定度
MS/kN</td><td>浸水残留
稳定度
MS_0</td><td>未冻融循环
劈裂强度
R_{T1}/MPa</td><td>冻融循环后
劈裂强度
R_{T2}/MPa</td><td>冻融劈裂
强度比
TSR</td></tr>
<tr><td>彩色水泥灌浆
沥青混合料</td><td>21.45</td><td>19.74</td><td>108.7%</td><td>0.930</td><td>0.721</td><td>77.5%</td></tr>
<tr><td>AC-13C</td><td>8.75</td><td>9.78</td><td>89.5%</td><td>1.070</td><td>0.687</td><td>64.2%</td></tr>
</table>

2. 试验结果分析

根据我国气候分区特征，现行规范给出了沥青混合料水稳定性的技术要求，如表4-12 所示。

表 4-12　沥青混合料水稳定性检验技术要求

<table>
<tr><td colspan="2">气候条件与技术指标</td><td colspan="4">相应于下面气候分区的技术要求</td><td rowspan="3">试验方法</td></tr>
<tr><td colspan="2" rowspan="2">年降雨量及气候分区</td><td>>1 000 mm</td><td>500～1 000 mm</td><td>250～500 mm</td><td><250 mm</td></tr>
<tr><td>1. 潮湿区</td><td>2. 湿润区</td><td>3. 半干区</td><td>4. 干旱区</td></tr>
<tr><td colspan="7">浸水马歇尔试验残留稳定度，不小于</td></tr>
<tr><td colspan="2">普通沥青混合料</td><td colspan="2">80%</td><td colspan="2">75%</td><td rowspan="4">T0790</td></tr>
<tr><td colspan="2">改性沥青混合料</td><td colspan="2">85%</td><td colspan="2">80%</td></tr>
<tr><td rowspan="2">SMA
混合料</td><td>普通沥青</td><td colspan="4">75%</td></tr>
<tr><td>改性沥青</td><td colspan="4">80%</td></tr>
<tr><td colspan="7">冻融劈裂试验的残留强度比(不小于)</td></tr>
<tr><td colspan="2">普通沥青混合料</td><td colspan="2">75%</td><td colspan="2">70%</td><td rowspan="4">T0729</td></tr>
<tr><td colspan="2">改性沥青混合料</td><td colspan="2">80%</td><td colspan="2">75%</td></tr>
<tr><td rowspan="2">SMA
混合料</td><td>普通沥青</td><td colspan="4">75%</td></tr>
<tr><td>改性沥青</td><td colspan="4">80%</td></tr>
</table>

由表 4-11 可以看出，彩色水泥灌浆沥青混合料的残留稳定度和冻融劈裂强度比分别比普通 AC-13C 沥青混合料大 21.5%和 20.7%，这说明其抗水侵害能力比普通沥青混合料强；其浸水 48 h 残留稳定度达到 108.7%，也远大于表 4-12 中各混合料的要求，适用于潮湿地区，而且冻融循环劈裂强度比 TSR 也可达 77.5%，可以达到普通沥青混合料在潮湿地区的要求，证明其有良好的水稳定性。

值得注意的是，该种材料的稳定度和残留稳定度都可达 20 kN 左右，强度很高。主要是灌入其中的水泥起了很大的作用，增加了混合料的刚性。从表 4-11 中还可看出，该复合材料在 60 ℃水中浸泡 48 h 后的稳定度大于之前的稳定度，分析原因有：灌入沥青混合料中水泥浆的强度不是一成不变的，在较长一段时间内将仍会缓慢增长；在高温和湿度很大的环境下，水泥缓慢的水化作用大大提高，强度得到较大增长，所以复合材料 48 h 浸水残留稳定度会比浸水 40 min 的要高。这也可以从另一个角度说明该种材料的水稳定比较好。

另外，在几种水稳定性的试验中都有将成型的马歇尔试件在水中充分浸泡的过程(冻融劈裂试验甚至还要经过真空饱水)，水还可以从试件的底面，四周浸入，而彩色水泥灌浆沥青路面在铺装完毕后，表面空隙完全被水泥所填充，水很难从路表进入到路面内部，这就使路面更有利于抗水侵害。

4.4.3 彩色水泥灌浆沥青混合料低温抗裂性能

1. 试验结果

本研究采用小梁低温弯曲试验，结果见表 4-13。

表 4-13 低温弯曲试验结果

混合料类型	抗弯拉强度 R_B/MPa	极限弯拉应变 ε_B，$\mu\varepsilon$	弯曲劲度模量 S_B/MPa	应变能密度 /(kJ·m^{-3})
彩色水泥灌浆沥青混合料	8.287	1 370	6 778.8	5.59
AC-13C	10.183	791	12 925.8	4.79

2. 试验结果分析

由表 4-13 可以得到以下结论。

从－10 ℃抗弯拉强度来看，彩色水泥灌浆沥青混合料较 AC-13C 型沥青混合料小，这说明低温下该复合材料承受荷载作用比 AC-13C 型沥青混合料略小。

从破坏弯拉应变来看，该复合材料的低温破坏弯拉应变大于该沥青混合料，是其 1.7 倍多，这又说明复合材料破坏时的低温延展性比该沥青混合料强。

该复合材料的弯曲劲度模量比 AC-13C 沥青混合料小得多，约为 AC-13C 型的 1/3，劲度模量越大说明脆性越强，低温性能越不好，从这点上可以看出水泥灌浆沥青混合料低温抗裂性好。

从低温应变能来看，彩色水泥灌浆沥青混合料也比沥青混合料大 16.7%，说明在受低温破坏时水泥灌浆沥青混合料比该沥青混合料稍大，低温抗裂性强。

由于沥青材料的温度敏感性较强，使得沥青混合料低温下的抗裂性能比常温时下降不少，而水泥石的温度敏感性较小，水泥灌浆沥青混合料中由于相当数量的水泥石的存在，使混合料的温度敏感性降低，高低温条件下性能差别小于普通的沥青混合料，所以该水泥灌浆沥青混合料的低温抗裂性不会比该沥青混合料差，可以得到解释。综合以上分析，认为彩色水泥灌浆沥青混合料的低温性能与普通 AC 型密级配沥青混合料相当。

4.4.4 彩色水泥灌浆沥青混合料疲劳性能

1. 试验结果

不同材料疲劳试验结果见表 4-14。

表 4-14 15 ℃不同混合料疲劳试验结果

混合料种类	应力比	应力水平/MPa	疲劳寿命/次	回归方程
彩色水泥灌浆沥青混合料	0.2	1.185	36 987	$N_f=k(1/\sigma)^n$ $n=4.1516$ $k=87\ 837$ $R^2=0.9848$
	0.3	1.778	10 757	
	0.4	2.370	2 433	
	0.5	2.963	853	

（续表）

混合料种类	应力比	应力水平/MPa	疲劳寿命/次	回归方程
AC-13C 普通沥青混合料	0.2	1.919	14 275	$N_f=k(1/\sigma)^n$ $n=3.3290$ $k=120\ 634$ $R^2=0.9972$
	0.3	2.878	3 255	
	0.4	3.837	1 468	
	0.5	4.797	646	

2. 试验结果分析

不同混合料的疲劳方程如图 4-20 所示。

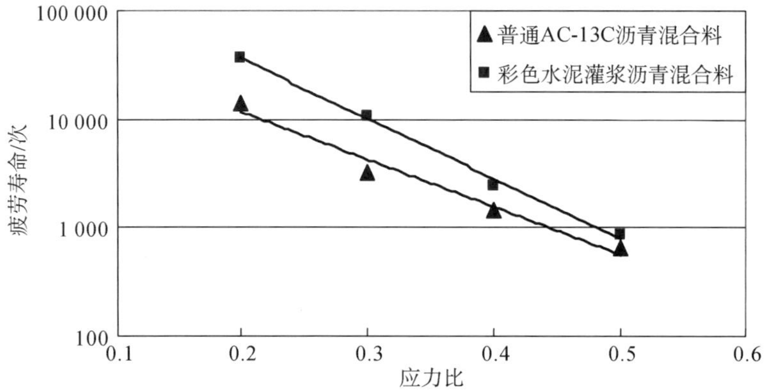

图 4-20　两种不同混合料疲劳试验对比

由图 4-20 可知，彩色水泥灌浆沥青混合料的疲劳方程曲线位于 AC-13C 沥青混合料的上侧，疲劳曲线越靠上，说明其疲劳性能越好，故该复合材料的疲劳性能要优于普通沥青混合料。

4.5　彩色沥青混合料设计方法及路用性能研究

彩色路面用结合料作为一种新型的路面材料，除了对其结合料性能进行验证，还需对其混合料的路用性能进行研究。本章对彩色沥青混合料分别进行了高温、低温、水稳定性和疲劳性能的研究。

4.5.1　原材料试验

1. 彩色结合料及沥青技术指标试验

参照道路石油沥青的技术指标，按照《公路工程沥青及沥青混合料试验规程》(JTG E20—2011)相关试验对各种沥青结合料进行主要技术指标测试。试验结果见表 4-15 和表 4-16 所示。

表 4-15　　$90^{\#}$ 结合料主要技术指标

项目		BSL			埃索 $90^{\#}$
		90A 型	90B 型	90C 型	
针入度(100 g, 5 s, 25 ℃)/0.1 mm		90	84	80	86
延度(10 ℃, 5 cm/min)/cm		>200	>200	106	52.2
软化点 TR&B/℃		43.7	47.1	70.3	45.3
闪点(COC)/℃		>230	>230	>230	>230
密度(15 ℃)/(g·cm^{-3})		1.011	1.012	1.013	1.038
旋转薄膜烘箱加热试验(163 ℃,85 min)	质量损失/%	−0.75	−0.665	−0.865	+0.06
	针入度比/%	90	95.2	86	58.1
	残留延度(10 ℃)/cm	>200	>200	81	9.6

表 4-16　　$70^{\#}$ 结合料主要技术指标

项目		BSL			埃索 $70^{\#}$
		70A 型	70B 型	70C 型	
针入度(100 g, 5 s, 25 ℃)/0.1 mm,		66	63	64	67
延度(10 ℃, 5 cm/min)/cm		>200	>200	80	28
软化点 TR&B/℃		46.5	48.7	70.7	47.4
闪点(COC)/℃		>230	>230	>230	>230
密度(15 ℃)/(g·cm^{-3})		1.011	1.012	1.013	1.047
旋转薄膜烘箱加热试验(163 ℃, 85 min)	质量损失/%	−0.723	−0.815	−0.715	+0.108
	残留针入度比/%	88.6	93.3	75.7	63
	残留延度(10 ℃)/cm	>200	>200	40	7.3

2. 集料技术指标试验

试验使用的集料为石灰岩,经筛分后逐级称量回配。矿粉是陕西眉县水泥厂生产矿粉。集料技术指标按照《公路工程集料试验规程》(JTG E42—2005)的要求进行,各级粒径集料的技术指标测定结果如表 4-17 所示。

表 4-17　　集料技术指标

项目	规格/mm	测定值	试验方法
表观相对密度/毛体积相对密度	13.2	2.728/2.709	T0304
	9.5	2.741/2.706	
	4.75	2.735/2.673	

（续表）

项目	规格/mm	测定值	试验方法
表观相对密度/毛体积相对密度	2.36	2.726	T0328
	1.18	2.733	
	0.6	2.698	
	0.3	2.692	
	0.15	2.681	
	0.075	2.657	
	矿粉	2.696	T0352
压碎值	18.04%		T0316
磨耗值	17.75%		T0317
冲击值	8.44%		T0322

通过水煮法实验，测得以上四种沥青结合料与该种石料的黏附性介于三、四级之间。

3. 颜料

用于彩色结合料着色的物质主要是无机颜料、有机颜料和某些染料，在选择颜料时，除了根据色调、饱和度、明度来选择外，还必须考虑它的着色力、遮盖力、耐迁力、耐候、耐磨性以及与聚合物或添加剂的相互作用。这样选择颜料不仅光彩夺目，而且不褪色，经久耐用。表 4-18 列出了常用颜料的一般特性。

表 4-18　　三大色料的比较

项目	染料	有机颜料	无机颜料
来源	天然或合成	合成	天然或合成
相对密度	2.0～3.5	1.2～2.0	3.5～5.0
在有机溶剂及聚合物内溶解情况	溶	溶或不溶	不溶
着色力	强	中	差
颜色宽度	大	中	小
光稳定性	差	中	强
热稳定性	170～200 ℃分解	200～260 ℃分解	500 ℃分解
化学稳定性	低	中	高
迁移现象	大	中	小

从表 4-18 可以看出，无机颜料在耐热性、耐晒性和遮盖力方面要比有机颜料好，但

有机颜料具有相对密度小、色泽鲜艳和色谱齐全的优点，通常有机颜料要比无机颜料的价格高，在制作彩色结合料时，颜料选择应根据造价、性能综合选用，既可用有机颜料也可用无机颜料。

无机颜料主要有以下几种可供选择。

① 金属氧化物：如二氧化钛、三氧化二铬、氧化铁等。

② 金属硫化物：如镉黄、镉红、硫化铁等。

③ 铬酸盐类：如铬黄、铬橙等。

④ 硅酸盐类：如群青。

有机颜料主要有以下几类可供选择。

① 偶氮颜料：如汉沙黄、永固黄、颜料黄等。

② 酞菁颜料：如酞菁蓝、酞菁绿等。

③ 杂环颜料：如酞菁紫、永固紫等。

本项目考虑到无机颜料造价便宜、色彩的稳定性较好且不易迁移，选用常见红色无机颜料氧化铁。

4.5.2 彩色沥青混合料配合比设计

1. 彩色沥青混合料的设计方法

彩色沥青混合料根据级配的不同也有不同的设计方法。在彩色沥青混合料级配设计当中应该注意以下几点。

1）彩色沥青混合料的选择

彩色沥青混合料所用材料包括彩色结合料、矿质集料、颜料和外加剂等。这些材料的本身品质直接影响混合料的性能，故混合料设计首先要慎重选择材料。

（1）彩色结合料的选择

彩色结合料作为混合料中主要的黏结料，其性质的好坏会直接影响铺面质量的好坏。因此在生产彩色结合料时一定要严格把关、保证质量。

考虑到我国气候差异较大，在不同地区应选择不同的彩色结合料，这一点可以通过调整原材料比例来实现，比如在南方炎热地区，可以选择针入度小一些的彩色结合料如70#，在北方寒冷地区，可以选择针入度大一些的寒区用彩色结合料，一般地区可用针入度适中的结合料。

（2）矿质集料的选择

彩色沥青混合料同样应重视矿料的性能，矿料应该满足强度要求，矿料颗粒形状以接近立方体为佳，限制其针片状含量，集料应清洁、干燥，无杂质和泥土，总之一定要严格要求矿料的物理技术指标，对不合格的矿料坚决予以废弃。彩色沥青混合料不同于一般沥青混合料的一个重要差别就是色彩要求，选用与预期混合料颜色较为接近的彩色石料或是颜色较浅的石料可铺出纯色彩的彩色路面，选用一般石料或色彩与颜料反差较大的石料，铺出的路面开始为纯色，经过一段时间的磨耗，可成为斑点相间的彩色路面。

（3）颜料

用于彩色铺装层中的颜料包括无机颜料和有机颜料，从发色效果来看，有机颜料要优于无机颜料，但有机颜料的造价高，同时有机颜料的耐老化性劣于无机颜料，因此在选择颜料时可根据具体情况加以选择。

（4）外加剂

若想提高混合料的某些路用性能，可以添加一些相应的外加剂。如添加抗剥落剂能提高混合料的抗水侵害能力，添加抗车辙剂来提高混合料的抗高温变性能力，特殊级配还需纤维等。

2）彩色沥青混合料的配合比设计

彩色沥青混合料的配合比设计主要内容有：确定混合料矿料级配、浅色结合料用量以及颜料用量，若需使用外加剂还需确定外加剂用量。设计方法可采用诸如马歇尔法、GTM法、贝雷法等。

（1）混合料矿料级配确定

集料的级配组成设计基本上与一般的沥青混凝土面层设计类似，可以采用适用于热拌沥青混合料的几乎所有级配。对于停车场、住宅小区等承载力较小的地方，可采用较薄层的彩色铺面，比如AC-5，AC-10等级配类型。对于道路铺装，可以采用AC-10，AC-13，AC-16以及其他特殊结构形式，级配设计过程与一般沥青混凝土完全相同。

（2）确定彩色结合料用量

彩色结合料最佳用量的确定方法跟一般沥青混合料最佳沥青用量的确定方法一样，取决于混合料类型、道路交通荷载及交通量大小、气候条件等因素，虽然彩色结合料的性能与一般道路沥青相比在某种程度上有一定优势，但能否正确地确定结合料用量，对路面仍有极大影响。

（3）颜料用量的确定

颜色是彩色铺面极为重要的环节，而颜料是控制混合料颜色的最主要因素，颜色用量选取应慎重。

在确定颜料用量时，可按彩色结合料生产配合比掺加1%，2%，3%，4%和5%五种不同含量颜料，经过反复比较，得出颜色效果最佳的颜料用量。然后按此用量调整生产配合比，并通过马歇尔试验验证，当马歇尔技术指标合格后便可使用。

2. *彩色沥青混合料马歇尔试验设计*

本研究配合比设计采用马歇尔试验设计方法。选用一种常用级配对采用不同结合料的混合料进行性能对比研究，试验中矿料级配统一采用《公路沥青路面施工技术规范》(JTG F40—2004)中推荐的AC-13型级配的中值，其具体级配组成如表4-19和图4-21所示。

表 4-19　　　　　　沥青混合料矿料级配组成

AC-13	16	13.2	9.5	4.75	2.36	1.18	0.6	0.3	0.15	0.075
通过率范围	100%	90%～100%	68%～85%	38%～68%	24%～50%	15%～38%	10%～28%	7%～20%	5%～15%	4%～8%
中值	100%	95%	76.5%	53%	37%	26.5%	19%	13.5%	10%	6%

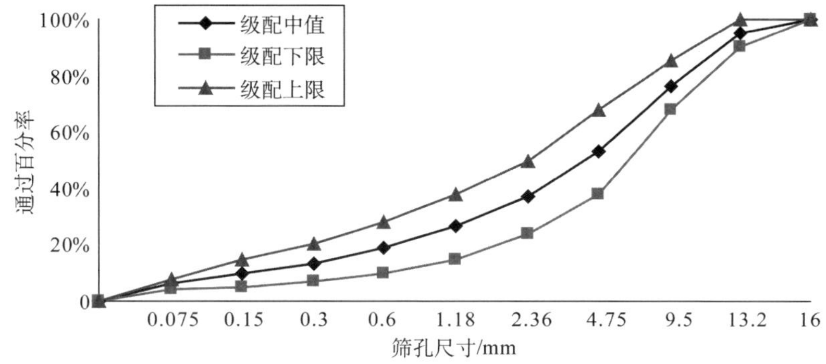

图 4-21　级配曲线图

按照高等级道路的击实标准(正反各 75 次)成型试件,各种结合料选用 5 种不同沥青用量,成型后测定马歇尔试件的毛体积密度、空隙率、矿料间隙率、沥青饱和度,在 60 ℃水中恒温 30～40 min 后,测定稳定度和流值,试验结果见图 4-22—图 4-29。

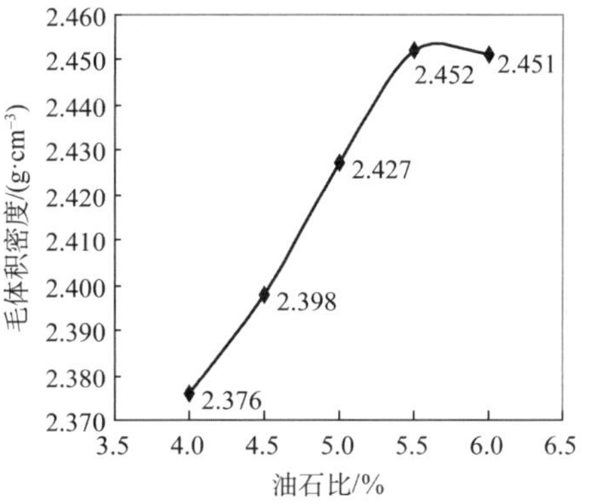

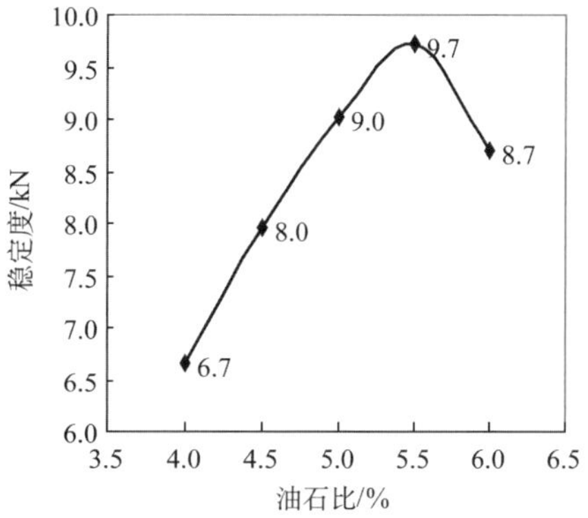

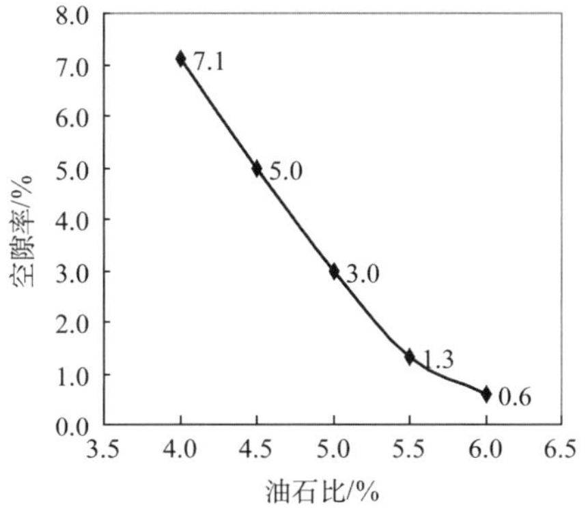

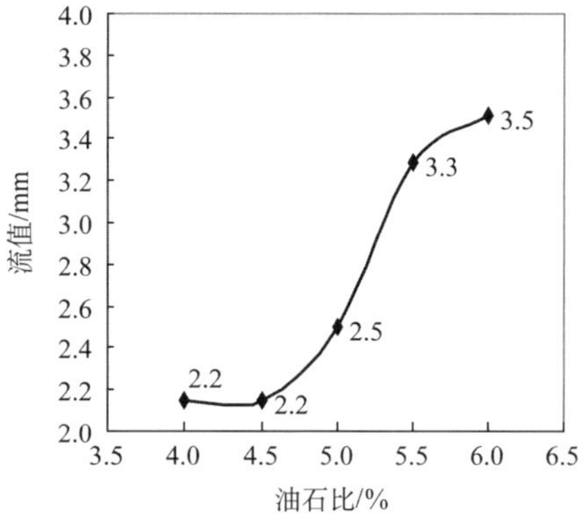

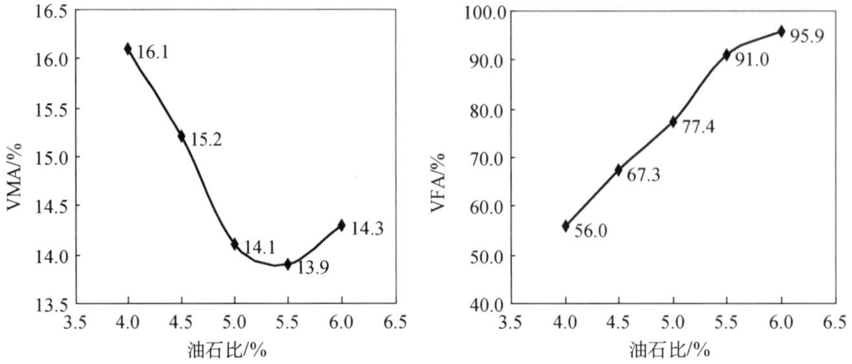

图 4-22　BSL-90A 彩色沥青混合料油石比与各指标关系

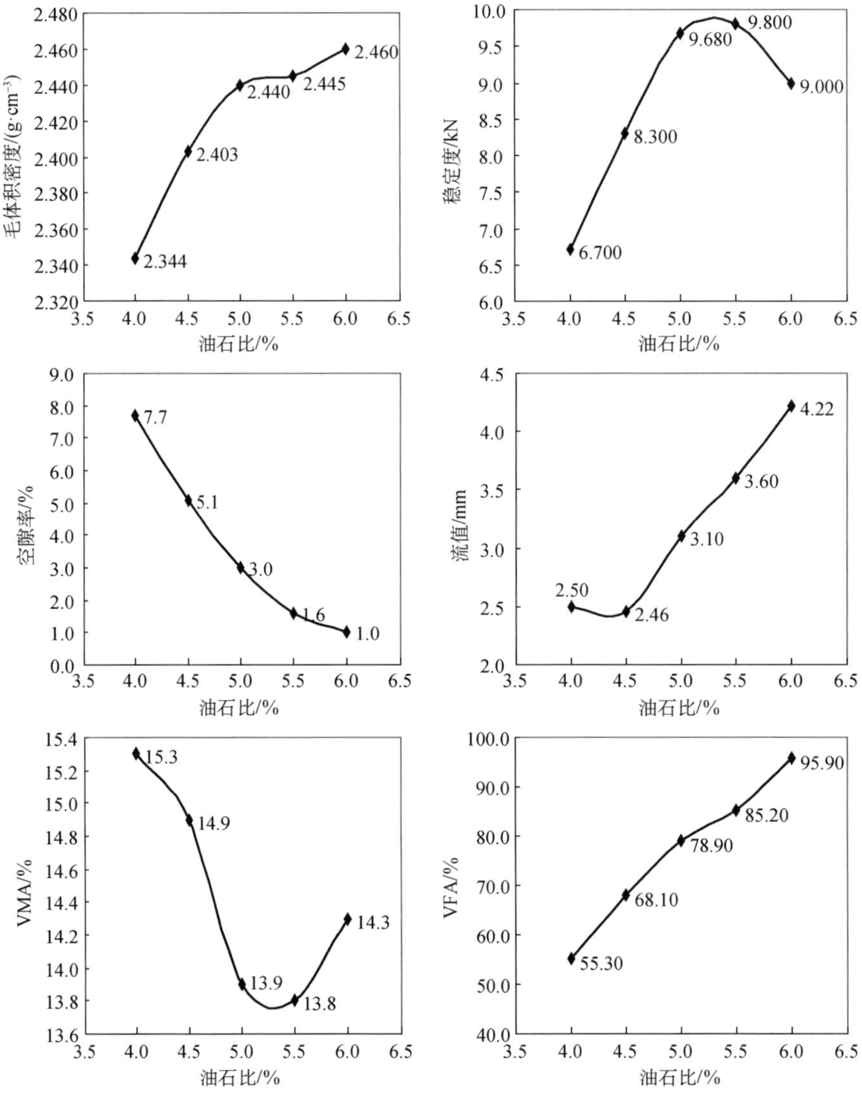

图 4-23　BSL-90B 彩色沥青混合料油石比与各指标关系

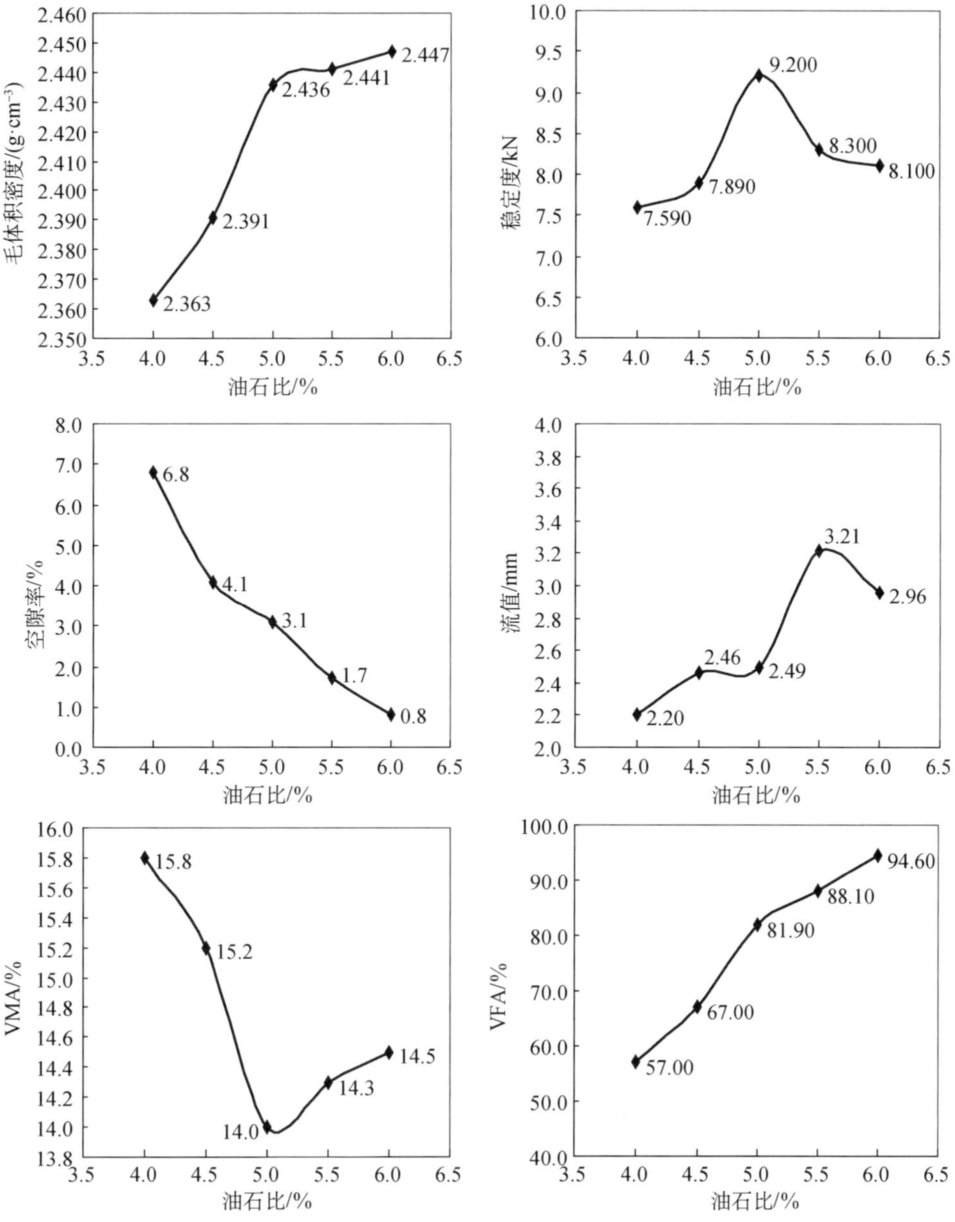

图 4-24　BSL-90C 彩色沥青混合料油石比与各指标关系

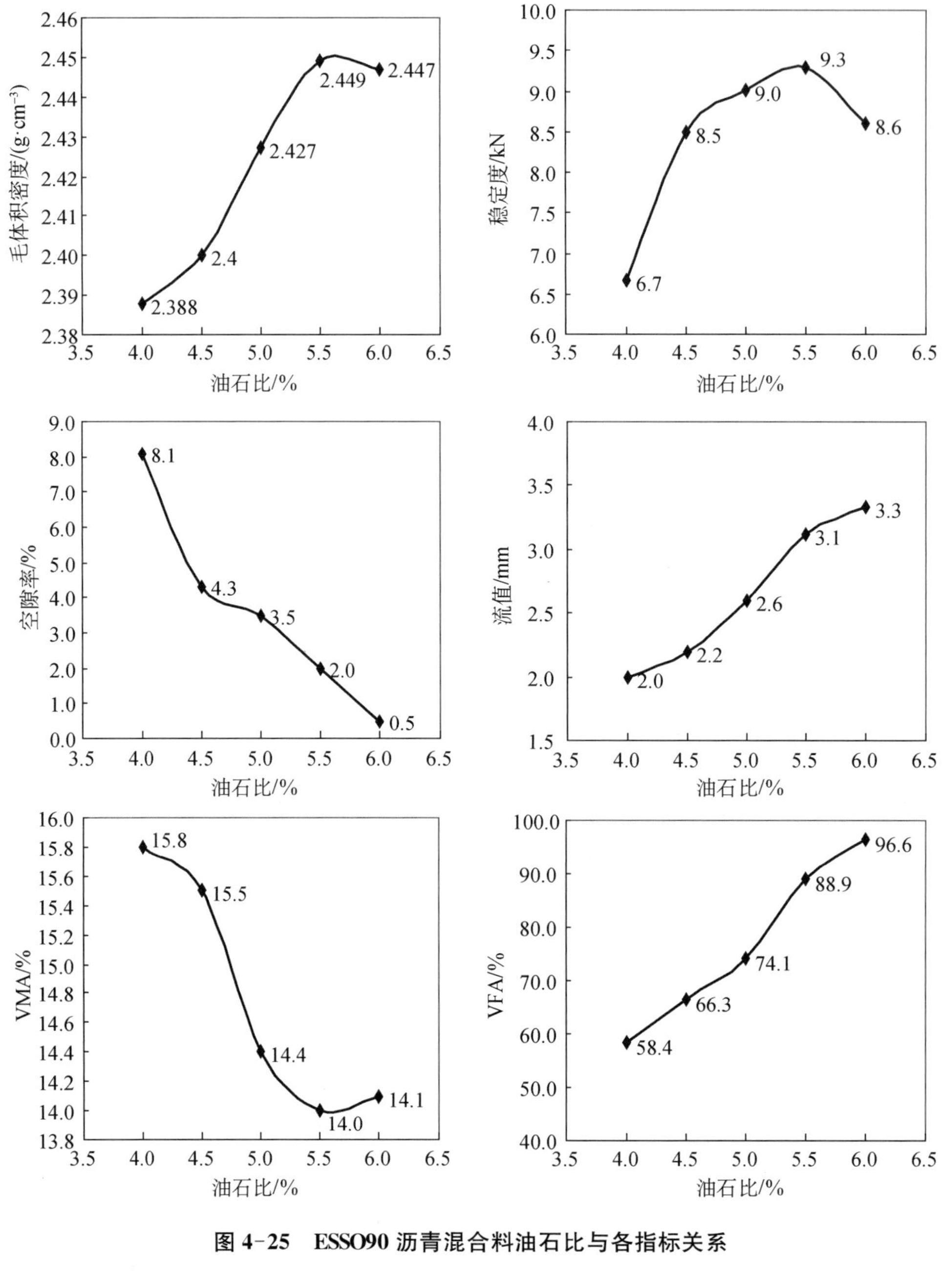

图 4-25　ESSO90 沥青混合料油石比与各指标关系

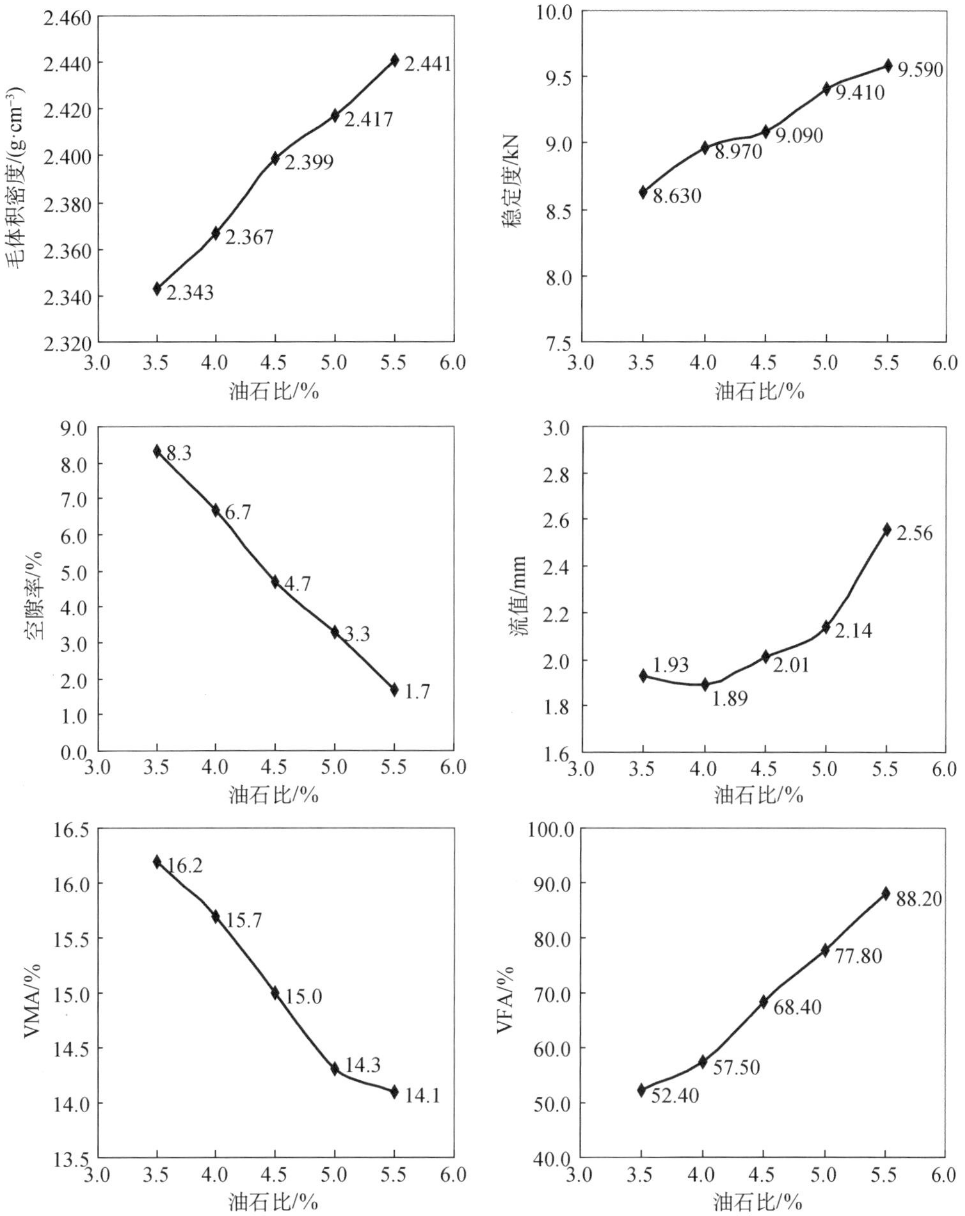

图 4-26 BSL-70A 彩色沥青混合料油石比与各指标关系

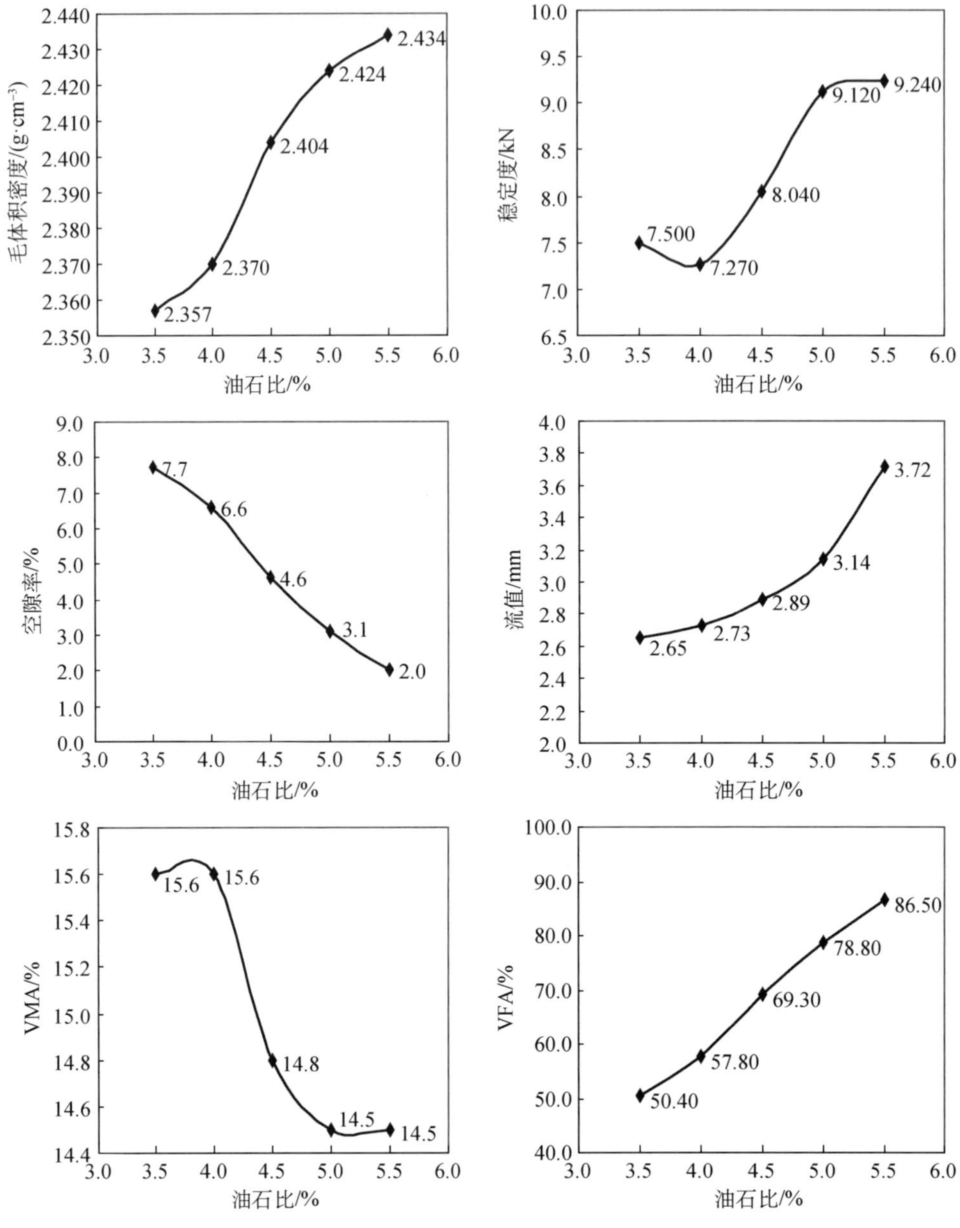

图 4-27　BSL-70B 彩色沥青混合料油石比与各指标关系

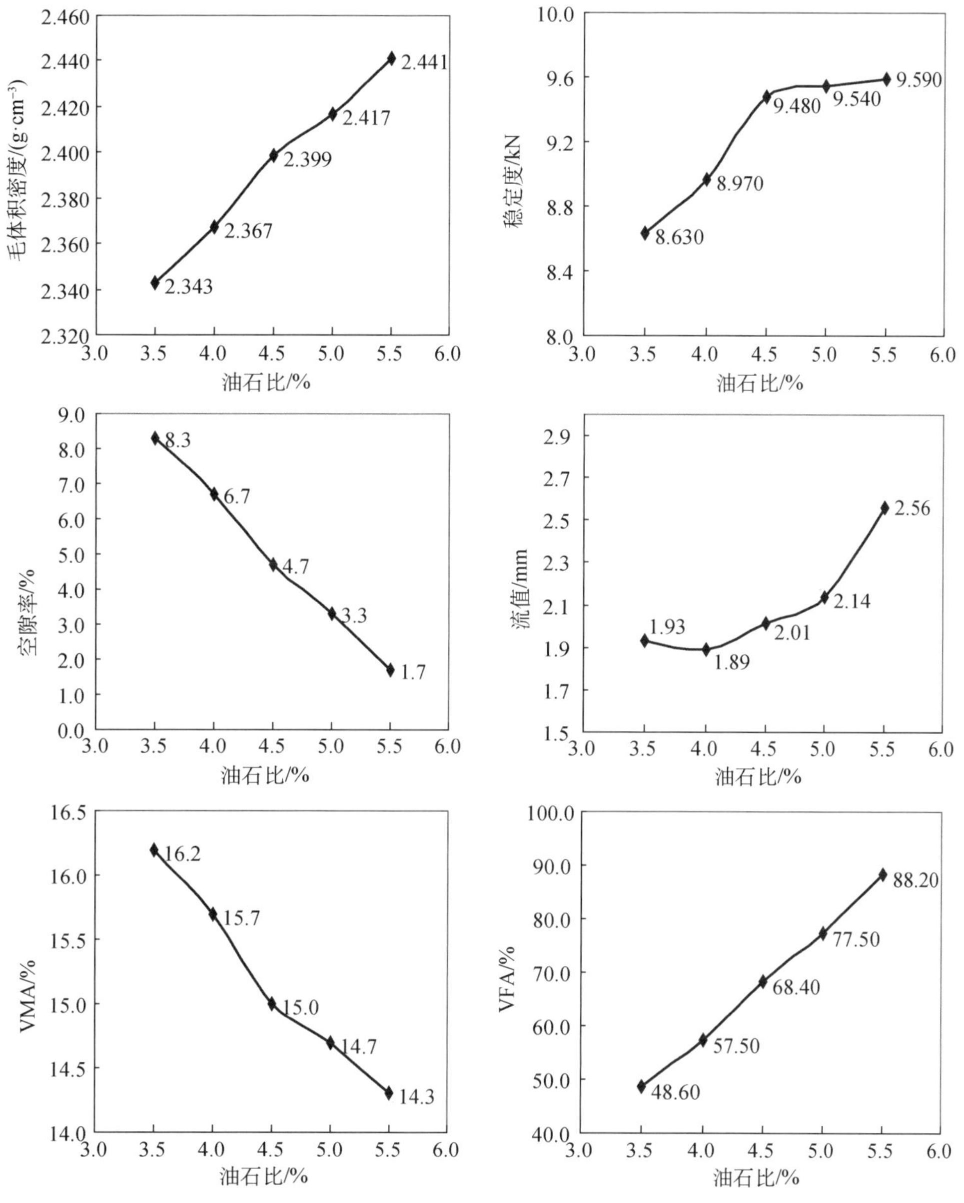

图 4-28　BSL-70C 彩色沥青混合料油石比与各指标关系

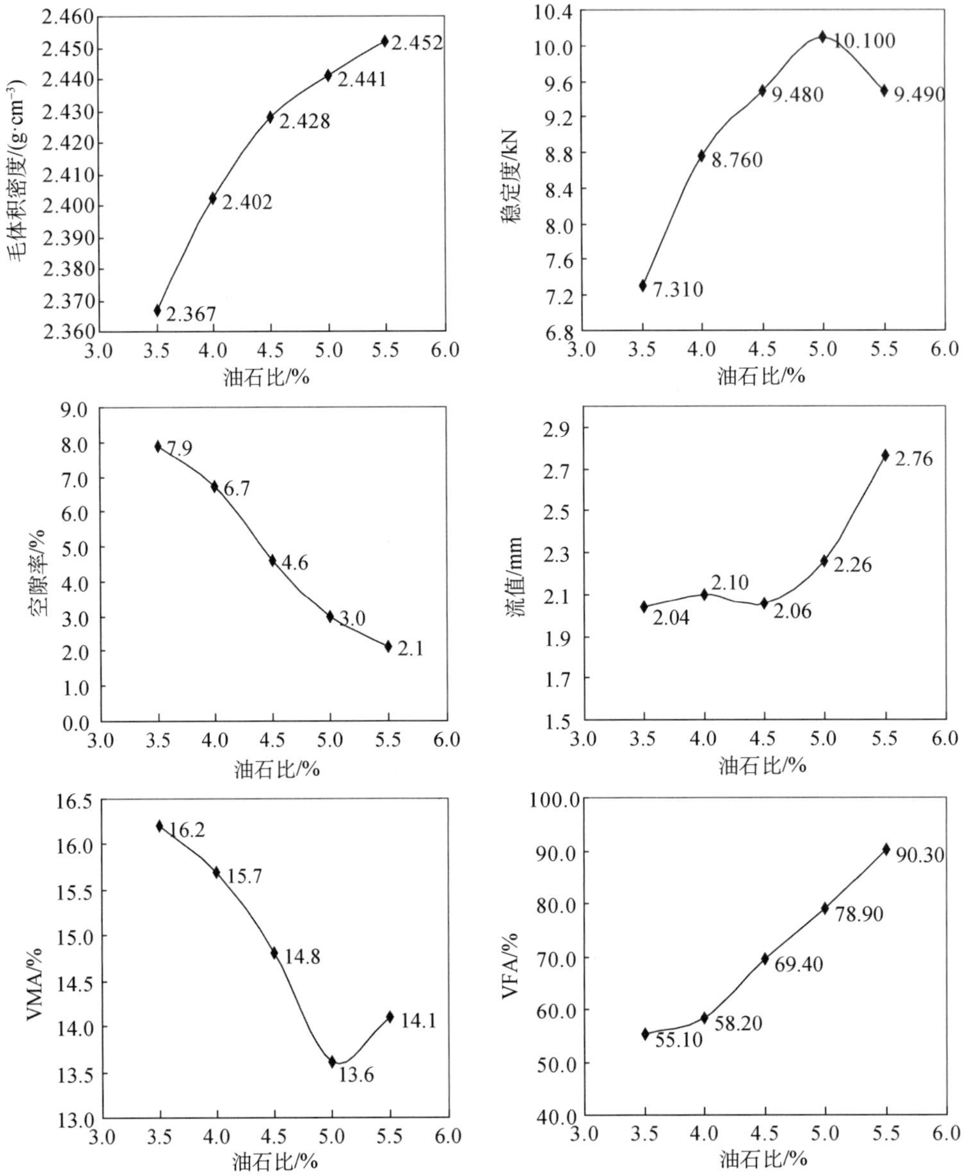

图 4-29　ESSO70 沥青混合料油石比与各指标关系

按照《公路沥青路面施工技术规范》(JTG F40—2004)方法确定各种结合料的最佳沥青用量,如图 4-30 所示。

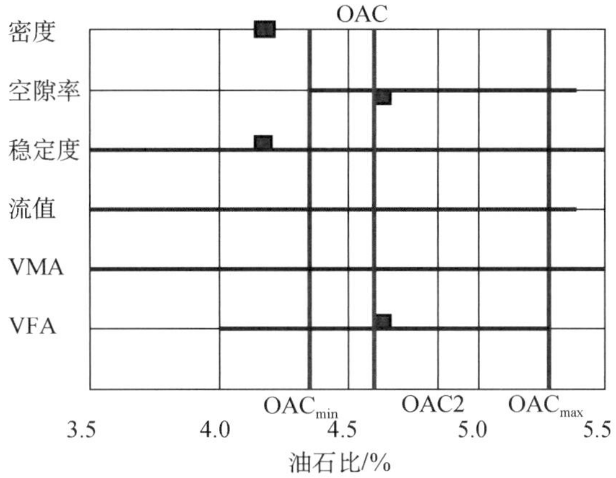

图 4-30 最佳油石比的确定

试验结果见表 4-20 和表 4-21。

表 4-20 不同沥青混合料(90# 结合料)马歇尔试验结果

结合料	最佳沥青用量	毛体积密度 ρ_s/(g·cm^{-3})	空隙率 V_V/%	矿料间隙率 VMA/%	饱和度 VFA/%	稳定度 *MS*/kN	流值 FL/mm
BSL-90A	4.8%	2.424	3.3	14.3	75.8	8.60	2.25
BSL-90B	4.7%	2.428	3.3	14.1	76.6	9.48	2.64
BSL-90C	4.7%	2.430	3.5	14.2	79.0	9.00	2.47
ESSO90	4.7%	2.421	3.8	14.6	73.7	8.80	2.39

表 4-21 不同沥青混合料(70# 结合料)马歇尔试验结果

结合料	最佳沥青用量	毛体积密度 ρ_s/(g·cm^{-3})	空隙率 V_V/%	矿料间隙率 VMA/%	饱和度 VFA/%	稳定度 *MS*/kN	流值 FL/mm
BSL-70A	4.8%	2.411	3.6	14.5	75.4	9.22	2.23
BSL-70B	4.7%	2.414	4.0	14.6	73.0	8.50	2.97
BSL-70C	4.7%	2.407	3.8	14.9	72.5	9.52	2.05
ESSO70	4.7%	2.434	3.3	14.0	76.5	9.78	2.15

4.5.3 彩色沥青混合料路用性能研究

1. 彩色沥青混合料的高温稳定性

对用各种不同结合料的混合料按照其最佳沥青用量成型车辙板,进行车辙试验,试验方法采用中华人民共和国行业标准《公路工程沥青及沥青混合料试验规程》(JTJ052—2000)中的 T0719—2000,得到的试验结果列于表 4-22 和表 4-23。

表 4-22 不同沥青混合料($90^{\#}$结合料)车辙试验结果

结合料种类	动稳定度 DS/(次·mm^{-1})	45 min 车辙变形量/mm	60 min 车辙变形量/mm	相对变形
BSL-90A	705.1	5.888	6.789	13.6%
BSL-90B	846.4	7.717	8.533	17.0%
BSL-90C	1 393.8	3.253	3.705	7.4%
ESSO90	1 013.9	4.285	4.907	9.8%

表 4-23 不同沥青混合料($70^{\#}$结合料)车辙试验结果

结合料种类	动稳定度 DS/(次·mm^{-1})	45 min 车辙变形量/mm	60 min 车辙变形量/mm	相对变形
BSL-70A	1 505.5	3.640	4.067	8.1%
BSL-70B	881.7	4.496	5.227	10.4%
BSL-70C	1 874.5	3.361	3.723	7.4%
ESSO70	1 294.6	4.046	4.525	9.1%

影响沥青混合料高温稳定性的因素很多,主要为集料级配、集料硬度、颗粒形状等,其次为结合料的性能。

由表 4-22 可以看出:BSL-90C 混合料的动稳定度最大,车辙的相对变形也最小,其动稳定度比 ESSO90 混合料的大 37.5%,相对变形比其小 24.5%。这是因为 BSL-90C 结合料的软化点为 70.3 ℃,比 ESSO90 高出很多;BSL-90A, BSL-90B 和 ESSO90 混合料的高温稳定性大体相当。

由表 4-23 可见,BSL-70C 混合料的动稳定度最大,其动稳定度比 ESSO90 混合料的大 44.6%,其 60 min 车辙深度也最小,相对变形比 ESSO70 混合料小 17.7%,同样这也与 BSL-70C 结合料较高的软化点有关,BSL-70C 结合料软化点高达 70.7 ℃。BSL-70A 混合料的动稳定度比 ESSO70 混合料高 16.3%,相对变形方面二者相差不大。BSL-70B 混合料的动稳定度为 881.7,比 ESSO70 小,相应其车辙深度也要大一些。

从整体上看,由 $70^{\#}$ 结合料组成的混合料要比相应 $90^{\#}$ 的混合料高温性能好,表现为动稳定度高、车辙相对变形小。彩色沥青混合料的高温性能同一般沥青混合料一样可以通过改变级配或是添加抗车辙剂等措施加以提高。

2. *彩色沥青混合料的水稳定性*

(1) 采用马歇尔试验残留稳定度评价沥青混合料的水稳定性试验结果见表 4-24 和表 4-25。

表 4-24　　不同沥青混合料($90^{\#}$ 结合料)浸水马歇尔试验结果

结合料种类	MS/kN	MS_1/kN	MS_0
BSL-90A	8.60	7.89	91.7%
BSL-90B	9.48	8.17	86.2%
BSL-90C	9.00	8.22	91.3%
ESSO90	8.80	7.05	80.1%

表 4-25　　不同沥青混合料($70^{\#}$ 结合料)浸水马歇尔试验结果

结合料种类	MS/kN	MS_1/kN	MS_0
BSL-70A	9.22	8.20	88.9%
BSL-70B	8.50	7.50	88.1%
BSL-70C	9.52	8.80	92.4%
ESSO70	9.78	8.75	89.5%

用残留稳定度(MS_0)评价沥青混合料的水稳定性,MS_0 越大,则水稳定性越好。由表 4-24、表 4-25 试验数据分析可以得出以下结论。

八种混合料的残留稳定度都比较高,均在 80%以上,满足规范中对年降雨量大于 1 000 mm 的潮湿区的要求。

对于 $90^{\#}$ 结合料,BSL 彩色沥青混合料残留稳定度均比 ESSO 沥青混合料要略高,其中 BSL-90A 和 BSL-90C 混合料的残留稳定度可达 91.7%和 91.3%,比 ESSO90 沥青混合料高出 14%。

对于 $70^{\#}$ 结合料,BSL 彩色沥青混合料和 ESSO 沥青混合料的残留稳定度相差不多,非常接近,都在 90%左右,但仍可发现 BSL-70C 混合料是最高的。

可以判定 BSL-C 系列彩色沥青混合料的水稳定最好。

(2) 采用冻融劈裂强度比 TSR 评价沥青混合料的水稳定性试验结果见表 4-26 和表 4-27。

表 4-26　　不同沥青混合料($90^{\#}$ 结合料)冻融劈裂试验结果

结合料种类	R_{T1}/MPa	R_{T2}/MPa	TSR
BSL-90A	0.679	0.475	70.0%
BSL-90B	0.929	0.592	63.7%
BSL-90C	0.911	0.652	71.6%
ESSO90	0.999	0.657	65.8%

表 4-27　　　　不同沥青混合料(70# 结合料)冻融劈裂试验结果

结合料种类	R_{T1}/MPa	R_{T2}/MPa	*TSR*
BSL-70A	1.160	0.704	60.7%
BSL-70B	0.977	0.679	69.5%
BSL-70C	0.934	0.665	71.2%
ESSO70	1.070	0.687	64.2%

影响沥青混合料水稳定性的因素很多，主要包括沥青混合料的配合比、材料质量、环境因素及施工条件。沥青混合料的性质又包括集料的品质及质量、沥青结合料性质及混合料类型；环境因素包括气候和交通荷载、影响混合料的使用条件；施工质量包括压实质量、温度控制及施工时的气候条件。

从表 4-26 和表 4-27 可以得到以下结论。

对于 90# 结合料，BSL-90C 和 BSL-90B 彩色沥青混合料水稳定性较好，*TSR* 分别为 71.6%、70.0%，比 ESSO 沥青混合料要略高；BSL-90A 与 ESSO90 沥青混合料 *TSR* 相当。

对于 70# 结合料，也以 BSL-70C 最好，*TSR* 可达 71.2%比 ESSO 沥青混合料高出 11%；BSL-70A 彩色沥青混合料 *TSR* 居于第二位，BSL-70B 最不好。从高到低次序为 BSL-70C>BSL-70A>ESSO70>BSL-70B。

在沥青与集料的黏附性水煮法试验中，这八种沥青结合料与集料的黏附性等级在三级和四级之间，黏附性不是很好，故而可能出现这样的结果。在实际的应用中可以通过优化级配或者采取抗剥落措施，如掺加抗剥落剂等来提高混合料的水稳定性。

3. 彩色沥青混合料的低温抗裂性

八种沥青混合料的小梁低温弯曲破坏试验的结果汇总于表 4-28 和表 4-29。

表 4-28　　　　不同沥青混合料(90# 结合料)低温弯曲试验结果

结合料种类	抗弯拉强度 R_B/MPa	极限弯拉应变 ε_B,$\mu\varepsilon$	弯曲劲度模量 S_B/MPa	应变能密度 /(kJ·m^{-3})
BSL-90A	8.349	1 167	7 198.5	6.20
BSL-90B	9.988	1 169	8 540.3	5.69
BSL-90C	7.983	1 101	7 306.5	6.09
ESSO90	7.935	968	8 193.5	4.85

表 4-29　　　　不同沥青混合料(70# 结合料)低温弯曲试验结果

结合料种类	抗弯拉强度 R_B/MPa	极限弯拉应变 ε_B,$\mu\varepsilon$	弯曲劲度模量 S_B/MPa	应变能密度 /(kJ·m^{-3})
BSL-70A	9.440	1 403	6 728.8	6.26
BSL-70B	9.786	1 444	6 769.6	6.75

（续表）

结合料种类	抗弯拉强度 R_B/MPa	极限弯拉应变 ε_B,$\mu\varepsilon$	弯曲劲度模量 S_B/MPa	应变能密度 /(kJ·m^{-3})
BSL-70C	9.234	1 212	7 622.0	5.98
ESSO70	10.183	791	12 925.8	4.79

由表 4-28 和表 4-29 可以得到以下结论。

从抗弯拉强度来看，对于 90# 结合料，3 种 BSL 彩色沥青混合料的抗弯拉强度都要比 ESSO 沥青混合料要大；对于 70# 结合料，BSL-70A、BSL-70B 和 BSL-70C 与 ESSO 沥青混合料的抗弯拉强度相差都很小。

从破坏弯拉应变来看，对于 90# 结合料，ESSO90 沥青混合料的破坏应变较小，而其他 3 种彩色沥青混合料 BSL-90A、BSL-90B、BSL-90C 混合料分别比其高出 20.6%、20.8%和 13.7%；对于 70# 结合料，ESSO70 沥青混合料的破坏弯拉应变只有 791，而 BSL-70A、BSL-70B 和 BSL-70C 分别是其 1.774、1.826 和 1.532 倍。这说明彩色沥青混合料的低温延展性比 ESSO90 沥青混合料大，这与彩色结合料的 10 ℃延度非常大是一致的。

弯曲劲度模量是抗弯拉强度和极限弯曲应变的比值，是反映材料刚度大小的指标。在一定程度上采用该值可以表征沥青混合料在低温时发生开裂破坏的难易程度，弯曲劲度模量较大的沥青路面低温下抗变形能力差，脆性增加，容易引起开裂破坏。从弯曲劲度模量来看，对于 90# 结合料，四种沥青混合料的弯曲劲度模量差不多，都在 7 000 或 8 000 左右，说明这几种材料的刚度差不多；对于 70# 结合料，一般沥青混合料则要比该几种彩色沥青混合料大很多，ESSO70 沥青混合料弯曲劲度模量分别比 BSL-70A、BSL-70B 和 BSL-70C 彩色沥青混合料高出 92%、91%和 70%，这说明彩色沥青混合料的低温刚度要比一般沥青混合料要小很多抗低温开裂性要好。

实际中某些材料的抗弯拉强度很小，其破坏时的最大应变却很大，有些则相反。因此，仅以强度或仅以变形来评价沥青混合料的低温抗裂性是不够全面的，从能量的角度评价更准确、合理。弯曲破坏应变能密度表示破坏试件时单位体积内所需的能量，该值越大说明破坏时所需能量越高，低温抗裂性就越好[38]。对于该 90# 的彩色沥青混合料其破坏应变能密度均比一般沥青混合料要大，ESSO 沥青混合料破坏应变能只有 4.85 kJ/m^3，BSL-90A、BSL-90B 和 BSL-90C 混合料分别比其超出 27.8%、17.3%和 25.6%；对于 70# 的结合料，可以发现同样的规律，BSL-90A、BSL-90B 和 BSL-90C 彩色沥青混合料分别比 ESSO70 沥青的要高出 30.5%、40.9%和 24.8%。这说明本彩色沥青混合料低温抗裂性要比 ESSO 沥青混合料强。

综合以上四个方面可认为彩色沥青混合料的低温性能要强于优质的道路石油沥青，这也跟前面对结合料的性能分析结果相一致。

4. 彩色混合料的疲劳性能

各种级配类型的沥青混合料疲劳试验结果如表 4-30、表 4-31 所示，疲劳方程如

图 4-31和图 4-32 所示。

表 4-30　　15 ℃沥青混合料(90# 结合料)疲劳试验结果

结合料种类	应力比	应力水平/MPa	疲劳寿命/次	回归方程
BSL-90A	0.2	1.624	11 399	$N_f=k(1/\sigma)^n$ $n=2.6134$ $k=46\ 143$ $R^2=0.9741$
	0.3	2.436	5 740	
	0.4	3.248	2 087	
	0.5	4.061	1 078	
BS-L90B	0.2	1.665	17 418	$N_f=k(1/\sigma)^n$ $n=4.1570$ $k=176\ 652$ $R^2=0.9773$
	0.3	2.497	5 602	
	0.4	3.329	1 193	
	0.5	4.162	402	
BSL-90C	0.2	1.525	14 161	$N_f=k(1/\sigma)^n$ $n=2.7499$ $k=55\ 745$ $R^2=0.9347$
	0.3	2.288	8 758	
	0.4	3.051	2 320	
	0.5	3.814	1 266	
ESSO90	0.2	1.591	15 145	$N_f=k(1/\sigma)^n$ $n=3.7776$ $k=75\ 011$ $R^2=0.9766$
	0.3	2.386	2 336	
	0.4	3.182	766	
	0.5	3.977	519	

表 4-31　　15 ℃沥青混合料(70# 结合料)疲劳试验结果

结合料种类	应力比	应力水平/MPa	疲劳寿命/次	回归方程
BSL-70A	0.2	1.597	12 821	$N_f=k(1/\sigma)^n$ $n=3.2923$ $k=57\ 900$ $R^2=0.9941$
	0.3	2.396	3 257	
	0.4	3.195	1 104	
	0.5	3.994	672	
BSL-70B	0.2	1.880	21 807	$N_f=k(1/\sigma)^n$ $n=4.0966$ $k=314\ 256$ $R^2=0.9932$
	0.3	2.820	5 445	
	0.4	3.760	1 249	
	0.5	4.701	550	

（续表）

结合料种类	应力比	应力水平/MPa	疲劳寿命/次	回归方程
BSL-70C	0.2	1.654	22 714	$N_f=k(1/\sigma)^n$ $n=4.4584$ $k=318\ 972$ $R^2=0.9242$
	0.3	2.481	11 253	
	0.4	3.308	1 569	
	0.5	4.136	410	
ESSO70	0.2	1.919	14 275	$N_f=k(1/\sigma)^n$ $n=3.3290$ $k=120\ 634$ $R^2=0.9972$
	0.3	2.878	3 255	
	0.4	3.837	1 468	
	0.5	4.797	646	

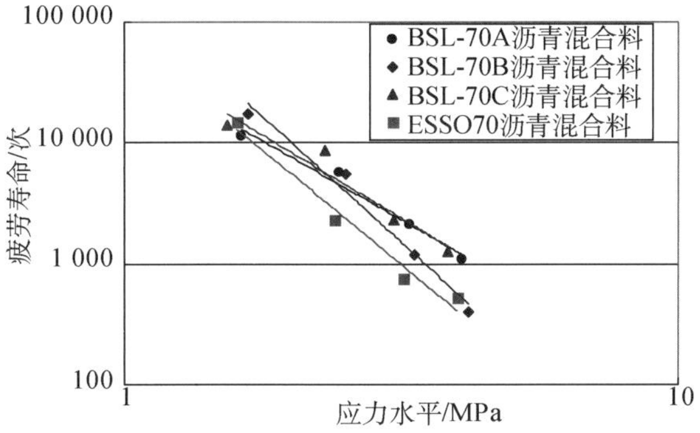

图 4-31　不同沥青混合料(90# 结合料)疲劳方程对比

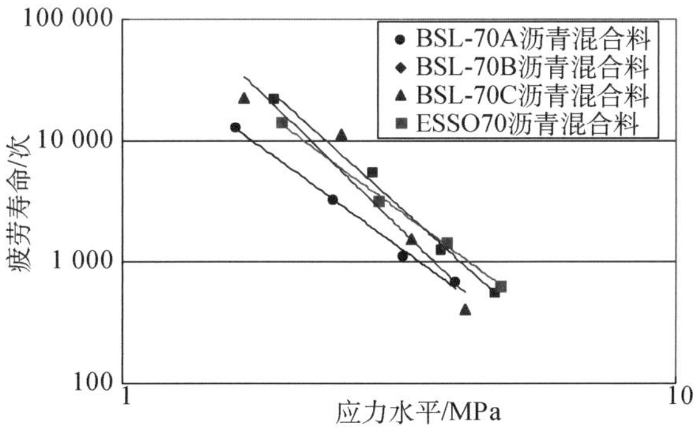

图 4-32　不同沥青混合料(70# 结合料)疲劳方程对比

沥青混合料疲劳性能通过疲劳方程的两个参数 k，n 来反映。当对应力水平 σ 和疲劳寿命 N_f 进行双对数回归时，可得一直线，疲劳方程的两个参数 k，n 即为直线的截距和斜率。n 值越大，疲劳曲线越陡，疲劳寿命对应力水平变化越敏感；而 k 值表示疲劳曲线线位的高低，k 值越大，疲劳曲线线位越高，抗疲劳性能越好。

由图 4-31 可以看出，三种彩色沥青混合料疲劳方程曲线均位于 ESSO90 沥青混合料曲线的上方，疲劳性能都要比一般沥青混合料好，这三种彩色沥青混合料之间没有明显区别；由图 4-32 可以看出，BSL-70B 和 BSL-70C 的混合料疲劳曲线都在埃索沥青混合料的上侧，说明疲劳性能较之为好，BSL-70A 在其下侧，疲劳性能较之为差。

在疲劳试验过程中，彩色沥青混合料的在低应力水平作用下跨中弯曲位移较一般沥青混合料要大很多，见图 4-33。后经研究发现在疲劳试验中彩色沥青结合料在低应力水平作用下，并非试件完全疲劳断裂而是由于跨中挠度过大，超过仪器设定的位移保护值而计为试件破坏。从跨中挠度较大来看，可见彩色沥青混合料的柔韧性非常好，抗疲劳性能很好。

图 4-33　低应力水平疲劳破坏后的两种混合料小梁试件

5 水泥-乳化沥青混合料的试验研究

乳化沥青混合料属于冷拌沥青混合料的一种，具有环保、节省能源、便于施工等诸多优势，早在20世纪60年代，就已作为路面的基层和底基层材料成为道路工程界的热门话题。但是，由于其早期强度低，开放交通迟，限制了它仅用于轻交通的次要道路。为了解决这一矛盾，Terrel等最先开始了在乳化沥青混合料中掺加水泥的研究工作，得到了水泥-乳化沥青混合料。

所谓水泥-乳化沥青混合料是在乳化沥青混合料中加入一定比例的水泥，利用水泥水化吸水加速乳化沥青破乳，以及水泥水化物和沥青交织裹覆矿料形成的立体网络，提高乳化沥青混合料的早期强度和高温稳定性。水泥-乳化沥青混合料以乳化沥青和水泥这两种性质差异很大的材料作为结合料，其强度和刚度均比普通沥青混凝土高，但比水泥混凝土低，其力学特点在于刚柔并济，以柔性为主，兼具刚性，被称为半柔性路面材料，与上文所述的水泥灌浆沥青混合料同为半柔性路面材料的一种。

本课题在研究水泥灌浆半柔性路面材料（前文简称半柔性路面材料）基础上，考虑到水泥-乳化沥青施工方便、节省能源、环保等特点，选用阳离子乳化沥青为材料，对水泥-乳化沥青进行了初步的研究。主要研究内容包括三个方面。

（1）水泥-乳化沥青混合料的强度形成分析。

（2）水泥-乳化沥青混合料的配合比设计。

（3）水泥-乳化沥青混合料的路用性能分析。

5.1 水泥-乳化沥青混合料的强度形成分析

水泥-乳化沥青混合料的强度主要是由水泥水化产物和乳化沥青破乳后的沥青黏结作用而形成的，其中涉及两个重要的过程，即水泥的水化和乳化沥青的破乳。这两个过程相辅相成，水泥水化需要水，乳化沥青破乳憎水，因此，两个过程相互促进、相互制约，共同形成水泥-乳化沥青的最终强度。

5.1.1 阳离子乳化沥青破乳机理

乳化沥青主要由沥青、水、乳化剂组成。乳化剂主要分为阳离子乳化剂和阴离子乳化剂两种，本研究采用阳离子乳化沥青，因此，主要讨论阳离子乳化沥青的破乳机理。

阳离子乳化剂几乎都是含氮化合物，其分子由非极性的亲油基和极性的亲水基两部分组成。阳离子乳化沥青与集料拌和时，如果集料干燥不含水分，乳液中的水分将首先与集料接触，润湿集料表面，并沿毛细孔进入集料内部，集料吸收水分，在集料表面形成一层吸附水膜。在水相流动的同时，乳化剂分子也在移动。由于乳化剂分子是亲油亲水基，它的分子移动有一定方向。亲水基一端沿着水流的方向流向集料表面，乳液分子也随之移动，当乳液分子接触到集料表面时，乳液体系就失去了平衡，沥青微珠也向集料表面移动。在这个过程中沥青微珠发生形变，逐渐趋于薄膜形。同时，微珠界面上的乳化剂分子由于具有向集料表面移动的趋势从而发生重新排布，原有的界面膜破裂，乳化剂分子排布到薄膜下部，亲油基插入沥青中，亲水基则向着集料方向插入水中。由于阳离子乳化剂亲水基的组成元素主要是氮原子，氮原子无论与酸性集料还是碱性集料都有强烈的吸附性和亲和性，与集料接触后，立即紧紧吸附于集料表面，并深入到毛细孔中，牢固地附于其上。而乳化剂的亲油性质又决定了在乳化剂分子亲水基端吸附于集料表面的同时，亲油基端也随之向集料靠近，与亲油基相互交织的沥青微珠也被拉向集料表面，与集料接触，铺展开黏附在集料表面。乳化剂分子就像桥梁一样，架起了沥青微珠通向集料表面的通途。由于乳化剂分子的“桥梁”和“牵引”作用，使得沥青微珠与集料表面的结合力远远大于水与集料表面的结合力，于是在沥青微珠到达集料表面与集料接触的瞬间，产生了一个较大的积压力，这个积压力把集料表面的水分挤出去，让位于沥青。这样沥青微珠相互吸附、扩散、渗透，最后融合到一起，界面消失，集料表面被沥青完全裹覆，形成一层薄膜，如图 5-1 所示。在沥青薄膜形成之时，水分被完全挤出，处于沥青薄膜的表面，如果在气温高、通风的环境中，水分迅速挥发，这样阳离子乳化沥青就完成了其破乳的整个过程，如图 5-2 所示。

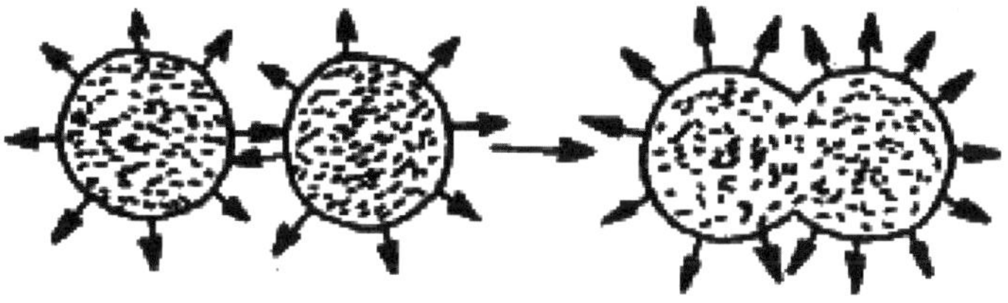

图 5-1　沥青微珠融合示意图

阳离子乳化沥青与集料拌和时，如果集料是湿润的，那么集料表面就已经存在一层吸附水膜，由于这层吸附水膜中没有乳化剂分子，因此乳液中水相和吸附水膜之间存在着乳化剂浓度差，于是乳液水相中的乳化剂分子迅速向吸附水膜中移动，直到达到乳化剂浓度一样为止。随着水相的流动，乳化剂分子也随之移动，沥青微珠向集料表面靠近，于是就发生了上述所说的破乳过程。

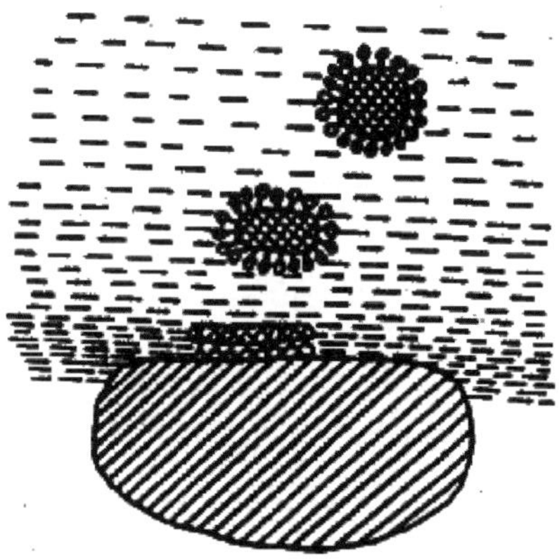

图 5-2　阳离子乳化沥青破乳过程示意图

5.1.2　水泥在混合料强度形成过程中的作用

乳化沥青破乳过程是一个憎水的过程。乳化沥青在破乳过程中，沥青微珠裹覆在集料表面形成一层沥青薄膜，而被挤出的水分则处于薄膜之上。如果没有高温、通风等有利于水分挥发的环境的话，乳液分散在骨料混合物中水分不能立即排净，这些水分大部分呈游离状态占据着混合料分散体系的空隙，由于水的黏度低于沥青，因此这些水分在混合料中甚至起着“润滑剂”的作用，降低骨料之间的内摩阻力，从而降低混合料的强度和稳定性。

水泥的加入恰恰就解决了乳化沥青破乳“憎水”这一问题。众所周知，水泥水化是“需水”的，只有在水分存在的条件下，水泥才能发生水化，形成水泥石结构，提供强度。沥青微珠挤出的处于沥青薄膜上的水，提供了水泥水化的“水”。有水的存在，水泥水化形成水泥石结构，水泥石中呈针柱状或是棒状的水化晶体，一端深深插入沥青薄膜内部，与骨料和沥青形成一个整体，另一端与其余的水化晶体相互交织，形成网络结构，如图 5-3 所示。

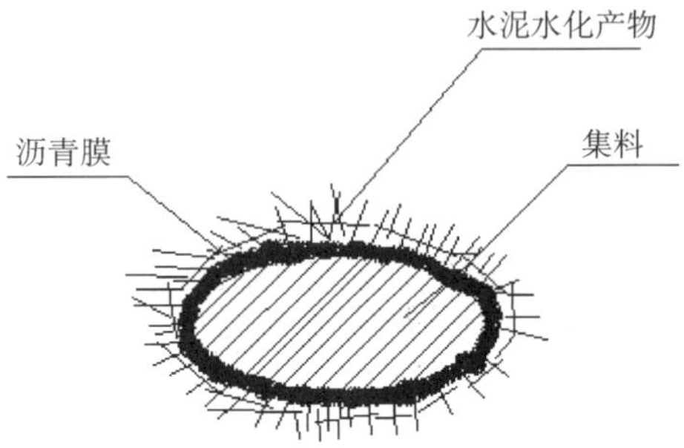

图 5-3 水泥、乳化沥青和集料结合示意图

为了充分说明水泥-乳化沥青强度形成机理，本研究对水泥-乳化沥青胶状物进行了扫描电子显微镜观察，采用 PHILIPS XL20 型扫描电子显微镜。图 5-4 为未加水泥的乳化沥青微观形貌，乳化沥青破乳后将矿料包裹起来，形成简单的团聚结构；而在图 5-5 中，可以看到呈针状和簇状的水泥水化产物分布于沥青膜的表面。乳化沥青破乳后，沥青恢复其黏性，包裹集料和未水化水泥颗粒，增强了材料的整体性，从而混合料的黏聚力 c 也随之增大。乳化沥青破乳，将原有的水挤出沥青膜外，此时水泥的加入，刚好利用了这些水分，从而水泥水化生成水化产物，呈针状、棒状的水化产物则将沥青、集料和另外的水化产物联接起来，形成相互交错的网状结构，这样整个材料结构的强度就增大了。在图 5-6 中，更能清晰地看出水泥水化产物与沥青膜结合的情况。

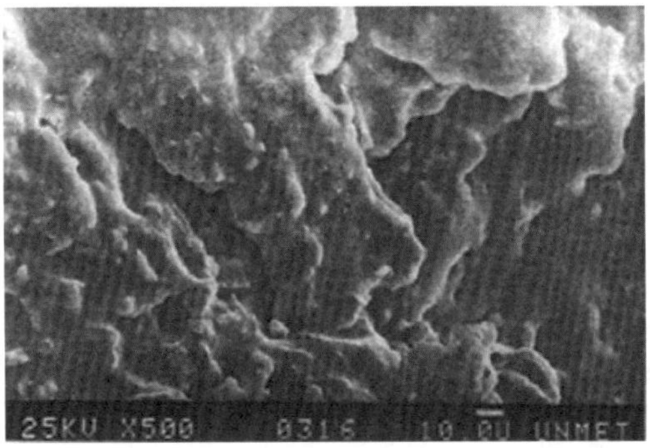

图 5-4 未加水泥的乳化沥青混合料的 SEM 像

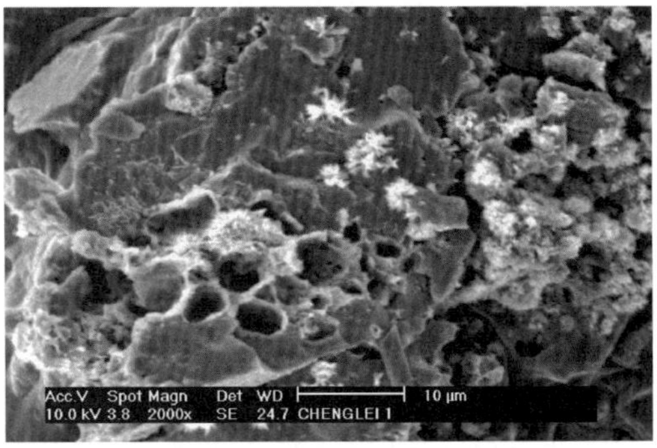

图 5-5 水泥-乳化沥青全貌

图 5-6 水泥水化产物与沥青膜界面

5.2 水泥-乳化沥青混合料配合比设计

1. 原材料选择及性质分析

(1) 水泥:选用陕西耀州区水泥厂生产的 $425^{\#}$ 普通硅酸盐水泥,其性质分析见 1.2.2 节中表 1-1。

(2) 乳化沥青:选用河南新乡交通科研所生产的成品阳离子乳化沥青。

(3) 矿料级配:粗集料选用河南产玄武岩,细集料选用玄武岩石屑。结合我国乳化沥青矿料级配,本研究确定矿料级配见表 5-1。

表 5-1 水泥-乳化沥青混合料矿料级配

筛孔尺寸/mm	通过百分率/%	质量百分比/%
16	74	26
13.2	59	15
9.5	50	9
4.75	35	15
2.36	24	11
1.18	18	6
0.6	12	6
0.3	8	4
0.15	6	2
0.075	2	4
<0.075(石灰石矿粉)	0	2

2. 试验方案的确定

影响水泥-乳化沥青混合料强度的因素有很多，比如养生温度、养生湿度、水泥用量、乳化沥青用量和外加水量等。在第1章中，本研究参考国内外文献，已经确定了水泥-乳化沥青的合理养生条件。因此，为了研究材料比例对水泥-乳化沥青强度的影响，最终确定水泥-乳化沥青的配合比，本研究考虑水泥用量、乳化沥青用量、外加水量三种因素，选用 $L_{16}(4^5)$ 正交表进行正交设计试验。因素水平的选取见表5-2。

表5-2　因素水平表

编号	A	B	C
	水泥用量/%	乳化沥青用量/%	外加水量/%
1	2	7.5	3.0
2	3	8.3	3.5
3	4	9.0	4.0
4	5	9.8	4.5

注：表5-2中所示各种材料的用量均相对于矿料总重而言，下同。

3. 水泥-乳化沥青混合料配合比确定

正交试验结果见表5-3。极差分析结果见表5-4。

表5-3　水泥-乳化沥青混合料正交试验结果

编号	水泥/%	乳化沥青/%	预加水/%	早期稳定度/kN	后期稳定度/kN
1	2	7.5	3.0	27.00	10.39
2	2	8.3	3.5	23.96	7.78
3	2	9.0	4.0	20.37	5.74
4	2	9.8	4.5	18.06	4.15
5	3	7.5	3.5	27.32	10.31
6	3	8.3	3.0	26.52	9.20
7	3	9.0	4.5	23.58	7.31
8	3	9.8	4.0	19.67	8.08
9	4	7.5	4.0	37.63	16.16
10	4	8.3	4.5	35.20	15.00
11	4	9.0	3.0	26.05	12.02
12	4	9.8	3.5	21.13	10.48
13	5	7.5	4.5	36.02	18.72
14	5	8.3	4.0	33.80	12.95

(续表)

编号	水泥/%	乳化沥青/%	预加水/%	早期稳定度/kN	后期稳定度/kN
15	5	9.0	3.5	28.63	8.03
16	5	9.8	3.0	25.94	6.66

表 5-4　　正交试验极差分析结果

	因素	K_1	K_2	K_3	K_4	$\overline{K_1}$	$\overline{K_2}$	$\overline{K_3}$	$\overline{K_4}$	ω
早期稳定度	A	89.39	97.09	120.01	124.39	22.348	24.273	30.003	31.098	8.750
	B	127.97	119.50	98.63	84.80	31.993	29.870	24.658	21.200	10.793
	C	105.51	101.00	111.47	112.86	26.378	25.260	27.868	28.215	2.955
后期稳定度	A	28.06	34.90	53.66	46.36	7.015	8.725	13.415	11.590	6.400
	B	55.58	44.93	33.10	29.37	13.895	11.233	8.275	7.3425	6.553
	C	38.27	36.60	42.93	45.18	9.568	9.150	10.733	11.295	2.145

其中:K_i(第 j 列)为第 j 列中水平"i"所对应的试验指标之和;

$\overline{K_i}$(第 j 列)为 K_i(第 j 列)/第 j 列中水平"i"的重复次数;

ω(第 j 列)为第 j 列中各个 $\bar{K}$ 中最大值与最小值之差。

(1) 乳化沥青用量的确定

根据极差计算,得到影响马歇尔稳定度的因素主次顺序是:乳化沥青用量>水泥用量>外加水用量。由此可知,乳化沥青用量对水泥-乳化沥青混合料的强度有很大的影响,本研究根据马歇尔稳定度指标来确定乳化沥青用量。经过回归分析,得到不同水泥用量下的试件马歇尔稳定度与乳化沥青用量的关系。参照热拌沥青混合料马歇尔试验技术指标,对于高速公路、一级公路,Ⅰ型沥青混凝土稳定度大于 7.5 kN。由这一指标,通过回归方程计算得到乳化沥青用量范围,即表 5-5 中所示 x 的范围。

表 5-5　　马歇尔稳定度与乳化沥青用量的回归方程分析

水泥用量	早期稳定度		后期稳定度		
	回归方程	R^2	回归方程	R^2	x 的范围
2%	$y=-3.9922x+56.88$	0.9897	$y=-2.7301x+30.63$	0.9877	<8.47
3%	$y=-3.4002x+53.684$	0.9281	$y=-1.1163x+18.381$	0.6984	<9.75
4%	$y=-7.6739x+96.382$	0.9479	$y=-2.6211x+36.088$	0.9635	<10.91
5%	$y=-4.6372x+71.209$	0.9677	$y=-5.3948x+58.255$	0.9381	<9.41

在乳化沥青混合料配合比设计中,对于试件混合料初定乳液用量可用式(5-1)来计算。本研究在不考虑水泥水化作用的情况下,将水泥看作为矿粉的一部分,根据

式(5-1)计算得到试用乳化沥青用量见表 5-6。

$$P = 0.06A + 0.12B + 0.2C \tag{5-1}$$

式中 P ——试用乳液占矿料干重的百分率,%;

A ——大于 2.36 mm 矿料占全部矿料总重的百分率,%;

B ——粒径为 2.5~0.075 mm 矿料占全部矿料总重的百分率,%;

C ——小于 0.075 mm 矿料占全部矿料总重的百分率,%。

表 5-6　　试用乳化沥青用量

水泥用量/%	2	3	4	5
初始乳化沥青用量/%	8.49	8.60	8.71	8.82

综合表 5-5 和表 5-6,确定不同水泥用量下水泥-乳化沥青混合料中乳化沥青用量,见表 5-7。

表 5-7　　最终确定的乳化沥青用量

水泥用量/%	2	3	4	5
乳化沥青用量/%	8.4	8.6	8.8	9.0

(2) 外加水用量的确定

外加水用量是对水泥-乳化沥青混合料后期稳定度影响最小的一个因素,其与稳定度的相关性不是很大,因此很难根据现有的数据来确定外加水用量。表 5-6 给出了不同水泥用量下所对应的乳化沥青用量,在水泥用量和乳化沥青用量均确定的情况下,为了进一步确定外加水用量,本研究选用 2%, 3%, 4%, 5%四种外加水量,成型马歇尔试件,进行后期马歇尔稳定度测试。根据试验结果确定外加水用量,试验结果见表 5-8。

表 5-8　　确定外加水量马歇尔稳定度试验结果

马歇尔稳定度/kN		外加水/%			
		2	3	4	5
水泥用量	2%	3.20	3.49	4.16	3.62
	3%	1.42	2.57	2.42	2.62
	4%	2.57	2.84	3.32	2.89
	5%	2.08	2.91	3.01	2.94

注:此次试验所用乳化沥青与正交试验所用乳化沥青不同,以下均改用此次试验所用的乳化沥青,因此试验结果有所差异。

根据表 5-8 中数据,绘制不同水泥用量下外加水用量与后期马歇尔稳定度关系曲线,见图 5-7—图 5-10。

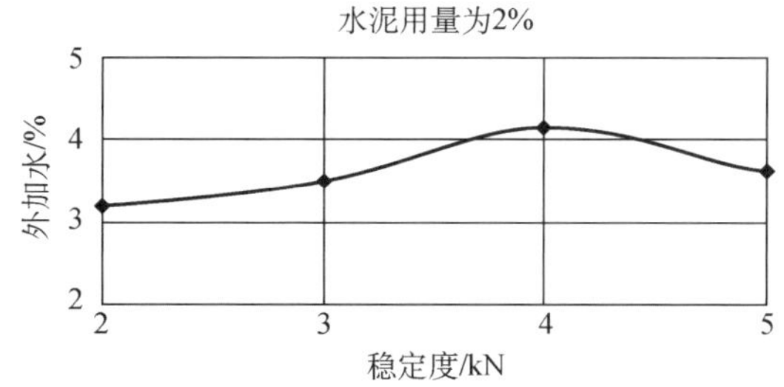

图 5-7　马歇尔稳定度与外加水量关系
（水泥用量为 2%）

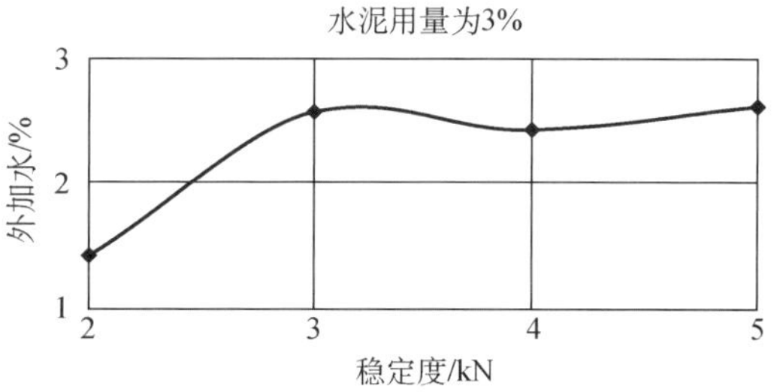

图 5-8　马歇尔稳定度与外加水量关系
（水泥用量为 3%）

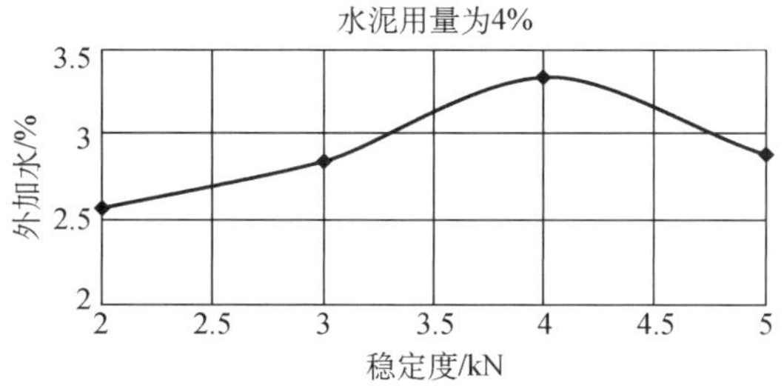

图 5-9　马歇尔稳定度与外加水量关系
（水泥用量为 4%）

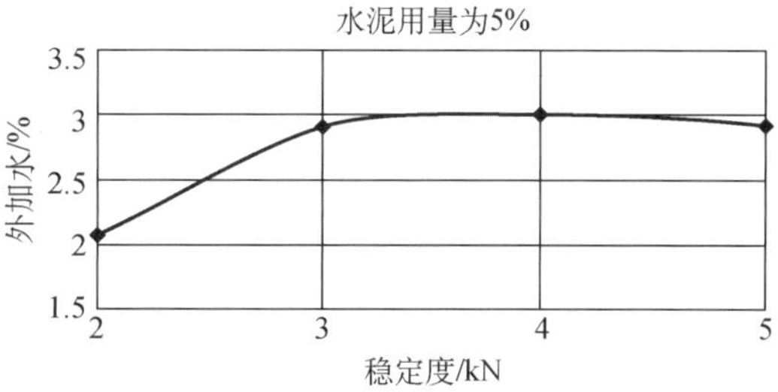

图 5-10　马歇尔稳定度与外加水量关系
（水泥用量为 5%）

观察外加水量与后期马歇尔稳定度的关系曲线，可以发现不同水泥用量下的曲线均存在峰值。即当外加水量小于此峰值时，后期马歇尔稳定度随着外加水量的增加而增加，当外加水量超过此峰值时，后期马歇尔稳定度随着外加水量的增加而减小了。因此，只有峰值处的外加水量为最佳外加水量。结合表 5-7，确定水泥-乳化沥青混合料配合比见表 5-9。

表 5-9　　水泥-乳化沥青混合料配合比

级配编号	A	B	C	D
水泥用量/%	2	3	4	5
乳化沥青用量/%	8.4	8.6	8.8	9.0
外加水/%	4	3	4	4

5.3 水泥-乳化沥青混合料路用性能分析

水泥-乳化沥青混合料属于半柔性路面材料，其性质偏于柔性，因此，本研究采用普通沥青混合料的试验方法来检验其各项路用性能。

5.3.1 高温稳定性

评价沥青混合料高温性能的试验方法很多，包括马歇尔稳定度试验、弯曲蠕变试验、车辙试验及大型环道与直道试验等。本研究采用马歇尔稳定度试验和车辙试验来评价水泥-乳化沥青混合料的高温稳定性能。

1. 马歇尔稳定度试验

试验结果见表 5-10。

表 5-10　　水泥-乳化沥青混合料马歇尔试验结果

级配	A	B	C	D
马歇尔稳定度/kN	4.16	2.57	3.32	3.01
流值/0.1 mm	26.16	22.97	22.81	22.25

根据水泥-乳化沥青混合料的强度形成机理分析，可以知道，一般来说，随着水泥用量的增加，混合料的强度和稳定度也随之增加，这一规律通过前文正交设计试验结果中也可以看出。但是在表 5-10 中，从马歇尔稳定度角度来看，不能明显看出此规律；只有流值显示，试件的变形随着水泥用量的增加在逐渐减小。虽然不排除试验仪器和试验误差的影响，但是，仍然可以认为马歇尔稳定度试验不是检验水泥-乳化沥青混合料高温稳定性的适合的方法，只能将其作为一个参考指标。

2. 车辙试验

车辙试验结果见表 5-11。

表 5-11　　水泥-乳化沥青混合料车辙试验结果

级配	A	B	C	D
45 min 位移/mm	18.537	17.607	8.135	9.798
60 min 位移/mm	21.592	19.000	9.039	10.667
动稳定度 DS/(次·mm^{-1})	206.220	452.6	738.72	779.45
变形速率/(mm·min^{-1})	0.2037	0.0928	0.0569	0.0539

由车辙试验结果，可以得出以下结论。

(1) 随着水泥用量的增加，水泥-乳化沥青混合料的动稳定度逐渐增大，其车辙深度也逐渐减小。由此可见，水泥的加入确实提高了乳化沥青混合料的强度和稳定度。根据上述趋势推测，随着水泥用量的继续增大，混合料的动稳定度也会增大。但是，水泥用量不能无限制的增大。因为，水泥用量的增加，势必会引起混合料低温性能的降低和抗疲劳性能的降低，从而导致其综合路用性能的降低。同时，水泥用量的增加，也会引起工程造价的升高。

(2) 我国“八五”攻关课题给出了高等级公路沥青混合料动稳定度技术指标推荐值，标准规定对于年最高平均气温在 30 ℃以上的地区，上面层的动稳定度不得小于 800 次/mm。参考这一规定值，可知本课题所研究的水泥-乳化沥青混合料不能应用于高等级公路的上面层，只能用于次高级公路以下的路面。从动稳定度角度来看，水泥-乳化沥青混合料用于除了高等级公路之外的等级公路，其高温稳定性是符合要求的。

5.3.2 水稳定性

本研究采用浸水马歇尔试验来检验水泥-乳化沥青混合料的水稳定性，试验结果见表 5-12。

表 5-12　　水泥-乳化沥青混合料的残留稳定度试验结果

级配	未浸水	浸水 48 h	残留稳定度/%
	稳定度/kN	稳定度/kN	
A	4.16	1.40	33.6
B	2.57	1.46	56.8
C	3.32	1.94	58.3
D	3.01	1.77	58.8

分析表 5-12 的数据，可以得出以下结论。

(1) 随着水泥用量的增多，混合料的残留稳定度逐渐变大，但是变化不是很明显。从残留稳定度来看，水泥-乳化沥青混合料的水稳定性不好，其最大的残留稳定度还未达到 60%。

(2) 从材料本身角度来看，影响水泥-乳化沥青混合料水稳定性的因素主要有集料性质、沥青性质以及混合料类型等。分析本研究中的水泥-乳化沥青混合料的材料组成，其水稳定性较差的原因可能主要受混合料空隙率的影响。试验结果表明，本研究中的混合料的空隙率大约为 7%。这样的空隙率使得水很容易进入混合料内部，产生较大的毛细压力，造成混合料的水损害破坏。同时，水的进入也延缓了乳化沥青破乳的时间。乳化沥青不能破乳，沥青就不能恢复其黏性，这样混合料的黏聚力 c 就很小，从而整个混合料结构的强度就会受到影响，其水稳定性也不会很好。因此，要想提高其水稳定性，首当其冲的就是要减小其空隙率，也就是调整矿料级配，适当增加细集料的比例，使混合料结构密实。

(3) 另外，养生条件的不同也会对水泥-乳化沥青混合料的水稳定性能产生一定影响，因为养生温度的高低和养生时间的长短会影响水泥的水化和乳化沥青的破乳。但是，由于时间和试验条件的限制，本研究未提及何种养生条件对于水泥-乳化沥青混合料强度的形成最有利。因此，在后续的研究过程中，很有必要对这一点进行深入仔细的研究。

5.3.3 低温抗裂性能

本研究采用不同温度的低温劈裂试验来检验水泥-乳化沥青混合料的低温抗裂性能。试验结果见表 5-13。

表 5-13　　水泥-乳化沥青混合料的低温劈裂试验结果

温度/℃	级配	劈裂抗拉强度 R_T/MPa	破坏拉伸应变 $\mu\varepsilon_T$	破坏劲度模量 S_T/MPa
0	A	2.391	44 086	1 881
	B	2.989	30 414	3 426
	C	2.251	36 285	2 207
	D	1.802	32 614	1 920
−10	A	1.814	20 857	3 047
	B	2.102	25 786	3 092
	C	1.369	22 417	2 175
	D	1.765	38 711	1 561
−20	A	1.576	18 187	3 016
	B	2.032	24 642	3 066
	C	1.772	14 289	4 470
	D	1.742	25 121	2 594

分析表 5-13 的试验结果，可以得出以下结论。

(1) 不同水泥掺量下水泥-乳化沥青混合料的 0 ℃劈裂抗拉强度由大到小顺序为 B>A>C>D，破坏拉伸应变由大到小顺序为 A>C>D>B，破坏劲度模量由大到小顺序为 B>C>D>A，而在低温下，强度越大，应变越大，模量越小，其抗裂性能越好。由此可以看出，A 级配最好，B 级配和 D 级配相对较差。

(2) 不同水泥掺量下水泥-乳化沥青混合料 −10 ℃劈裂强度由大到小顺序为 B>A>D>C，破坏拉伸应变由大到小顺序为 D>B>C>A，破坏劲度模量由大到小顺序为 B>A>C>D，综合可以看出，D 级配最好，A 级配和 C 级配相对较差。

(3) 不同水泥掺量下水泥-乳化沥青混合料 −20 ℃的劈裂强度由大到小顺序为 B>C>D>A，破坏拉伸应变由大到小顺序为 D>B>A>C，破坏劲度模量由大到小顺序为 C>B>A>D>，综合考虑以上性能，D 级配最好，A 级配和 C 级配相对较差。

总之，从不同温度下水泥-乳化沥青混合料的强度、应变及破坏劲度模量来综合分析，相对来说，D 级配的低温抗裂性能要优于 B，C，A 级配。

5.3.4 路用性能综合分析

随着水泥用量的增加，水泥-乳化沥青混合料的高温稳定性和水稳定性能逐渐变好，而且低温性能也有变好的趋势。综合考虑其各项路用性能，进行简单排序，可知其综合路用性能的优劣顺序为 D>B>C>A。

但是对于随水泥用量增加水泥乳化沥青混合料的低温抗裂性的改善，还需进行更深入的研究。

6 半柔性路面材料的强度形成机理

6.1 半柔性路面材料的组成结构

半柔性路面材料是在开级配多空隙的母体沥青混凝土中灌入水泥胶浆而得到的一种新型路面材料。要分析其强度形成机理，有必要先了解其组成结构。

研究表明，沥青混合料是由矿质骨架和沥青结合料所构成的、具有空间网络结构的一种多相分散体系。按其结构特点可以分为三种类型：图 6-1(a)密实悬浮结构；图 6-1(b)骨架空隙结构；图 6-1(c)密实骨架结构。如图 6-1 所示。

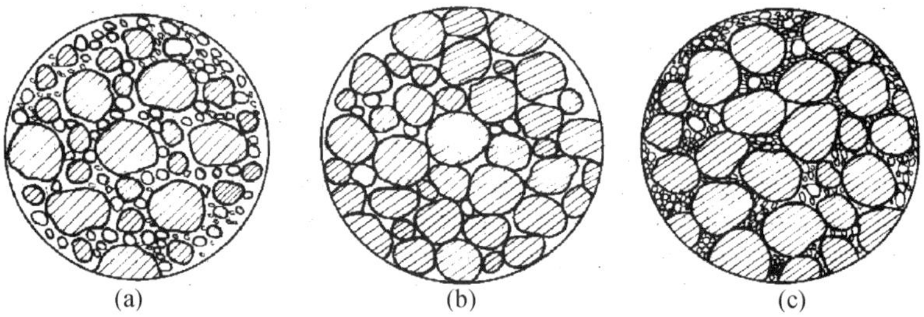

(a) (b) (c)

图 6-1 沥青混合料典型结构示意图

半柔性路面材料的母体沥青混合料属于“骨架空隙结构”，它的矿料组成是单一粒径的粗集料和连续级配的细集料。粗集料的比例很大，相互之间通过嵌挤作用而形成骨架结构，细集料的含量极少，不足以填充粗集料之间的空隙，致使母体沥青混合料的空隙率很大，达到 20%以上。这样大的空隙率使空隙之间相互连通，形成连通空隙，更有利于水泥胶浆的灌入。

母体沥青混合料作为“骨架空隙结构”，其强度主要由骨料之间的摩阻力来提供，其黏聚力就很小了。当水泥胶浆灌入后，随着水泥凝结、硬化，晶体和胶凝体的生成，填充空隙，形成空间晶格骨架，利用水泥胶浆的凝结力与沥青混合料的黏聚力，组成强固的复合力，使半柔性路面材料成为一种“密实骨架结构”。从胶浆理论分析，它是一种多级空间双重网络结构体系，在粗细微三级分散系中，以沥青胶浆的凝胶结构与水泥胶浆晶体及胶凝体的水泥石，二者形成双重网络结构系，表现了最大的密实度，高的 c，φ 值，具有柔性和刚性路面的双重性。其分散体系可用图 6-2 表示。

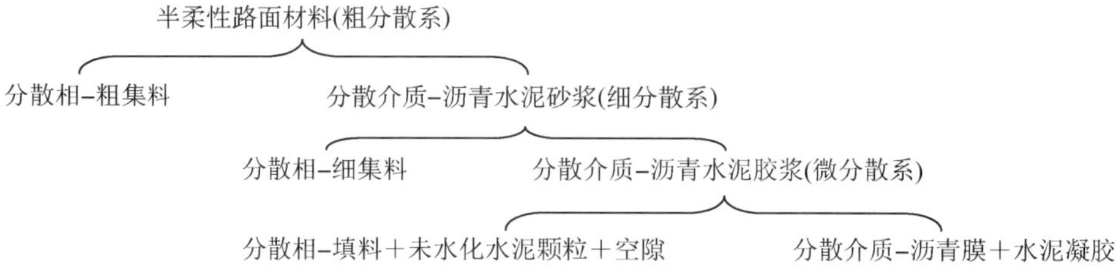

图 6-2 半柔性路面材料分散体系示意图

6.2 半柔性路面材料强度形成机理分析

沥青与矿料之间的相互作用，沥青与水泥水化颗粒之间的相互吸附以及水泥水化晶体穿过沥青膜与矿料的结合这三方面的作用是半柔性路面材料结构形成的决定性因素，直接关系到半柔性路面材料的强度、稳定性、水稳定性和耐久性等一系列重要性能。因此，要研究半柔性路面材料的强度形成机理，必须从这三方面着手。

6.2.1 沥青与矿料的交互作用

沥青与矿料的交互作用是一个物理-化学过程，其中涉及各种作用效应。苏联学者JI.A.列宾捷尔等研究认为：沥青与矿料交互作用后，沥青在矿粉表面产生化学组分的重新排列，在矿粉表面形成一层厚度为 δ_0 的扩散溶剂化膜[图 6-3(a)]。在此膜厚度以内的沥青称为“结构沥青”，在此膜厚度以外的沥青称为“自由沥青”。结构沥青与矿料之间发生相互作用，并使沥青黏度增大，越是靠近矿料表面，其黏度越大；而自由沥青与矿料之间距离较远，没有与矿料发生相互作用，仅是将分散的矿料黏结起来，并保持原来的性质。

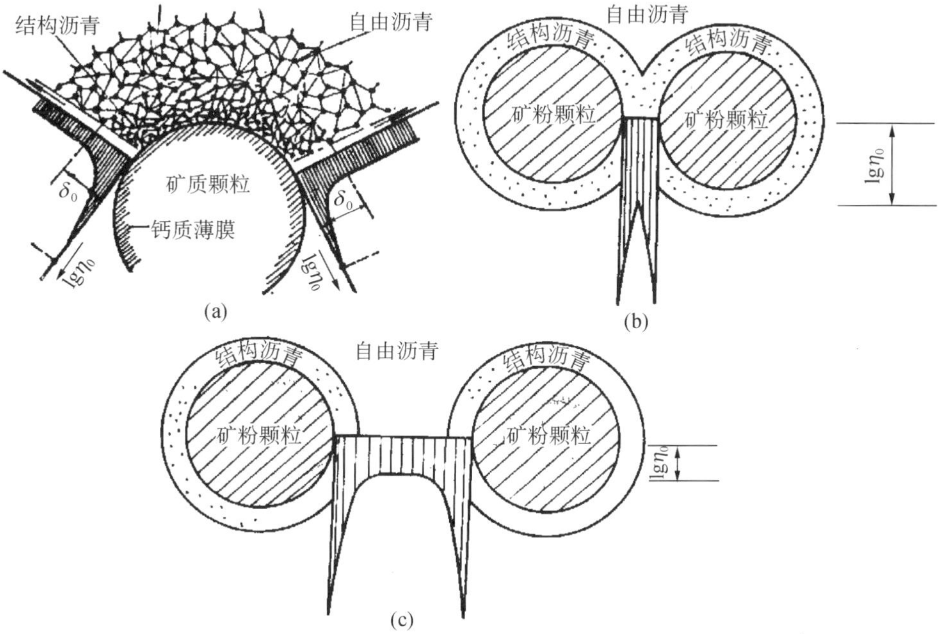

图 6-3 矿料与沥青的关系

如果矿粉颗粒之间接触处是由结构沥青膜所联结[图 6-3(b)]，这样促成沥青具有更高的黏度和更大的扩散溶化膜的接触面积，因而可以获得更大的黏聚力。反之，如颗粒之间接触处是自由沥青所联结[图 6-3(c)],则具有较小的黏聚力。

按照物理化学的观点,沥青与矿料之间的相互作用过程是一个复杂的、多种多样的吸附过程,它们包括沥青层被矿料表面的物理吸附过程,沥青与矿料接触界面上进行的化学吸附过程,以及沥青组分向矿料的选择性扩散作用过程。所谓吸附,是指固体或液体的表面和与它接触的液态或气态物质分子的黏结性质,以及固体对气体或液体的吸着现象。吸附作用分为物理吸附和化学吸附两种形态。当吸附物质(吸附剂)与被吸附物质之间仅有分子作用力存在时,则产生物理吸附;当接触的界面形成化合物时,则产生化学吸附。在引力作用下发生的物理吸附作用,会在矿料表面形成沥青的定向层,此时被吸附的沥青不发生任何化学变化。在化学吸附的情况下,沥青与矿料表面的矿物质发生化学反应,表面和吸附质之间要形成化学键,所以化学吸附作用只触及被吸附物质的一层分子。沥青在矿料表面的吸附强度,很大程度上取决于这些材料之间发生的黏结性质。当存在化学键时,即发生化学吸附时,沥青与矿料的黏结最为牢固。

沥青与矿料表面黏结牢固的先决条件是沥青能很好地润湿矿料的表面。由物理化学可知,彼此接触物体相互作用过程的特性和强度主要取决于物体的表面性质。首先是物质的表面自由能。位于固体或是液体内部的每一个固体或液体质点,都从各方面承受着围绕它显示和它类似的质点的引力作用,其引力的合力为零;而位于固体或液体表面的质点,只从一面受到处于固体或液体内部质点的引力作用,另一面是空气,由于气体分子彼此相距甚远,因此,只有临近固体或液体表面的气体分子才产生力场,而气体分子对固体或液体表面质点的作用力非常小,不能平衡承受来自内部质点方面的引力作用。固体或液体表面未平衡元素质点的存在,相当于该表面具有一定数量的自由能。

润湿是一个自发过程,在相接触的三相——矿料、水和空气或沥青体系中,一定的温度条件下,体系的表面自由能总是降低的。度量润湿情况,可使用边界角 θ 的余弦值。此边界角是固体表面与通过液体滴和固体接触点切于此液体表面之切线构成,如图 6-4 所示。这些力的平衡条件为:

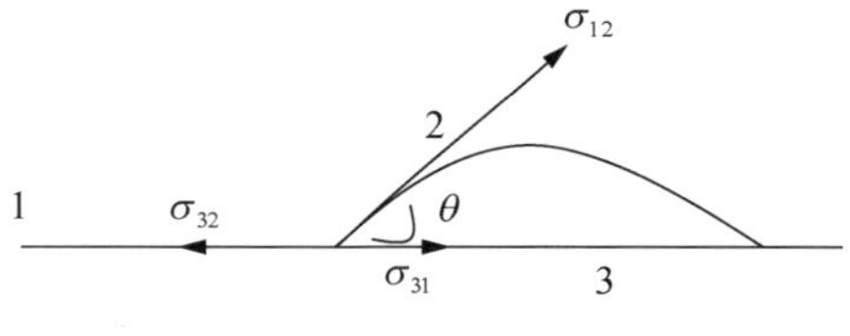

图 6-4 选择性润湿时力的平衡

$$\sigma_{32} - \sigma_{31} - \sigma_{12} \times \cos\theta = 0 \tag{6-1}$$

当 $\theta=180°$时,则 $\cos\theta=-1$,表面不被润湿;当 $\theta=0°$时,$\cos\theta=+1$,表面完全被润湿。在用反极性液体选择性润湿的情况下,例如水和碳氢化合物液体时,当 $\theta<90°$时,表面可能被水润湿的程度比碳氢化合物润湿的要好,此种表面称为亲水性表面;当 $\theta>90°$时,固体表面被碳氢化合物润湿的程度比水润湿的更好,此种表面称为憎水性表面或是亲油表面。

大多数的矿料都是亲水性的，水泥浆料中的表面活性物质活化矿料表面，改变了润湿角的大小，改变了矿料的亲水性，从而改善了其与沥青之间相互作用的特性，为形成不溶于水的化合物的化学吸附创造了更好的条件。沥青与矿料的黏结力不仅取决于其润湿程度，还取决于固体表面排挤水分的性质和沥青的个别组分在边界层中的选择性吸附，这同样也减小了体系的表面自由能。所谓选择性吸附，就是一相物质中的某一特定组分由于扩散作用沿着另一相的微孔渗入其内部。当沥青与矿料相互作用时，选择性扩散吸附产生的可能性及其大小，取决于矿料的表面性质、孔隙状况及沥青的组分与活性。

6.2.2 水泥浆体与沥青的相互作用

沥青和水泥都属于胶凝材料的范畴，但是由于它们各自的化学成分、化学结构以及含量不同，其形成的胶体结构就大不相同，其性质也就有所不同。

半柔性路面材料的母体沥青混合料中使用的黏稠石油沥青一般属于溶-凝胶型沥青。在这种结构中，沥青质含量适当，并有较多芳香度较高的胶质，胶团数量较多，胶体中胶团的浓度较大，相互之间的引力较大一些。这种沥青具有黏弹性和触变性。在变形时，最初阶段表现出一定的弹性效应，等变形增加到一定数值后，则又表现出一定程度的黏性流动，这就是其所谓的黏弹性。所谓触变性，是指在一定温度下，当其受到外力的强烈作用时，胶体结构表现出疏松、黏度降低，甚至变为牛顿流型溶胶的特性。当静止一段时间后，胶体结构可逐渐致密，又会恢复为凝胶状态，黏度增加。沥青的这种触变性主要与其质点形状和性质有关。在沥青材料中多数为柔性大分子，它们之间是靠质点间的分子吸引力，也就是范德华力而联结的。范德华力是一种较弱的联结力，因此，沥青的胶体结构不稳定，具有触变性。

水泥与水拌和后，迅速发生水化反应，形成的浆体起初还具有可塑性和流动性。随着时间的推移，水化反应不断进行，浆体逐渐失去流动性，形成具有一定强度的水泥石结构，这就是水泥的凝结硬化过程。列宾捷尔等认为，水泥的凝结、硬化是一个凝聚-结晶三维网状结构的发展过程，认为胶粒在适当的接触点借分子间力而相互联结，逐渐形成三维的凝聚网状结构，导致浆体的凝结。随着水化的进行，当微晶体之间依靠较强的化学键结合，直接连生，形成三维的凝聚网状结构时，也同样贯穿于整个浆体，使水泥硬化。这样的水泥胶体结构非常稳定，因为质点之间是由化学键来联结形成网状结构的，而且网状结构的单元都是刚性质点。水泥胶体结构的这一点特性提高了半柔性路面材料的强度和高温稳定性。

水泥胶浆灌入母体沥青混合料中，随着时间的推移，水泥浆体发生凝结硬化，由可塑体逐渐转变为水泥石三维“凝聚-结晶”网状结构。水泥水化的主要产物水化硅酸钙凝胶填充水泥颗粒的空隙，不断致密而提高强度。随着水泥凝结硬化的发展，母体沥青混合料“骨架空隙结构”的空隙也被逐渐填充，不但提高了沥青混合料的密实度，而且由于水泥晶体本身的刚性，也使半柔性材料的内摩阻力得到了极大提高。同时，水泥颗粒的灌入，使得部分颗粒被沥青包裹，在颗粒表面形成了一层结构沥青，这样空间内的自由沥青数量就大大减少了，结构沥青的比例越来越大，半柔性路面材料的黏聚力也越大。从而在根本上提高了半柔性路面材料的强度和稳定性。

水化硅酸钙凝胶体是水泥水化的主要产物，它除填充母体沥青混合料的空隙，使结构密实，提高材料的内摩阻力之外，还与沥青膜结合，甚至穿透沥青膜与矿料接触。这种特性主要是由其形态决定的。

水化硅酸钙在水泥石中具有不同的存在形态。S.戴蒙德(S. Diamond)认为至少有以下四种。

第一种为纤维状粒子，称为Ⅰ型 C—S—H 凝胶，如图 6-5 所示。它是从水泥粒子表面向外辐射的细长物质，呈针柱状，或是棒状晶体。

第二种为网络状粒子，称为Ⅱ型 C—S—H 凝胶，如图 6-6 所示。它是由许多小的粒子相互接触而形成的相互连锁的网状构造。

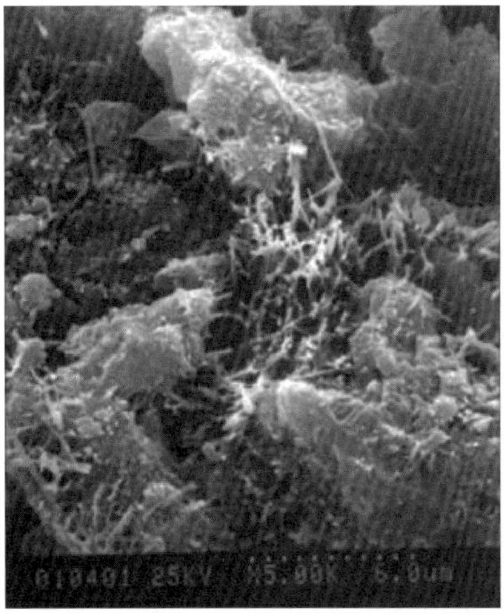

图 6-5　Ⅰ型 C—S—H 凝胶的 SEM 像

图 6-6　Ⅱ型 C—S—H 凝胶的 SEM 像

第三种为小而不规则的等大粒子或是扁平粒子，称为Ⅲ型 C—S—H 凝胶。

第四种为"内部产物"，称为Ⅳ型 C—S—H 凝胶，其外表呈绉状，具有规整的空隙或紧密集合的等大粒子。这种产物在水泥石中不容易观察出来。

在本研究所得到的 SEM 照片中，水泥水化粒子主要是Ⅰ型和Ⅱ型 C—S—H 凝胶形态，如图 6-7 所示。在水泥与沥青接触的界面处，水泥水化产生了棒状、针状的水化粒子，这些水化粒子本身之间形成网络结构的同时，深深地插入到沥青膜内，将沥青膜以及沥青膜内包裹的矿料和水泥石结构联结成一个整体，呈棒状、针状的水泥水化粒子在其间起了"桥梁"的作用。

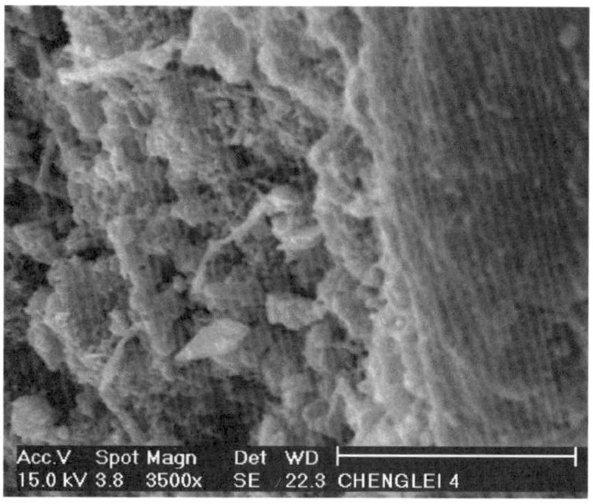

图 6-7 水泥与沥青界面形貌 SEM 像

6.2.3 水泥浆体与矿料的相互作用

水泥浆体与矿料的相互作用主要有两种形式，一种作用是水泥浆体凝结硬化形成网络结构，包裹在沥青膜外面，间接地对矿料进行裹覆作用，加强沥青膜对于矿料的包裹，如图 6-8 所示。

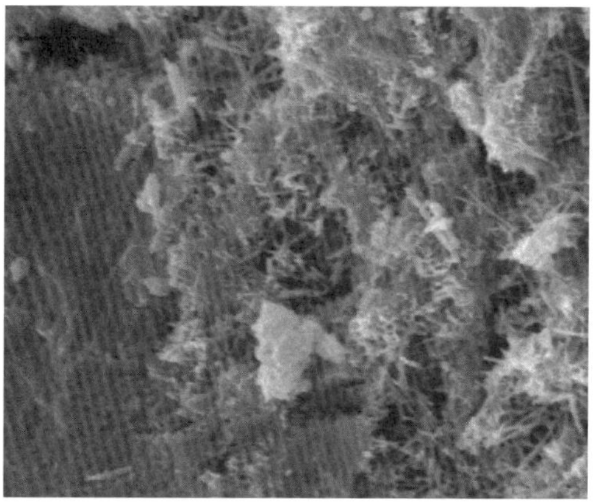

图 6-8 水泥水化产物与矿料界面形貌

另一种作用就是水泥浆料部分穿过沥青膜与矿料相结合。由于水泥本身的活化性能以及水泥浆料中表面活性剂的作用，活化了矿料表面，不仅改善了矿料与沥青之间相互作用的特性，也为矿料与水泥晶体牢固的黏结创造了条件，更为形成不溶于水的化学吸附作用创造了有利条件。

不管是表面活性剂还是水泥颗粒，它们活化矿料表面的原理都是一样的，都是以吸附理论和吸附层中的离子交换为基础的。表面活性剂是一种能大大降低溶液表面张力，改变体系表面状态且相应地吸附在该表面的物质。表面活性剂一般具有两亲性性质，其分子由性质截然不同的两部分组成，一部分是与油有亲合性的亲油基，一部分是与水有亲合性的亲水基。表面活性剂吸附在相界面上，就形成定向分子层。相界面上的定向分子层，通过分子极性的作用，改变了表面的分子性质和相互接触相界上的反应条件。

如同表面活性剂一样，水泥浆料与矿料接触后，水泥晶体表面的多价阳离子吸附在未补偿阴离子的矿料表面，或者在表面层的阳离子对几个阳离子交换的结果，减小了其亲水性，加强了矿料与沥青的黏结，同时也提高了水泥石与矿料的黏结强度。

6.2.4 聚合物胶乳对水泥胶浆的改性

1. 聚合物胶乳的性质

聚合物胶乳主要是由聚合物颗粒(粒径 0.1～1 μm)、乳化剂、稳定剂和分散剂等组成，其中固体成分的含量在 40%～70%之间，乳化剂使聚合物颗粒均匀分散在水中，形成乳液，分散剂和稳定剂使乳液能在较长时间内不产生离析和絮凝。

乳化剂一端为非极性憎水基，另一端为极性亲水基，乳化剂分子链在聚合物颗粒表面定向排列，非极性憎水基指向聚合物颗粒，极性亲水基指向水中，降低了聚合物颗粒表面与水界面之间的界面张力，在聚合物颗粒表面形成保护膜，阻止了聚合物颗粒之间的凝聚，使乳液保持稳定。

当聚合物乳液中的水分被除去时，聚合物颗粒相互靠近，粒子间通过分子力的作用相互联系在一起，形成连续的整体，即聚合物乳液成膜，如图 6-9(a)所示。如果聚合物乳液分散均匀，颗粒之间可相互滑动，则可形成均匀致密的聚合物膜；如果乳液分散不良，颗粒聚结不均匀，则会形成多孔的聚合物膜[图 6-9(b)]。如果成膜的环境温度高于聚合物乳液的成膜温度，则胶粒就会相互融合在一起，形成均匀的聚合物膜。如果成膜时的环境温度低于乳液测成膜温度，则聚合物胶粒会形成堆积结构。聚合物膜在成膜温度下具有弹性和较大的变形能力，但当温度高于玻璃化温度时就会变硬发脆。

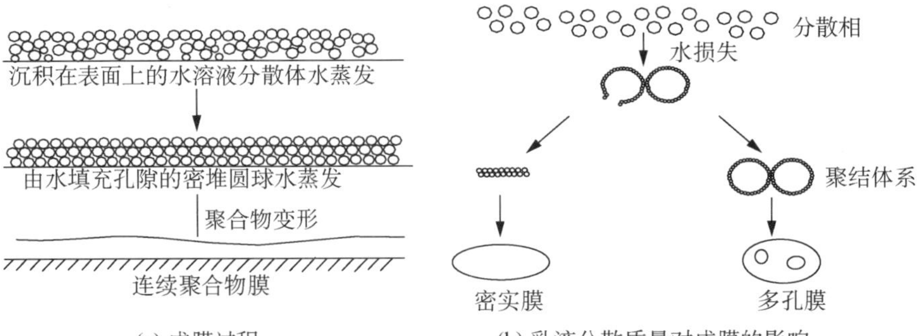

(a) 成膜过程　　(b) 乳液分散质量对成膜的影响

图 6-9　聚合物胶乳成膜过程示意图

2. 聚合物胶乳对水泥胶浆的结构改性

聚合物胶乳与水泥拌和后，水泥和聚合物相互分散均匀，水泥颗粒被水包裹形成水泥胶体。当聚合物有反应的活性时，聚合物颗粒表面性能就会发生明显的改变。随着水泥水化的进行，聚合物逐渐成膜，聚合物膜包裹了未水化的水泥颗粒或水化产物，阻碍了水泥水化，故一般情况下，聚合物延缓了水泥的水化反应和凝结硬化；但当聚合物与水泥发生化学反应，聚合物又促进了水化反应，使得化学结合水含量增加。最终，由于水泥水化过程中不断从体系中吸收水分，聚合物颗粒也凝聚在一起脱水成膜，逐渐形成聚合物与水泥水化产物和未水化水泥颗粒相互交织的网状结构，如图 6-10 所示。

图 6-10 掺加聚合物胶乳的水泥砂浆微观形态

聚合物成膜覆盖于水泥凝胶体的表面或是聚合物颗粒填充于水泥水化产物的孔隙之间，阻止孔隙通道，在水泥水化物的结晶-凝聚的刚性空间骨架中聚集了有机聚合物膜，使刚性无机物之间被坚韧的、有弹性的和有黏附性的有机聚合物质点或网或膜所铰结。这样，原有的普通水泥胶浆的刚性空间骨架，就变成了刚性-柔性的空间网状骨架结构。整个结构的刚性降低，而韧性增强。

3. 聚合物胶乳对水泥胶浆的性能改性

普通水泥胶浆是一种多相非均质体系，内部存在着大量的凝胶孔、毛细孔和大孔隙，砂子等均以惰性填料存在于结构中，只是依靠着水泥水化物的胶凝作用使它们结合在一起。因此其变形能力很小，宏观上表现为脆性大和多孔。这样表现在半柔性路面材料上就是低温脆性大、耐久性不好。

当聚合物与水泥、砂子和水拌和在一起后，一种长链状的高分子物质（聚合物胶乳）加到水泥胶浆中，聚合物和水泥、砂等相互均匀分散。水泥、砂和聚合物一经混合，聚合物颗粒即分散在胶凝材料的连续相中，骨料周围形成硅酸钙黏结层和聚合物包裹层。随着水泥水化形成水泥硬化凝胶体，水泥硬化过程中水泥逐渐吸收复合体系的水分，而失水后的聚合物颗粒也逐渐形成凝集的胶体，凝集的胶体经干燥成为具有黏结性和连续性的丝状薄膜，这种丝状薄膜横跨水泥胶浆硬化浆体中缺陷和微裂缝，穿梭连接，在受力时形成富有弹性的“铰”结构，既分散了砂浆的应力集中，又增加了变形性。

当这种“铰”结构相互连接，便形成了网络结构，更好地改善了水泥胶浆的力学性能和耐久性，从而改善了半柔性路面材料的低温抗裂性和耐久性。

4. 聚合物对水泥胶浆的改性机理

聚合物对于水泥胶浆的改性作用主要是由于聚合物胶乳在水泥胶浆中形成了网状铰膜，一方面提高了材料的柔性，另一方面填充和连接了材料中的孔隙，提高了其耐久性。聚合物作用机理主要表现为以下几方面。

(1) 聚合物相主要以空间三维连续网状结构存在，相当于“微纤维”，从而增强水泥浆基体，抵抗裂纹扩展，提高其抗折强度。

(2) 聚合物乳液中存在大量的表面活性物质，这些活性物质增强了水泥乳浆中砂粒表面的润湿，浸润了砂粒表面，甚至深入砂粒表面的空隙中，降低了空隙率，从而形成聚合物膜牢固地黏结在砂粒表面，改善了其相互之间的黏结能力，提高了整体的抗折强度。

(3) 聚合物与水泥发生一定程度的化学反应，化学结合增强了聚合物和水泥之间的结合，从而提高了其抗折强度。

(4) 聚合物空间网状膜结构本身具有隔绝作用，而且，聚合物渗透并填充到水泥浆体的空隙中，降低了空隙率，提高了密实程度，从而增强了材料整体的耐久性。

6.3 半柔性路面材料强度影响因素

半柔性路面材料是一种多级空间双重网络结构体，它是以沥青胶浆的凝胶结构与水泥胶浆晶体及胶凝体的水泥石两者形成双重网络结构系，具有刚性和柔性路面的共同特征。分析其强度影响因素，不外乎是组成材料、试件成型方法以及环境影响。

6.3.1 组成材料的影响

1. 母体沥青混合料

母体沥青混合料作为半柔性路面材料的基体，其矿料级配、沥青的性质、矿料性质等都会影响半柔性路面材料的强度和稳定性。

(1) 矿料级配

母体沥青混合料必须具有较大的空隙率，只有这样，水泥胶浆才能顺利的灌入。因此，矿料级配必须选择开级配类型，使其形成“骨架空隙结构”。如果选用连续级配，那母体沥青混合料虽然形成了骨架，但是没有提供必要空隙，水泥胶浆的灌入量就会变小，势必会影响半柔性路面材料的高温稳定性和强度。

此外，沥青混合料中，矿料的粗度、形状和表面特征也对沥青混合料的强度具有明显的影响。通常，具有显著的面和棱角、各方向尺寸相差不大以及具有明显细微凸出的粗糙表面的矿料，能较好地相互嵌锁而具有很大的内摩阻角，从而具有较高的抗剪强度。

(2) 沥青

沥青的黏滞性对于母体沥青混合料的强度也有着重要的影响。在沥青混合料粗、细微三相分散体系中,细分散系是各种集料分散于沥青中的分散系,分散系的抗剪强度与分散相的浓度和分散介质的黏度有很大的关系。一般来说,在其他条件固定的情况下,沥青混合料的黏聚力与沥青的黏度呈正比关系。在沥青混合料受到剪切作用时,具有高黏度的沥青能赋予沥青混合料较大的黏滞阻力。

沥青用量的多少也会影响沥青混合料的强度,继而影响半柔性路面材料的强度。沥青与矿料交互作用的界面上形成一层"结构沥青"薄膜,在这一薄膜之外,是在"自由沥青"。当沥青用量不足时,其形成的结构沥青薄膜不足以裹覆矿料表面,沥青与矿料之间的黏结力就不足。当沥青用量过多时,自由沥青就会将矿料颗粒推开,在颗粒间形成未与矿料交互作用的自由沥青。这样,沥青不仅起着黏结的作用,还起着润滑剂的作用,粗集料之间的相互密挤作用就被破坏了,因而降低了沥青混合料的内摩阻角。

(3) 矿料

沥青与矿料相互作用不仅与沥青的性质有关,还与矿粉的性质有关。研究表明,在不同性质矿粉表面形成不同组成结构和厚度的吸附溶化膜,从而沥青混合料的黏聚力也不同。另外,矿料的比表面积也对于沥青混合料的强度有一定的影响。在相同的沥青用量情况下,与沥青产生交互作用的矿料表面积越大,则形成的沥青膜越薄,在沥青中结构沥青的比例就越大,因而沥青混合料的黏聚力就越大。

2. 水泥胶浆材料的影响

水泥胶浆的强度直接关系到半柔性路面材料的强度。而其强度与水泥胶浆的材料组成、水灰比及水泥的种类等有关。这一点在前文已经详细地进行过分析,在此就不再详述。

6.3.2 外界环境的影响

半柔性路面材料是在大空隙的母体沥青混凝土中灌入水泥胶浆而形成的路面材料。水泥胶浆灌入沥青混合料中,从可塑态到硬化,需要凝结硬化的过程。在这一过程中,水泥的凝结硬化受到外界温度和湿度的影响。

水泥水化是一个需水反应,如果外界具有一定的湿度,水泥的水化速度会加快。因此在半柔性路面材料养生期间,保持一定的湿度有利于材料强度的发展。

水泥水化遵循一般的化学反应规律,即温度升高、水化加快。一般来说,在相同湿度的情况下,高温养生环境更有利于半柔性路面材料的强度到达。

水泥凝结硬化是一个长期的过程,一般来说,强度随着时间的增长而增长,只是前期强度发展快一些,后期发展缓慢一些。对于半柔性路面材料,因为有水泥的存在,所以不同于普通沥青混合料,必须有一个养生过程。

6.3.3 试件成型方法的影响

半柔性路面材料试件的成型需要两个阶段：一为母体沥青混合料试件的成型阶段；二为水泥胶浆灌入母体沥青混合料阶段。其中，水泥胶浆灌入母体沥青混合料的程度对半柔性路面材料的强度有很大影响。

母体沥青混合料属于“骨架空隙结构”，水泥胶浆的灌入就是要填充母体沥青混合料众多的空隙，使整个材料结构转变为“骨架密实结构”，从而提高路面材料的强度和耐久性。如水泥胶浆不能充分填充母体沥青混合料的空隙，那么灌浆后所形成的材料必然存在着较多的空隙。在承受外界荷载时，空隙所处的位置就成了受力薄弱面，随着空隙的增多，受力薄弱面也增多，这样整个材料结构的强度就会明显下降。同时，空隙的增多，也给水、油类等的侵蚀提供更多的机会和空间。这样，势必导致路面材料耐久性的降低。因此，不管是试验室试件成型，还是实际施工，都必须严格控制水泥胶浆的灌浆程度，即必须控制母体空隙填隙率。

7 半柔性路面设计理论进展

半柔性路面由于其优越的抵抗变形及漏油污染的能力，传统上一直被使用作为一种特种路面。由于我国目前还没有针对该路面的设计方法。因此，本章结合文献[40]—文献[46]对国际上半柔性路面基层和面层设计方法进行综述，以便国内在设计半柔性路面时参考。

在过去的几十年里，柔性路面已经建立了合理的疲劳性能模型，但是，对半柔性路面的研究却是空白。在现有的研究中，基于混合料的剩余疲劳寿命影响、实验室疲劳试验和现场性能之间通过修正系数建立了联系。现在已经开发出多种设计图表，用于设计半柔性路面面层和基层。为了更好地理解这种材料对延长公路寿命的影响，采用了传统沥青混合料进行了计算的直观比较。

除了常规的设计方法，基于疲劳性能，使用迭代法对半柔性路面寿命周期内的退化作用进行研究。通过分析，从疲劳试验中得到了典型的劲度下降曲线，模拟了重复荷载作用下混合料的退化。

7.1 设计原则

英国低海拔地区的年平均气温在 8.5 ℃到 11 ℃之间变动。然而，路面设计参考温度一般为 20 ℃。在近期的项目中，劲度和疲劳测试都在 20 ℃条件下进行，并得出疲劳寿命方程。由于半柔性路面的疲劳寿命对 0～20 ℃的温度变化不敏感。因此设计温度对劲度值的影响更大一些，同时还要考虑加载频率。根据英国高速公路协会的规定(2005)，路面设计应该在 20 ℃和 5 Hz 的参考条件下进行。在本项目中，ITSM(间接拉伸劲度模量)试验和四点弯曲试验在 5 Hz 和相同的温度下进行，得到了相似的结果。在四点弯曲试验中增加频率会导致劲度模量的增加。

本研究中路面设计选择的劲度值是在 10 Hz 频率下测试得到的，计算中应使用保守值 8 000 MPa。尽管如此，这也完全满足了路面设计的要求，因为在 20 ℃下对两年期的样本进行的 ITSM 测试(对应的频率大约为 5 Hz)中也得到了相似的值。

根据 Nunn(2004)的建议，研究中选取了四种等级的路基(图 7-1)进行研究，其上会再铺一到两层的路面结构层。每种基础的设计参数见表 7-1。本研究的部分数据是基于多层线性弹性分析软件 BISAR 3.0(Shell International, 1998)对路面指标的计算，并考虑到了每个变量(基础和路面材料)。

表 7-1　　路面基础的设计参数

路基等级	刚度/MPa	泊松比
1	50	0.35
2	100	0.35
3	200	0.35
4	400	0.35

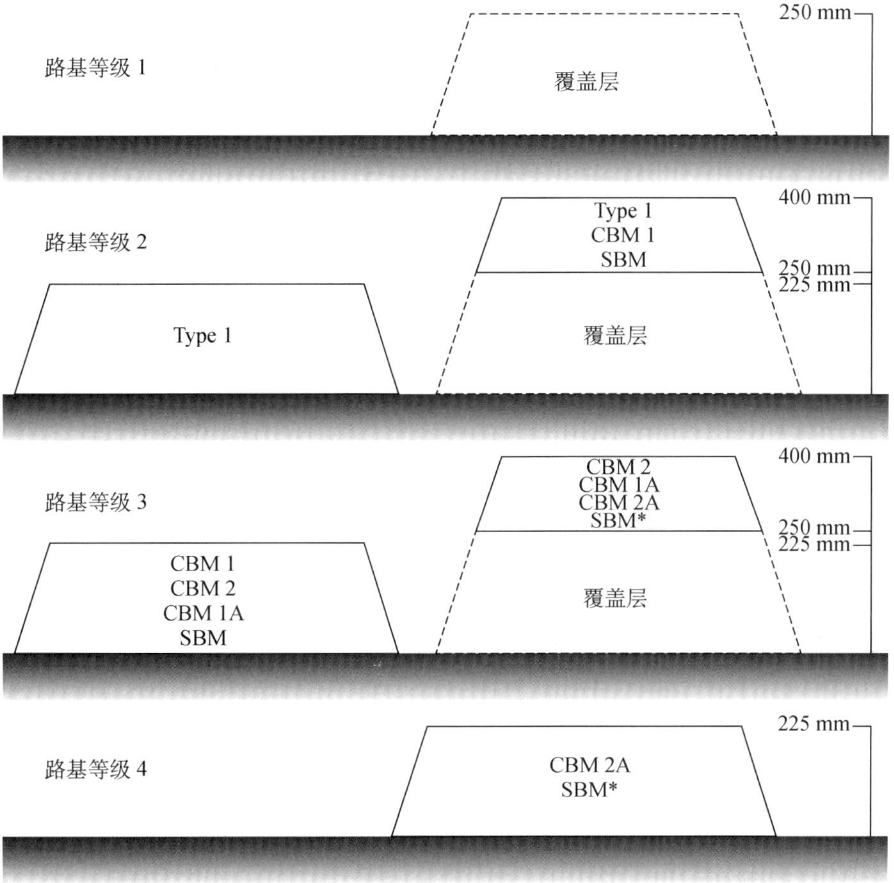

图 7-1　5%CBR 的 1 至 4 种的路基等级设计示例(Nunn, 2004 年)

半柔性路面被用于两种不同位置的计算,面层或者是基层/联接层。分别使用 DBM50 基层和 HRA 或 SMA 面层与半柔性路面做基层和面层材料时做比较。根据新的 HD26/05(草案 4)(Highways Agency 公路学会, 2005)规范规定的值,它们的力学性能如表 7-2 所示。

表 7-2　材料的力学性能

材料	劲度/MPa	泊松比
半柔性路面	8 000	0.25
DBM50	5 400	0.35
HRA 或 SMA	3 100	0.35

7.2 半柔性路面传统设计方法

7.2.1 实验室结果与现场性能的关系

疲劳试验的主要难点在于建立实验室结果和现场特性之间的关系。

实验室试验通常在一次测试中使用正弦加载和固定应变或应力，而在实际情况中，加载方式是随机分布的，包括间歇期和横向分布荷载。沥青层中的温度变化和由于间歇性加载引起的愈合效应也影响了沥青的现场性能。对于这些效应，应该使用修正系数来修正。然而，确定正确的修正系数相当复杂，因为它取决于试验类型、加载方式、试验温度和混合料类型。

修正系数考虑间歇期的影响时，应选定为 2～10(Shell，1978)或者 20(Brown 等人，1985)；2.5(Shell，1978)或 1.1(Brown 等，1985 等)的修正系数或者受控制应变弯曲测试已经考虑了裂缝扩展阶段的疲劳寿命。当控制应变弯曲试验取代了控制应力试验，修正系数 10～20(Shell，1978)或 440(Brown 等，1985)等被提了出来。Rao Tangella 等(1990)分别考虑了有无间歇期的情况下高负载率的正弦波弯曲疲劳测试，又提出了修正系数为 100 和 20。Khweir 和 Fordyce(2003)得出了 77 的修正系数。Ekdahl 和 Nilsson(2005)将瑞典设计规范 ATB Road 规定的疲劳标准与不同混合料(使用间接拉伸疲劳试验)的实验室测试结果进行了比较，得出当修正系数接近 10 的时候，试验结果与现场性能的相关性良好。然而，Ekdahl 和 Nilsson(2005)根据其最近的研究认为，10 的修正系数不够大，42.4 则更加合适，突出了例如使用聚合物改性黏合剂在沥青混合物的疲劳寿命中的积极影响。

基于上述修正系数的多样性及考虑在不同测试条件下对特定修正系数的使用，本文试图确定的修正系数，以适用本研究的试验条件。这将可以在设计中使用本项目确定的半柔性路面的疲劳曲线。使用不同的加载方式进行四点弯曲试验，如图 7-2 所示。本研究主要聚焦于标准半柔性路面混合料疲劳寿命中间歇期的影响。因此，使用了五种不同的加载模式：①连续的正弦加载；②两个正弦加载周期，随后是间歇期，持续时间相当于一个周期；③一个加载周期，随后是等时长的间歇期；④一个加载周期，随后是间歇期，持续两个周期；⑤1 000 次加载周期，然后是相等的间歇期。

由于以间歇加载模式(加载周期之间的间歇时间)时控制制动器设备的限制，可以使用的最大频率是 5 Hz。因此，所有的测试都是在这个频率下进行的。根据图 7-2 所示的加载方式得到的结果如图 7-3 所示，疲劳试验中包含间歇时间所得到疲劳寿命的增长明显，随着间歇时间的延长而增加。在混合料的劲度模量下降到初始值的一半以下后停止试验。

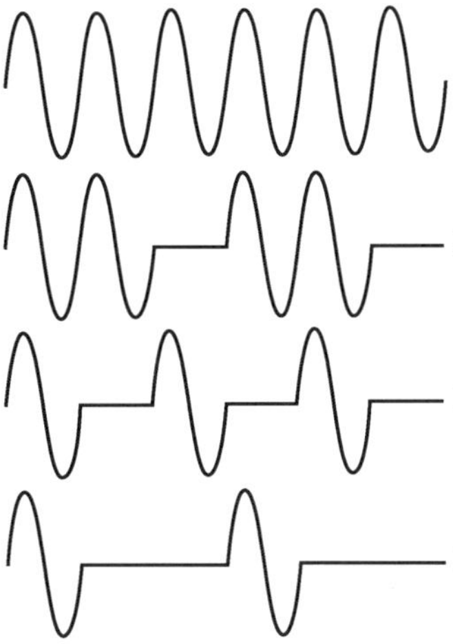

图 7-2　决定间歇期对灌注沥青碎石疲劳寿命影响的加载模式

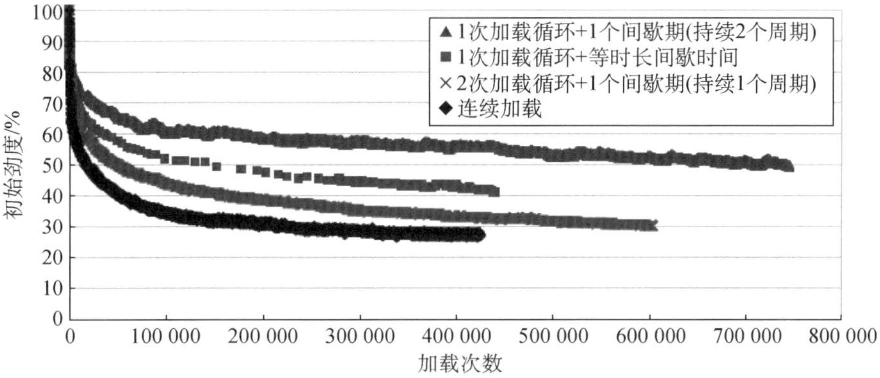

图 7-3　间歇时间对半柔性路面疲劳寿命的影响

第五个结果是使用不同的加载方式获得的，没有在图 7-2 中表示，它包含了 1 000 个连续的加载周期，接着是相等的间歇时间，该测试的结果如图 7-4 所示，其中每个数据点都表示混合料在 1 000 个加载周期后的劲度。为了更清楚地了解间歇时间对疲劳寿命的影响，本图中最大加载周期数减少到了 60 000 次。

为了从现场性能的视角分析这些测试的结果，必须做出一些假设。因此，假定该设计为使用寿命 20 年的重交通公路(设计交通量为 1.5 亿标准轴载)，每天有 6 000 辆商用车辆(假设每辆车有 3.5 个标准轴的磨损系数)。如果这些商用车辆分布在 12 h 内，则频率为每 7.2 s 约 1 辆商用车(或每 2 s 1 个车轴)。另外，在实验室试验中使用的频率(5 Hz)对应了每辆车的“加载”时间 0.7 s(3.5 轴/5 Hz)。假设平均车长为 12.5 m，车速将为 17.86 m/s。商业车辆加载每 0.7 s 后，预计 6.5 s 的间歇时间(每辆车总共 7.2 s)。对应的间歇时间是加载时间的 9 倍。

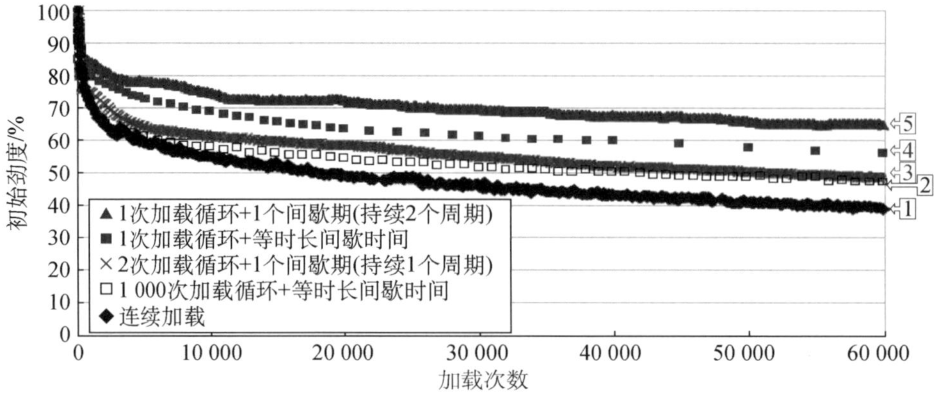

图 7-4 间歇时间对半柔性路面疲劳寿命的影响

基于以上给出的结果，对应各试验的加载条件的修正系数，由每次试验的疲劳寿命（下降到 50%劲度的周期数）与连续疲劳试验的疲劳寿命之间的比率获得。结果总结如表 7-3 所示。

表 7-3 各疲劳方程的修正系数

加载模式	加载次数	移位因子
连续加载(1)	17 739	1.0
1 000 次加载＋等间歇时间(2)	40 980	2.3
2 个加载循环＋1 次间歇时间(3)	50 823	2.9
1 个加载循环＋1 次间歇时间(4)	140 050	7.9
1 个加载循环＋2 个间歇期(5)	734 395	41.4

根据上面讨论的计算，由图 7-4 中曲线 5(41.4)获得的修正系数将是非常保守的值，因为在实验室测试中使用的间歇时间要比上面计算的每辆商用车之间的间歇时间短 4.5 倍。但是，每辆商用车实际上都代表 3.5 轴载的集中。从第 2、3 和 4 曲线可以看出，在间歇期间实施连续加载会降低疲劳寿命。因此，从较长的间歇时间（加载时间的 9 倍而不是 2 倍，如曲线 5)所预期增长的寿命被忽略了，将 41 作为修正系数的适值（仅考虑间歇时间）。本研究中使用的最终值为 45，其中包括 Brown 等人提出的横向分布荷载的额外因子 1.1。最终的值也与 Ekdahl 和 Nilsson(2005)提出的结论相一致。尽管如此，由于半柔性路面的特性及裂缝扩展的问题，最终的修正系数(45)仍然被认为是保守值。

7.2.2 半柔性路面面层设计

1. 支撑层永久变形的影响

在半柔性路面上，支撑层的永久变形(结构性车辙)可能是导致半柔性路面破坏的主要原因之一。如图 7-5 所示，基础的逐渐沉降会在表面过程中产生一对力矩，这会在材料中产生永久的拉伸应变。

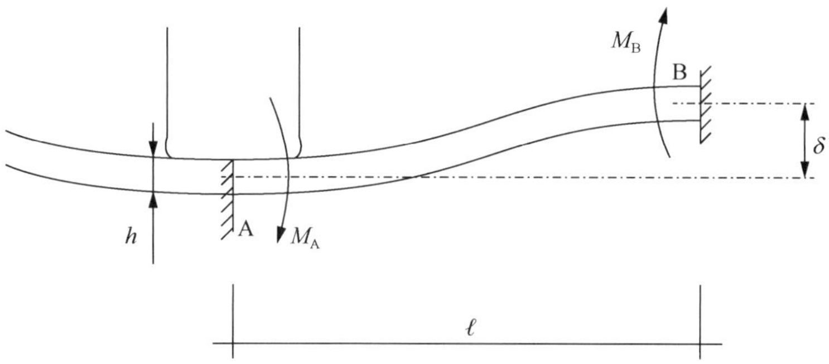

图 7-5　支撑层永久变形引起的内部力矩的示意图

当车辙深度 (δ) 和宽度(2ℓ) 假设成有效数字时，会在下侧(位置 A 载荷下面)和在该层的表面(位置 B 在受影响区域的末端)分别引起的最大拉应变，可能超过混合料能够承受的值。图 7-6 表示根据若干种车辙深度和宽度的假设(总车辙宽度的一半)，半柔性路面的最大拉应变直接施加在基础顶面位置。如图 7-6 所示的结果是由式(7-1)—式(7-4)获得的。

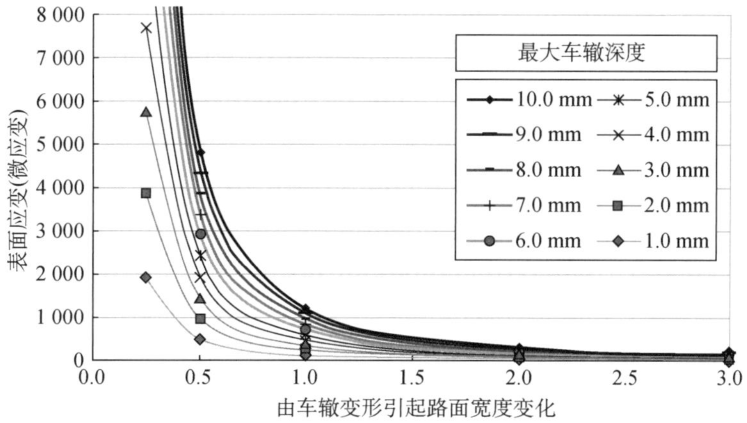

图 7-6　半柔性路面面层的最大拉应变随车辙深度和宽度而变化

$$M_A = M_B = M_{max} = \frac{6EI\sigma}{\ell^2} \tag{7-1}$$

$$\sigma = E \cdot \varepsilon \tag{7-2}$$

$$\sigma_{\max} = \frac{M_{\max}}{I} \cdot y \tag{7-3}$$

将式(7-1)和式(7-2)代入式(7-3)，最大拉伸应变按式(7-4)确定：

$$\varepsilon_{\max} = \frac{3 \cdot \delta \cdot h}{\ell^2} \tag{7-4}$$

式中 M——弯矩；

E——劲度模量；

I——转动惯量；

δ——车辙深度；

ℓ——车辙宽度的一半；

σ——拉伸应力；

ε——拉伸应变；

y——$h/2$；

h——层厚度。

作为参考，由温度裂缝试验确定的最大应变值可以用来定义面层的失效，在这种情况下，支撑层会发生永久变形。因此，取近似值 3 000 $\mu\varepsilon$ 作为最大允许拉伸应变，可以确定混合料能够承受的最大车辙深度，并作为车辙宽度的函数。

以 PTF(路面试验机)试验路面为例，根据测量车辙宽度(l=0.56 m，在轨道 1 上测试第一天后)，标准半柔性路面混合料可以承受的最大车辙深度约为 7.8 mm，如图 7-7 所示。在一天结束时测量的车轮路径中间部分的车辙深度约为 9.0 mm。

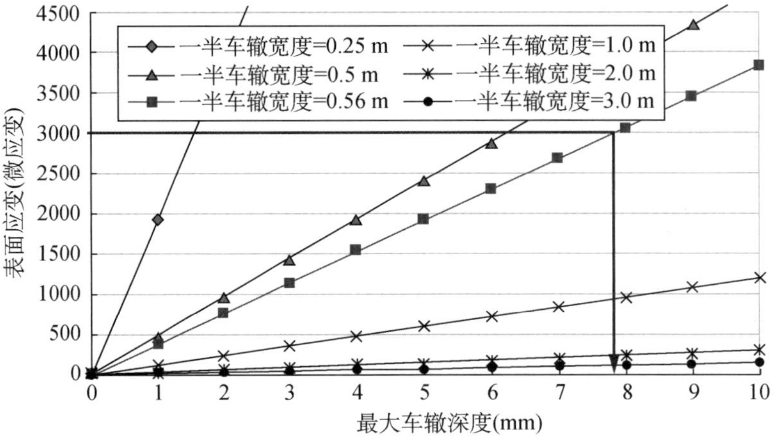

图 7-7　PTF 中半柔性路面的允许车辙深度(根据测试一天后测得的车辙宽度)

尽管支撑层的永久变形是一个需要考虑的重要问题，但在设计带有半柔性路面面层的路面时，如果基础的构造正确，在大多数情况下不应该出现破坏。因此，疲劳和温度裂缝是最重要的控制因素。

2. 表面裂缝的影响(top-down 裂缝)

如前所述，在多层线性弹性分析中使用了四种路面基础，以研究每个结构对标准车轮荷载(40 kN)作用的指标。在这种情况下，传统的沥青基层(DBM50)被用于路基的上部，其上应用了 40 mm 厚的面层[包括常规(HRA 或 SMA)或半柔性路面混合料]。从两个角度分析了路面的指标：基层疲劳破坏(层底最大应变)；面层疲劳破坏(面层开裂)。后者是在轮胎侧下方在路面附近位置产生拉伸应变的结果，其在具有厚结合层的路面中呈现出显著的值。为了确定最大应变，如图 7-8 所示，创建了一个点网格，因为它的位置会随着基层厚度的变化而稍微改变。

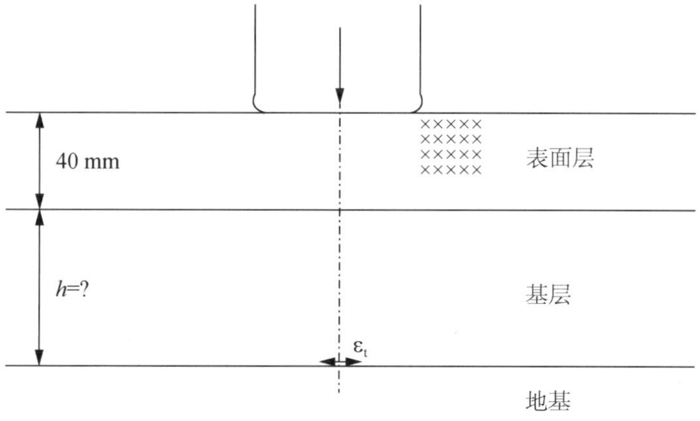

图 7-8 BISAR 中使用的典型路面结构，用于确定由标准车轮荷载引起的临界拉伸应变

根据所获得的拉伸应变，对每个路面进行了几次迭代，连续的增加了沥青基层的厚度，并确定了基层和面层的预期疲劳寿命。半柔性路面层的疲劳寿命计算是根据本项目获得的实验室结果进行的，并乘以上述修正系数，得出式(7-5)。另外，沥青混合料的疲劳寿命根据 Powell 等(1984)和 Nunn(2004)规定的疲劳标准计算，该标准代表了沥青混合料的现场性能[式(7-6)]。

$$N = 2.7 \times 10^{-9} \cdot \varepsilon_t^{-3.9718} \tag{7-5}$$

$$N = 4.169 \times 10^{-10} \cdot \varepsilon_t^{-4.16} \tag{7-6}$$

式中 N ——等效标准轴载(ESAL)的数量；

ε_t ——作用在结合层表面或底面的拉伸应变。

图 7-9 和图 7-10 分别表示基层的设计和其厚度对面层裂缝出现的影响。

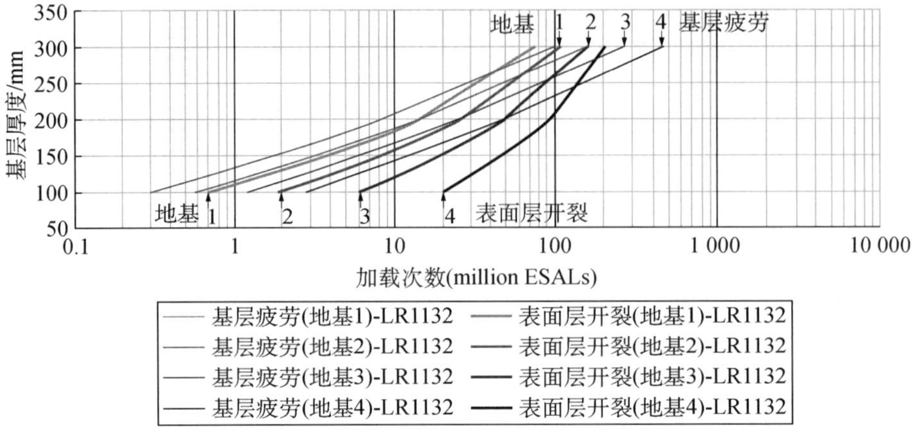

图 7-9　40 mm HRA 或 SMA 面层下的基层的设计

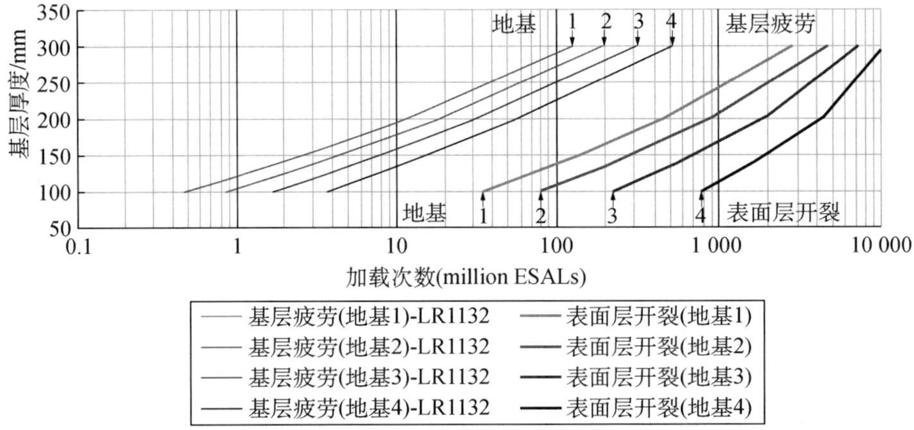

图 7-10　40 mm 的半柔性路面路面下基层的设计

从图中可以看出，对于较厚的路面基层，当使用沥青面层（HRA 或 SMA）时，临界破坏标准是路面的疲劳程度。如果使用半柔性路面面层，情况就不相同，因为其表面出现的应变值较低，这是由于其较高的劲度以及由于混合料本身较长的疲劳寿命所致。

在图 7-11 和图 7-12 中，对两种类型的面层所得到的结果和它们对基层厚度设计的影响进行了比较。关于路面设计，使用半柔性路面铺面的好处从这些特征的分析中显而易见，尽管其在面层疲劳开裂方面比在沥青基层的疲劳更明显。尽管如此，铺设半柔性路面仍被认为拥有更长的疲劳寿命。

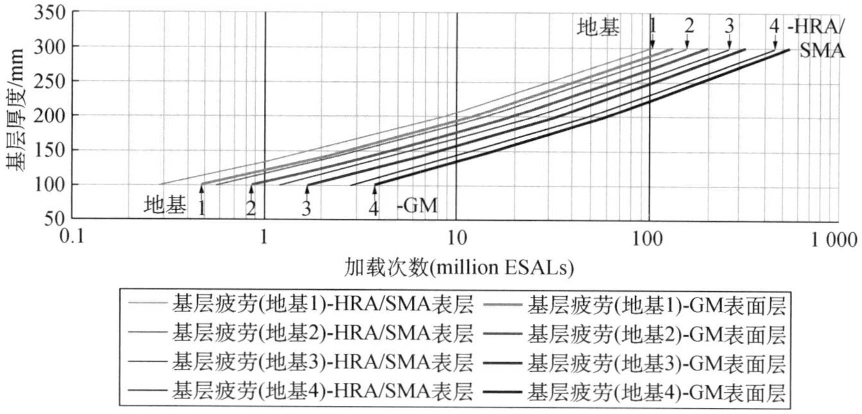

图 7-11 面层类型对基层设计的影响

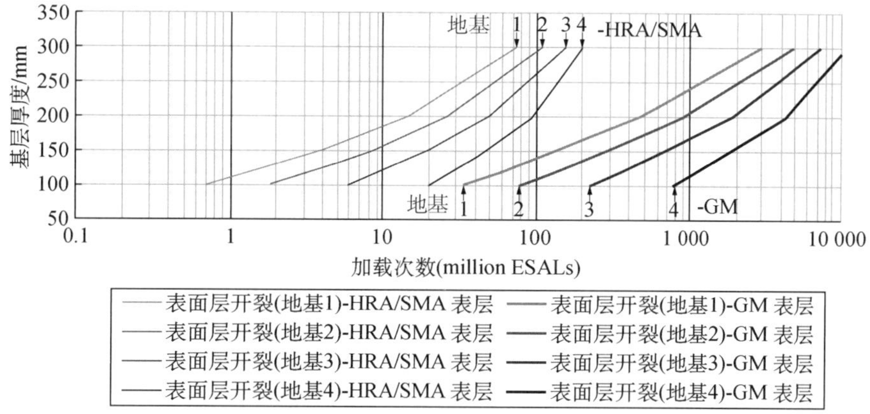

图 7-12 考虑面层的疲劳(面层开裂),面层类型对基层设计的影响

7.2.3 半柔性路面基层设计

采用类似前一节所述的方法研究半柔性路面基层的路面设计。在这种情况下,面层使用的材料是传统的 HRA 或 SMA 混合料。标准半柔性路面混合料和更刚性的半柔性路面(例如,由于黏结剂含量降低而产生)的结果分别显示在图 7-13 和图 7-14 中,劲度模量为 12 000 MPa。

由图 7-13 可以看出,面层开裂(沥青面层的疲劳)是基层厚度超过 200 mm 的路面设计的关键指标。如果采用更刚性的半柔性路面,特别是对于路基刚性较差的路面,面层开裂可能更为关键,如图 7-14 所示。对于第一类基础(50 MPa)的情况,基层的厚度总是受面层疲劳的控制,而对于其他基础类别,关键标准可以是二选其一(面层开裂,对于基层厚度超过 150 mm 的)。尽管如此,对于采用半柔性路面基层的路面,仍可以观察到更高的疲劳寿命,而这对于更刚性的半柔性路面基层来说是最明显的。

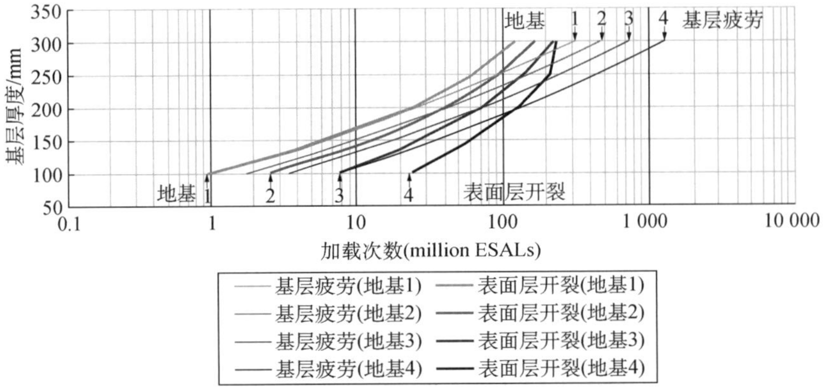

图 7-13　考虑基层疲劳和面层开裂在 40 mm HRA 或 SMA 混合料下设计标准半柔性路面基层设计

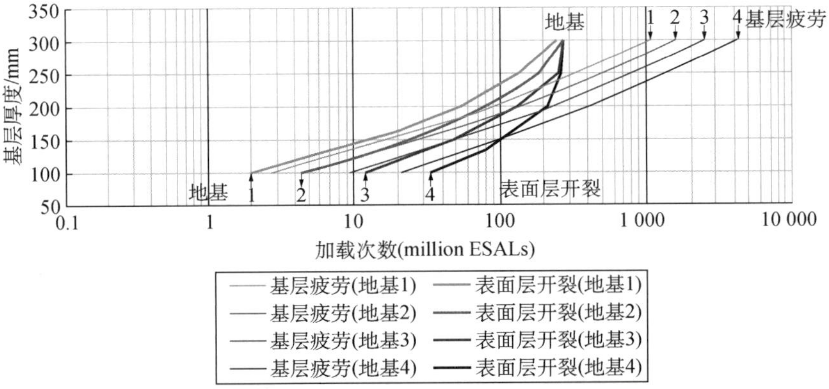

图 7-14　考虑到基层疲劳和面层开裂，在 40 mmHRA 或 SMA 混合料下更刚性的半柔性路面基层设计

在图 7-15 和图 7-16 中，使用标准半柔性路面混合料比较了沥青基层路面(7.2.1 节)获得的结果。再次证明，加入半柔性路面混合料的路面显示出更长的疲劳寿命，如果使用更刚性的半柔性路面混合料，其寿命可能更长。

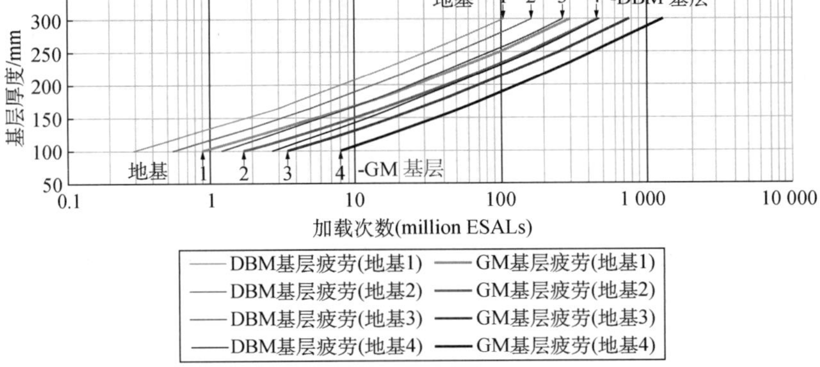

图 7-15　基层材料类型对路面疲劳寿命的影响

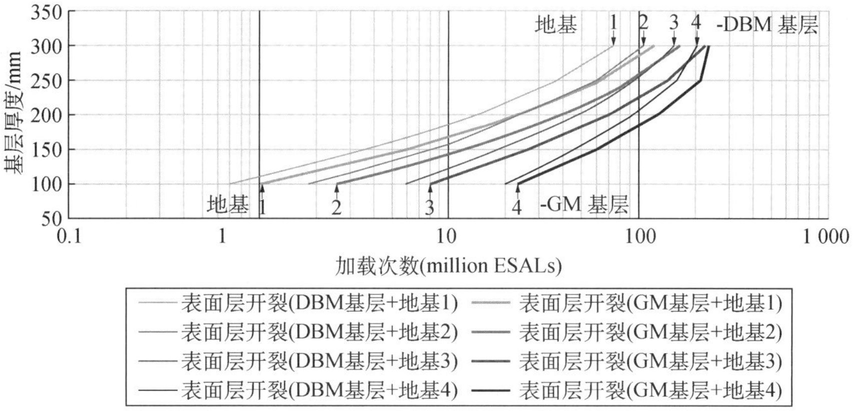

图 7-16 基层材料对面层疲劳的影响

图 7-17 厚半柔性路面层截取的芯样(Contec, 2005 年)

7.3 基于疲劳性能的路面设计方法评估

疲劳寿命是根据传统的失效标准(初始劲度降低 50%,控制应变试验)来确定的。然而,从控制应变疲劳试验的劲度降低曲线分析中可以观察到,半柔性路面曲线具有特殊形状,比普通沥青混合料更平坦。因此,如果材料性能处在被认为传统 50%劲度降低点之上时,进行调查以评估半柔性路面增长的疲劳寿命。本研究中,使用迭代方法来模拟混合料随着时间(加载次数)的增加而性能下降(劲度降低)。根据实验室测试得到的疲劳寿命确定加载次数,而不考虑实际路面情况中以修正系数来确定的标准车轴数量。

7.3.1 实验室试验程序

为了比较半柔性路面与传统沥青材料的疲劳性能,应使用相同的测试设备进行实验室测试。

如前所述,在本次调查中进行的大部分实验室试验(关于半柔性路面)均使用本项目开发的四点弯曲设备进行。选择了一台梯形悬臂梁试验机(也称为两点弯曲机),优先于诺丁汉沥青试验机(NAT),同样在实验室可用作间接拉伸疲劳试验(ITFT)。两点弯曲试验是欧洲沥青材料疲劳试验标准 EN 12697—24(BSI,2004)中规定试验的一种,它比 ITFT 更真实地反映了路面层的弯曲。图 7-18 示意性地表示了在这些测试中使用的梯形样本。这些测试中使用的温度与用于混合设计研究(20 ℃)的温度相同。使用四点弯曲设备在 10Hz 的位移(应变)控制下进行测试,与在混合设计研究中进行的测试相同。

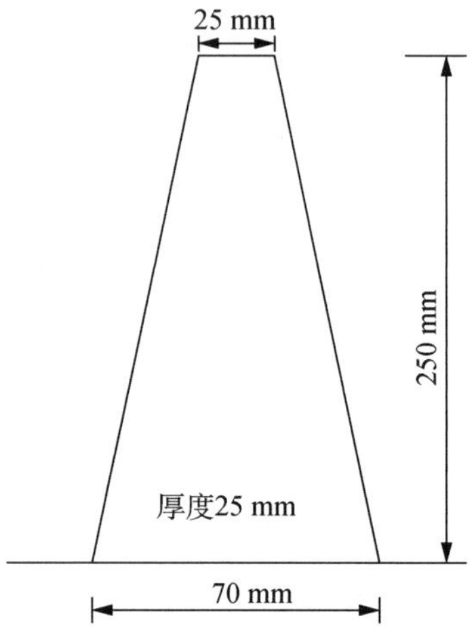

图 7-18 用于两点弯曲试验的梯形试样的尺寸

应变控制试验通常在试样的劲度模量降至其初始值的一半后停止。然而,使用四点弯曲试验装置对半柔性路面劲度降低曲线线形(图 7-19)的观察结果表明,其疲劳性能与传统沥青混合料不同,见图 7-20(Rowe, 1993; Kim 等人,2003; Lundstrom 等人,2004)。因此,在本研究中,进行了进一步测试,在劲度模量降低到初始值的 10%时才停止测试。用这种方法评估了混合料的总体性能。

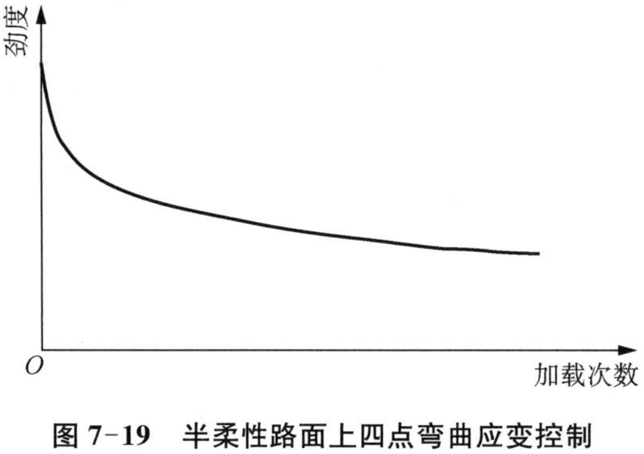

图 7-19 半柔性路面上四点弯曲应变控制疲劳试验的典型趋势

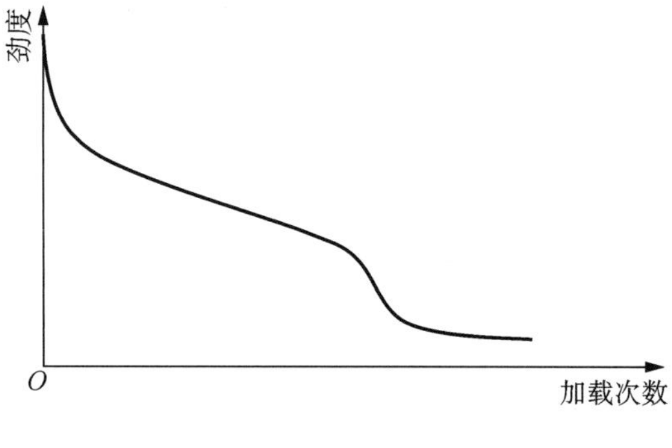

图 7-20 应变控制疲劳试验的典型趋势

7.3.2 疲劳试验结果

在这项研究中获得的标准半柔性路面混合料的两点弯曲疲劳试验结果与使用四点弯曲试验设备在混合料设计研究中获得的结果进行了比较。从图 7-21 可以看出，使用相同的失效准则（50%的劲度降低）获得的两种类型测试的疲劳曲线彼此非常接近，可以被视为一个共同的趋势曲线。

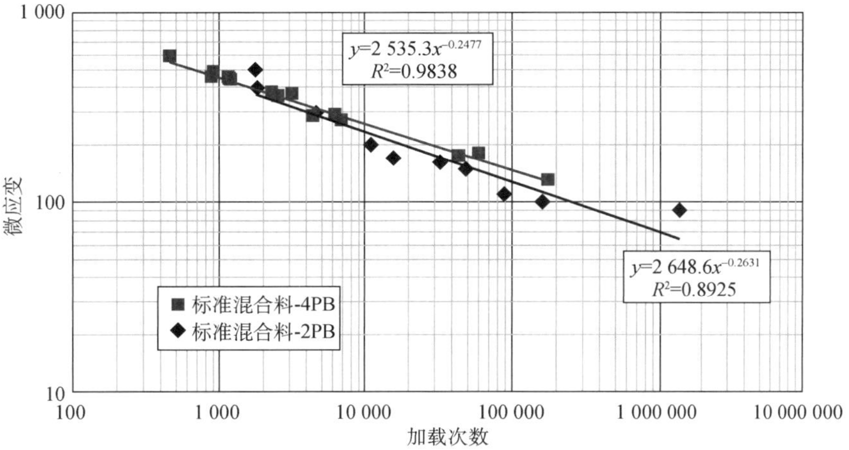

图 7-21　标准半柔性路面混合料的两点和四点弯曲疲劳试验结果

与四点弯曲疲劳测试结果相比，两点弯曲测试获得的结果表现出了较高的离散型。其原因可能与样本尺寸有关，由于梯形试样（25 mm）的厚度刚好是在混合料中使用的集料尺寸（10 mm）的两倍以上，而相比用于四点弯曲试验的梁试样尺寸是集料尺寸的五倍。因此，在梯形试样比起梁型（50 mm×50 mm 截面）的情况，混合料结构内扰乱的可能性（空隙，沥青或纤维的浓度）更可能影响试样的疲劳寿命。

对 DBM50 混合料也进行了两点弯曲疲劳测试，以确定两种混合物性能的对比，结果如图 7-22 所示。

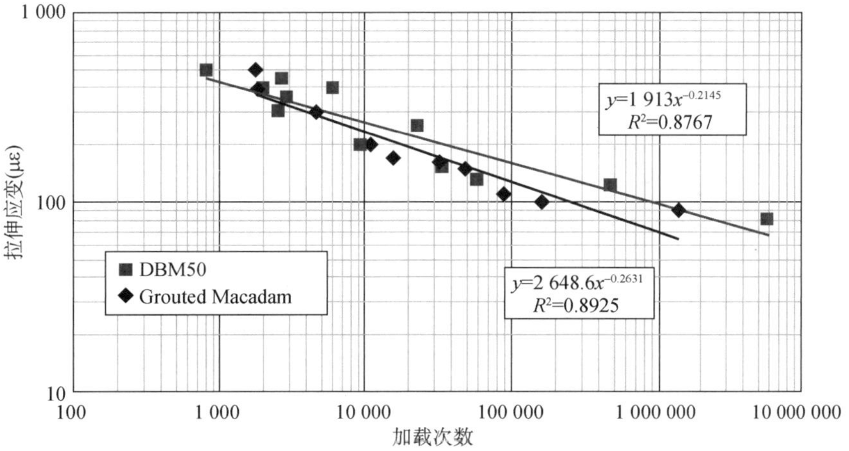

图 7-22　标准半柔性路面和 DBM50 混合料的两点弯曲疲劳试验结果

绘制的疲劳试验结果一般会作为应变大小的函数在试验中使用。因此,根据所使用的失效标准,较低的应变值通常得到较高的疲劳寿命。图 7-23 和图 7-24 代表了本研究所使用的标准半柔性路面和 DBM 混合料的劲度降低曲线。

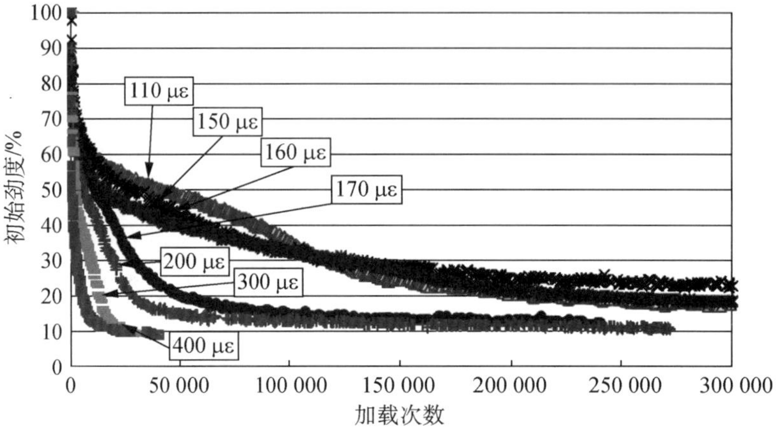

图 7-23　标准半柔性路面混合料的两点弯曲疲劳试验结果

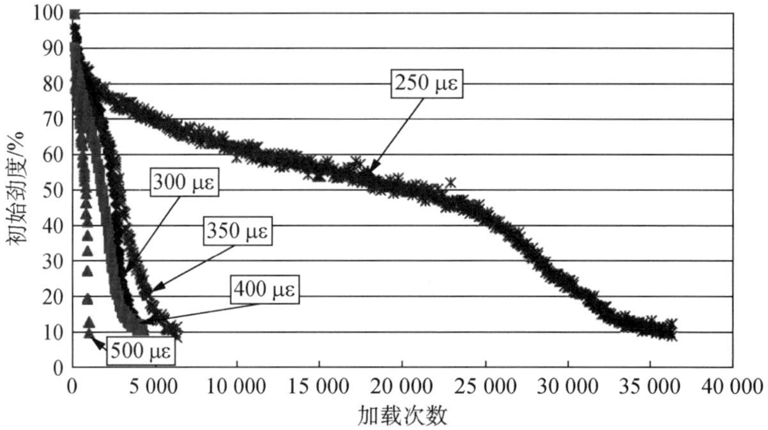

图 7-24　DBM50 混合料的两点弯曲疲劳试验结果

为了在分析结果时消除对应变大小的依赖性,将它们标准化以建立与“破坏”最小周期数的关系。因此,对每个数据点的相对时间,通过将周期数除以对应的初始劲度值的一半的周期数来获得。这可以通过图 7-25 和图 7-26 中半柔性路面和 DBM 50 混合料分别观察得到。

半柔性路面和沥青(DBM 50)两种材料的初始劲度值下降到约为 50%后,劲度的降低速率明显不同。对于沥青材料,速率快速增加,但在半柔性路面其速率趋于随时间(周期数)减少。这表明,即使在过了已确定的“失效点”之后,半柔性路面仍将继续良好运行,而沥青材料并非如此。

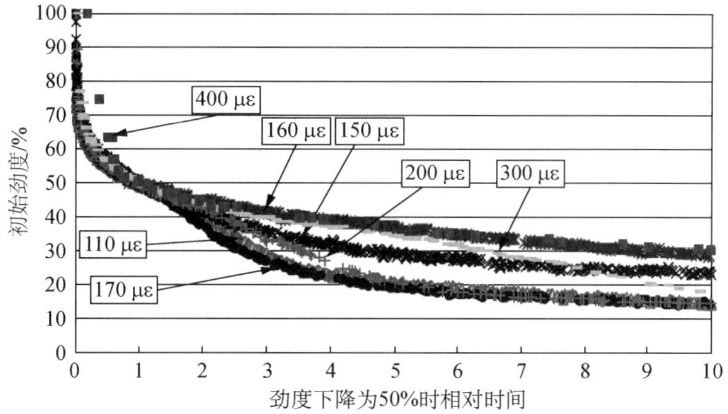

图 7-25　标准半柔性路面混合料的标准化两点弯曲疲劳试验结果

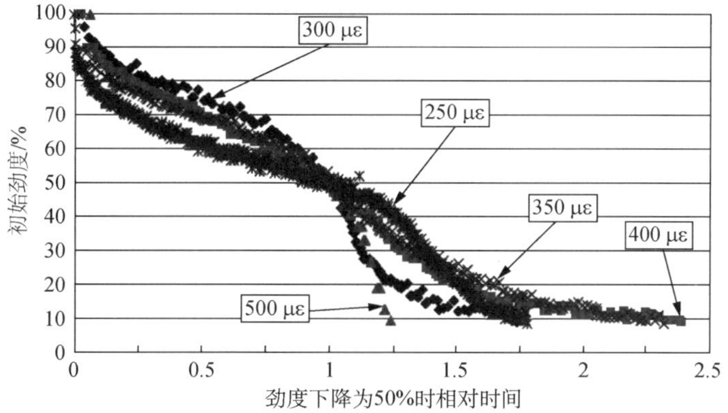

图 7-26　DBM50 混合料的标准化两点弯曲疲劳试验结果

图 7-27 和 7-28 显示了两种材料的变化趋势。对于两种材料类型获得的模型数据，与原始数据显示出非常好的一致性，在图 7-29 中作为直接比较绘制在一起，两种材料的不同行为也更加明显。

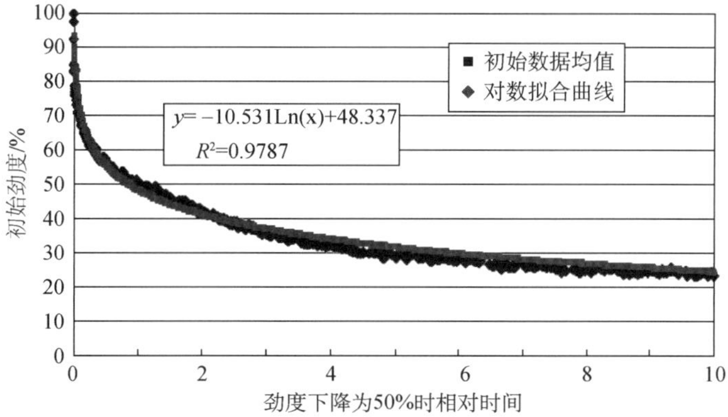

图 7-27　标准半柔性路面标准化疲劳试验结果(2PB)

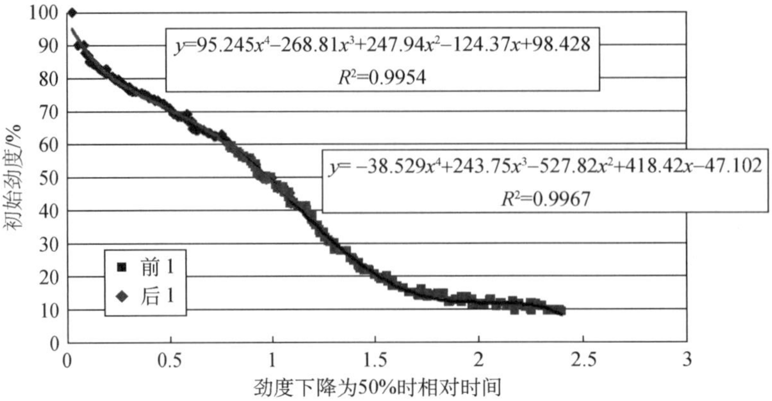

图 7-28　标准化 DBM50 疲劳测试结果(2PB)

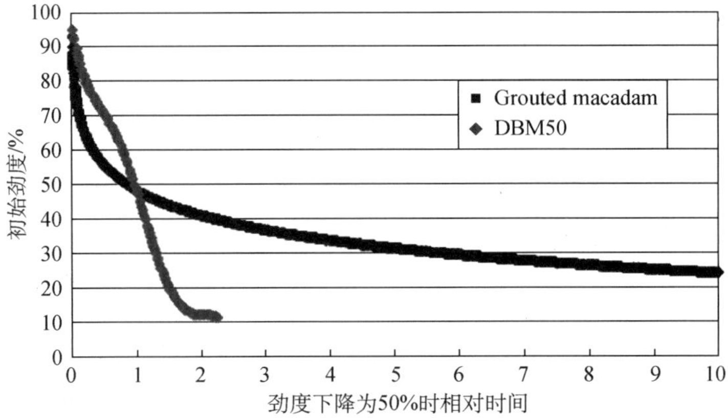

图 7-29　半柔性路面和 DBM50 标准化数据之间的比较

如图 7-29 所示，累计周期数是相对于按照传统失效原则获得的疲劳寿命而计算的。

7.3.3　基于疲劳性能的路面设计

使用迭代方法，通过累积损伤分析了两种材料的疲劳性能。在这种方法中，四种路面结构被用多层线性弹性分析计算机程序—BISAR 3.0(Shell International，1998)以研究每种路面在施加标准载荷(40 kN)下的指标。此处使用了四种等级路基，其上直接铺筑 40 mm 半柔性路面或 DBM50 面层。通过计算数个“降级”水平下的路面指标，以结合料层(半柔性路面或 DBM)中的数个劲度降低水平表示出来。沥青材料的疲劳寿命通常由材料在特定的应力或应变水平下在破坏之前经受的加载次数来定义的。在路面设计中，通常使用应变标准，并且在确定材料的疲劳曲线时，通过实验室测试建立最大允许应变，增加路面层的厚度直至满足应变标准。在这样的计算中，不考虑材料性能的降低，因为在整个路面寿命期间应变被认为是恒定的。但是，实际上这样的假设是不正确的。由于材料性能，即劲度，会降低施加在路面上的应变水平，这导致了混合料抗疲劳的能力是逐渐降低的。考虑该因素，使用迭代过程，由此对所研究的每个路面结构，确定出数个降级的水平（劲度降低）的应变大小。由于在疲劳试验过程中劲度减小的速率发生变化（随着时间或加载的数量而减少），所以使用不同的劲度间隔，以便于更好地绘制劲度减小曲线。因此，在试验开始时，根据所考虑的劲度间隔，相对时间间隔较短（图 7-30 代表半柔性路面混合料的实例，对于 DBM 50 混合料使用相同的概念）。在每个间隔内，平均劲度值被用作确定路面应变大小的输入值，假定在该区间内恒定。

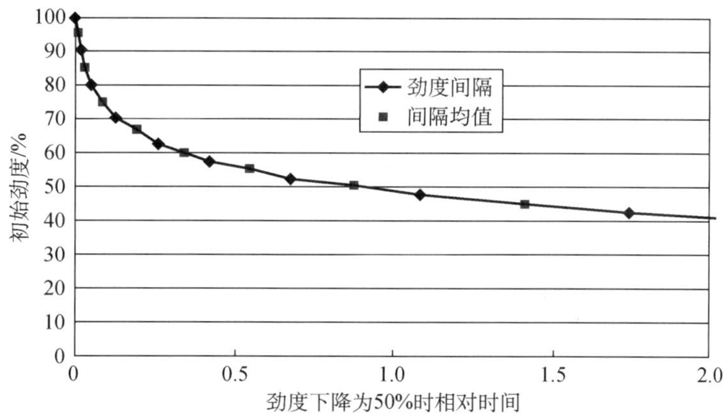

图 7-30　用于计算半柔性路面累积疲劳寿命的劲度间隔

对于每个应变水平，估算相应的疲劳寿命（基于每种混合料的传统疲劳曲线，即假定应变恒定直至失效）。然而，由于在每个中间的间隔期间没有产生失效，仅仅是消耗了疲劳寿命的一部分，所以累积疲劳寿命应通过将每个间隔期间消耗的寿命（也称为"Miner 定律"）相加来计算，如图 7-31 所示。

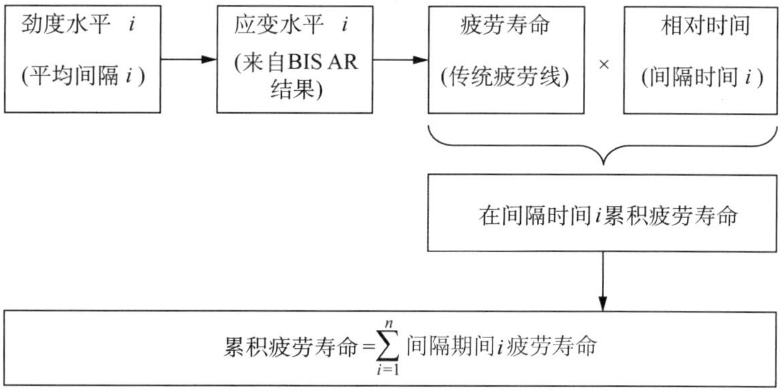

图 7-31　累积疲劳寿命计算

根据新方法，任何材料的疲劳寿命，达到 50%的劲度减少时(这是传统的失效标准)计算得出的结果都要比根据其相应的疲劳曲线进行标准化预测的结果低。发生这种情况是因为新方法考虑到了劲度的不断降低。根据计算中使用的路基等级，图 7-32 给出了两个研究材料的例子。很显然，一般的疲劳计算高估了混合料的寿命。

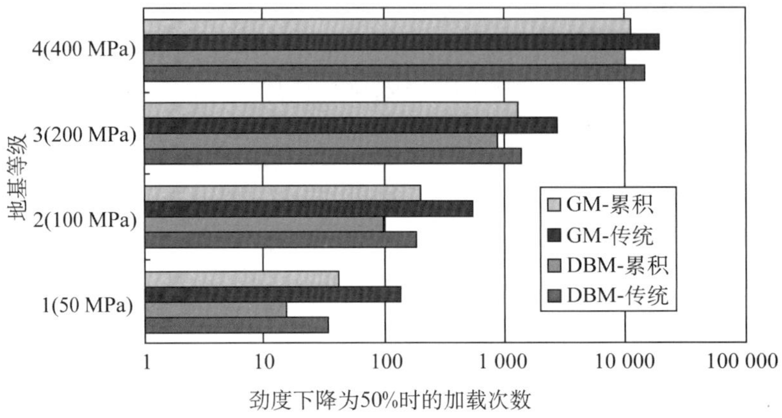

图 7-32　半柔性路面和 DBM 的传统和累积疲劳寿命对比

虽然本研究中使用的路面结构可能与实际不完全符合，但由于面层中产生的高应变水平，可以观察到无论疲劳寿命评估方法如何，半柔性路面的疲劳寿命都更长。然而，随着路基承载力的增加，应变减少(图 7-33)，半柔性路面的增长的寿命差异减小，路面对整体结构性能的影响减小了。

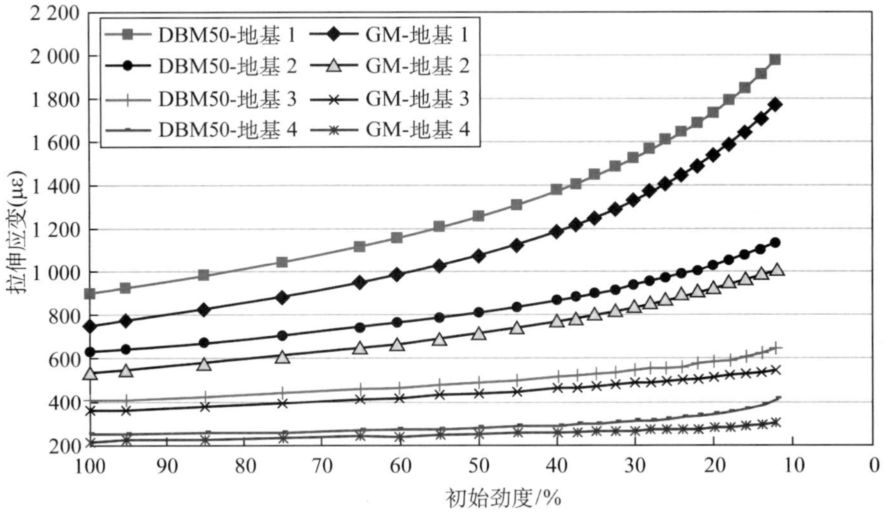

图 7-33　每种路面结构的面层底面获得的拉伸应变

由于这类型材料呈现的特定行为，疲劳测试中使用的传统失效标准可能并不能代表半柔性路面的真实疲劳寿命。事实上，材料劲度模量达到其初始值的 50%后，半柔性路面的主要优势最为突出。与传统沥青混合料(如 DBM50)相比，新的疲劳寿命迭代方法突出了半柔性路面的疲劳寿命的增长。

图 7-34 给出了每种路面不同路基等级的累计周期，同时考虑了每种混合料性能的损伤，而图 7-35 则表示了随着加载的数量累积，面层下部的拉伸应变的发展。

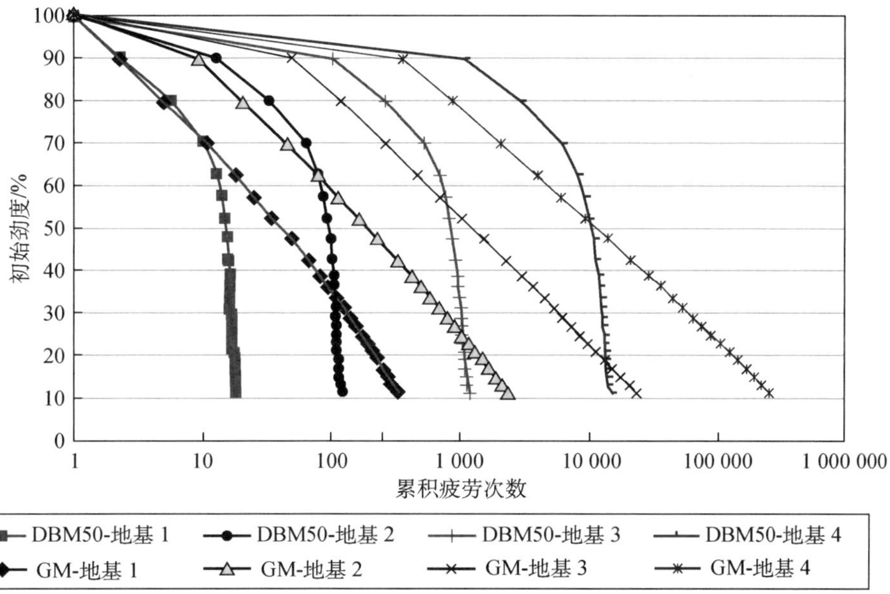

图 7-34 半柔性路面和 DBM 的累积疲劳寿命

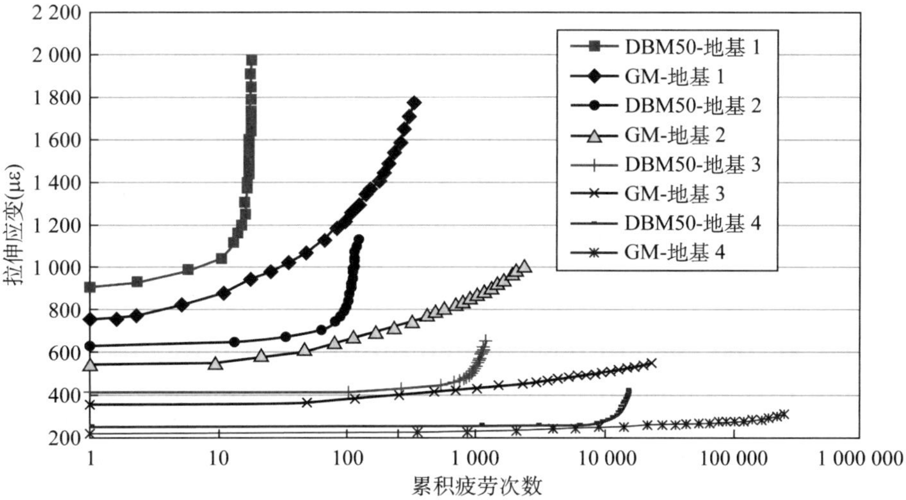

图 7-35 每种路面结构的面层中产生的拉伸应变和累积疲劳次数

在上图中，两种混合料的行为的不同是显而易见的。在劲度降低 40%～50%之后，DBM50 混合料的寿命几乎没有剩余，而半柔性路面混合物仍继续失去劲度，接近于累计周期数的对数。

7.4 美国空军机场半柔性路面(RMP)设计方法

7.4.1 结构设计标准

对于机场以外的半柔性路面设计，厚度在 40～60 mm 之间的半柔性路面被认为等于相同厚度的沥青混凝土(AC)面层。路面会先按照传统的 AC 铺装柔性路面来设计，然后通常采用等厚度的半柔性路面取代上层的 AC。在半柔性路面面层下至少要保留 50 mm 的 AC 混凝土厚度。当两层全厚度超过了传统设计的厚度时，可以使用标准的 AC 等效因子来减少基底或底基层厚度。这样的设计转换的例子，如图 7-36 所示。

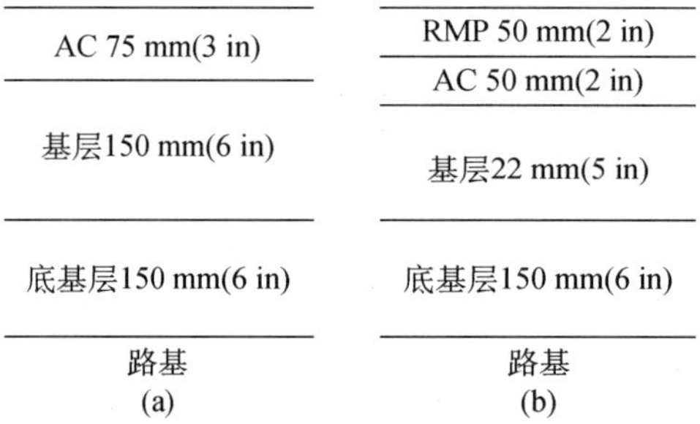

图 7-36　传统 AC 路面(a)设计转化成相等的半柔性路面(b)

机场路面的半柔性路面的设计采用现有的弹性层状理论设计。RMP 层置于顶部，下设至少 50 mmAC，并使两层充分黏合。半柔性路面的模量是与温度相关的，并根据图7-37中给出的图形进行评估。在常规路面温度下，半柔性路面的泊松比是均匀的，设计推荐值为 0.27。

半柔性路面设计的临界破坏点与控制传统 AC 表面柔性路面的临界破坏点相同：路基顶部的垂直的极限压应变和 AC 层底部的水平的极限拉应变。研究表明，半柔性路面底部的拉应变过大导致了表面层开裂，继而路面发生破坏；然而，典型的机场路面半柔性路面材料在应变范围、失效范围内产生疲劳，已经产生了疲劳曲线。这些疲劳曲线覆盖了路面温度的全部范围，如图 7-38 所示。在给定的设计方案中，使用适当的疲劳曲线(如果必要的话，在温度之间插值)，计算半柔性路面层底的应力，给出飞机的允许通过量。根据半柔性路面疲劳曲线的应变范围，可以看到 10^{-3} 级及以上的应变很可能导致半柔性路面层的快速破坏，而 10^{-5} 级及以下的应变，在疲劳损伤方面可以忽略不计。

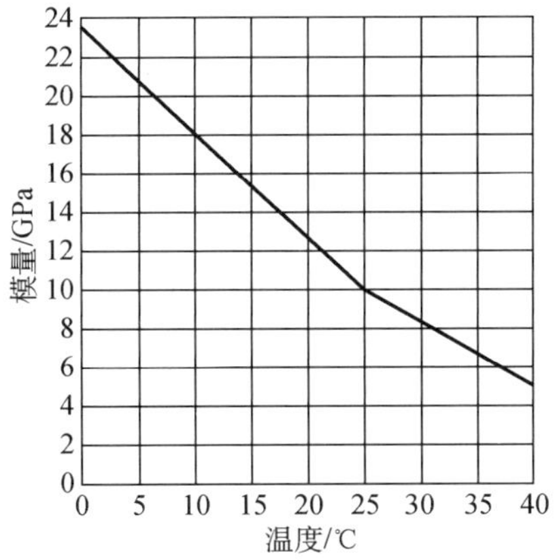

图 7-37　半柔性路面弹性模量与温度设计曲线

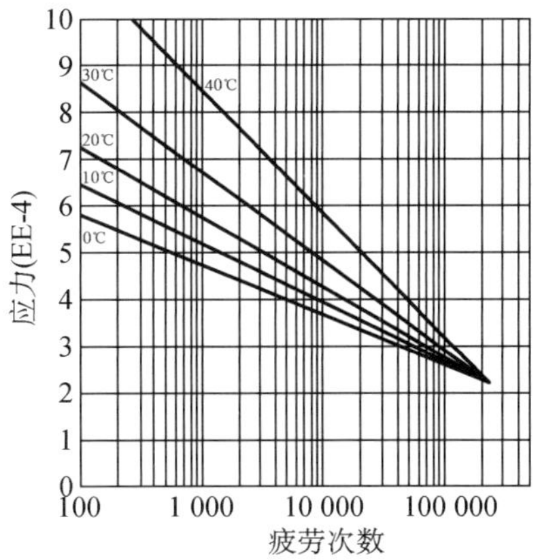

图 7-38　不同路面温度下的半柔性路面疲劳设计曲线

典型的半柔性路面机场道面设计包括以下内容。

(1) 飞机的负荷和轮胎压力，以及所需的飞机通过量对路面设计寿命的影响。

(2) 路面材料性能(包括路基加州承载比[CBR])、AC 模量与温度的关系，以及各铺装层的成本和可用性。

(3) 通过该地区的历史温度数据建立 AC 甚至路基层的季节模量值。

(4) 从 UFC 3—260—02 中选取合适的飞机设计曲线，根据设计飞机和路基 CBR 值，确定总路面厚度；按照给定的设计标准要求，确定最小的面层和基层的厚度。

初步路面断面设计基于以下内容：

(1) 顶层选用 40～60 mm 厚的半柔性路面，其模量采用 0.27 的泊松比以及季节性平均路面温度来确定。

(2) 剩余面层部分采用 AC，且厚度不小于 50 mm，与半柔性路面层充分黏结。AC 的模量和泊松比与季节性路面温度相关，或设计机构使用的其他可采用的标准值。

(3) 基层应该从给定的路面类型所需的最小厚度开始。该层的模量和泊松比通常采用 UFC 3—260—02 给出的标准值，或者采用基层试验数据给出的建议。

(4) 如果不满足路基 CBR 标准要求厚度时，剩余厚度应填充底基层材料。使用 UFC 3—260—02 给出的模量和泊松比值，或者采用更确定的试验数据。

典型的层状弹性设计分析(通常由计算机程序运行)。观察计算应变与允许飞机通过量 (N)/ 给定的季节所需的通过量(n) 的关系。计算设计中使用的每个季节和飞机的 n/N 值，然后求和得到每个关键层(半柔性路面，AC，路基) 的累积损伤系数(n/N)。

调整假设的路面层厚度，直到累积损伤系数(CDF)等于或略低于 1.0。三个关键层 CDF 中只有一个将主导设计，其他两个路面层的 CDF 远低于 1.0 的设计门槛。当一个或多个 CDF 值等于 1.0 或接近 1.0 的设计路段时，要考虑路面断面约束和路面材料成本，从而确定最佳半柔性路面结构设计。

7.4.2 半柔性路面机场停机坪设计实例

Jacob Uzan 层状弹性分析(JULEA)软件用于柔性路面层状弹性设计，计算半柔性路面和 AC 层底部以及路基顶部的应变。由于当前的 JULEA 软件是使用英制单位(而不是 SystèmeInternational [SI]国际标准制单位)，所以本案例数据与之相同。

第 1 步:交通流量数据。假设该机场位于路易斯安那州什里夫波特，机场停机坪将设计通过量为 50 000 架 C-17 飞机，设计载荷质量 580 000 磅。

第 2 步:材料属性。假定路基、底基层和基层材料的模量值分别为 10 000 psi，25 000 psi 和 50 000 psi。路基 CBR 假定为 6，基层 CBR 假定为 80。经过测试，AC 的模量与温度的关系，如图 7-39 所示。AC、碎石基层，底基层和黏性路基的标准泊松比分别为 0.35，0.35，0.35 和 0.40。假设 AC 材料的成本高于基层材料，而基层材料又高于路基材料。

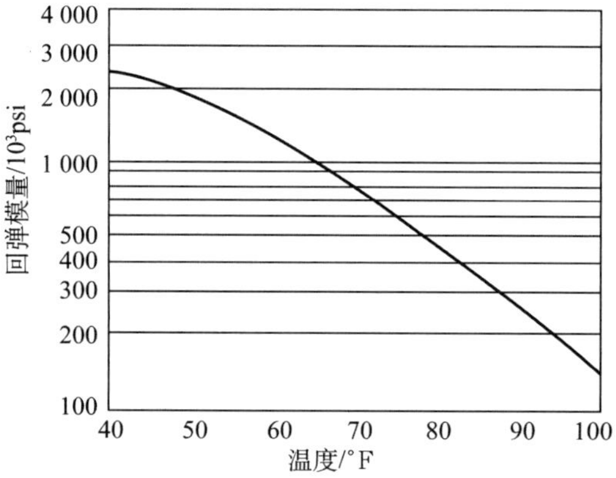

图 7-39 设计实例的 AC 温度-模量关系

第 3 步:历史温度数据。设计路面温度由本地区的气候资料获得，设计 AC 模量值见表 7-4。为简化计算过程，将 12 个月的缩减为四个季节组，如表 7-5 所示。

表 7-4 每月设计路面温度和 AC 模量

月份	路面设计温度	回弹模量(10^3 psi)
1 月	56 ℉	1 500
2 月	60 ℉	1 270
3 月	67 ℉	920
4 月	76 ℉	570
5 月	84 ℉	360
6 月	92 ℉	220

（续表）

月份	路面设计温度	回弹模量(10^3 psi)
7 月	95 ℉	180
8 月	95 ℉	180
9 月	89 ℉	260
10 月	77 ℉	540
11 月	65 ℉	1 000
12 月	57 ℉	1 400

表 7-5　　按季节交通流量进行分组

组	月份	回弹模量(10^3 psi)		总交通量的百分比/%	组所需通过量
		每月值	组平均		
1	1 月	1 500	1 390	25.0	12 500
	12 月	1 400			
	2 月	1 270			
2	11 月	1 000	960	16.7	8 350
	3 月	920			
	4 月	570			
3	10 月	540	490	25.0	12 500
	5 月	360			
	9 月	260			
4	6 月	220	210	33.3	16 650
	7 月	180			
	8 月	180			

第 4 步：估算路面总厚度。在 UFC 3-260-02 中找到合适飞机设计曲线，设计飞机和 CBR 为 6 的路基所需的路面总厚度估计约为 36 in①。空军标准(UFC 3-260-02，表 7-5)要求中等负荷，B 型交通区域和 CBR 为 80 的路基时，AC 的最小厚度为 5 in，基层最小厚度为 6 in。

第 5 步：初步路面设计。初步断面设计如下：2 in 半柔性路面，3 in AC，6 in 的基层，25 in 的底基层。这可能是最经济设计断面。如果需要增加强度，那么首先应选择

① 1 in≈25.4 mm。

用基层材料替换底基材料。如果设计分析显示，由于半柔性路面层增加了结构性能，而整体厚度过于保守，那么可以减少底基层厚度，从而使最终设计更加经济。

第 6 步：初步断面设计的层状弹性设计分析。柔性路面层状弹性设计软件用于计算半柔性路面初步断面设计的关键位置的应变，允许的通过量和破坏因子。假设交通流量在全年均匀分布，根据特定季节的月数对每个季节进行加权。根据每个季节的平均路面温度和图 7-37、图 7-39 给出的关系，分配半柔性路面和 AC 层的模量值。每个季节都进行了一次计算机分析，以确定允许的飞机通过量。使用软件计算出路基和 AC 标准破坏时的允许通过量，但半柔性路面层底部的计算应变允许的通过量必须根据图 7-38 中提供的疲劳曲线确定。特定路面温度下在这些曲线之间的插值对数据的精确性是很有必要的。表 7-6 总结了设计输入，计算的应变，季节性损伤因子和累积损伤因子。

表 7-6　　初步半柔性路面设计总结

路面层位	厚度	1 组	2 组	3 组	4 组
半柔性路面	2 in	2 100	1 775	1 450	980
AC	3 in	1 390	960	4 90	210
基层	6 in	50	50	50	50
底在层	25 in	25	25	25	25
路基	—	10	10	10	10
允许通过量 n_{reqd}		12 500	8 350	12 500	16 650
半柔性路面 RMP 应力		1.58×10^{-6}	0	5.43×10^{-6}	4.65×10^{-5}
允许通过量 RMP N_{allow}		unlimited	unlimited	unlimited	unlimited
破坏因子 RMP n/N		接近 0	接近 0	接近 0	接近 0
累计破坏因子 RMP CDF=0					
AC 应力		1.60×10^{-5}	2.96×10^{-4}	5.08×10^{-4}	6.05×10^{-4}
允许通过 N_{allow}		19.4×10^{9}	24 032	9 690	38 682
破坏因子 n/N*		near 0	0.35	1.29	0.43
累计破坏因子 AC CDF=2.07*					
基础应力		9.71×10^{-4}	9.92×10^{-4}	1.02×10^{-3}	1.06×10^{-3}
允许通过量 N_{allow}		141 711	111 204	81 126	52 467
破坏因子 n/N		0.09	0.07	0.15	0.32
路基累计破因子 CDF=0.63					

注：* 显示 AC 层早期破坏。

通过设计分析的结果表明，这样的条件下由于从AC层底部开始的拉伸裂纹，初步设计的断面会产生早期破坏。由于假定了半柔性路面层和AC层充分黏结，所以这些裂纹可能很快地向上延伸到半柔性路面层。所以针对半柔性路面设计时，这种结构能力不足导致的路面破坏是最常见到的。

第7步：使用计算应变、允许通过量和累积损伤因子来确定最佳的半柔性路面设计断面：最佳的半柔性路面设计断面由各种结构剖面的试算法计算分析确定。本例中的最佳设计代表了CDF值等于或低于1.0时，所采用的最经济的断面结构（最小AC和基层允许厚度）。对于每个关键破坏点（半柔性路面的底部，AC的底部，路基的顶部），CDF值必须等于或小于1.0以满足此设计方法。表7-7总结出了最佳半柔性路面设计的结构层的导入数据，计算应变和损伤因子。

表7-7 最佳半柔性路面设计总结

路面层位	厚度	1组	2组	3组	4组
半柔性路面	2 in	2 100	1 775	1 450	980
AC	6 in	1 390	960	490	210
基层	14 in	50	50	50	50
底在层	14 in	25	25	25	25
路基	—	10	10	10	10
允许通过量 n_{reqd}		12 500	8 350	12 500	16 650
半柔性路面应力 RMP 应力*		1.34×10^{-5}	9.23×10^{-5}	8.02×10^{-5}	1.34×10^{-5}
允许通过量 RMP N_{allow}		unlimited	unlimited	unlimited	unlimited
破坏因子 RMP n/N		接近0	接近0	接近0	接近0
累计破坏因子 RMP CDF=0					
AC应力		2.34×10^{-4}	2.79×10^{-4}	3.69×10^{-4}	4.82×10^{-4}
允许通过 N_{allow}		29.026	32 302	47 918	120 518
破坏因子 n/N		0.38	0.26	0.26	0.14
累计破坏因子 AC CDF=1.04*					
基础应力		8.09×10^{-4}	8.43×10^{-4}	9.58×10^{-4}	9.53×10^{-4}
允许通过量 N_{allow}		1 120 813	703 016	165 092	175 176
破坏因子 n/N		0.01	0.01	0.08	0.10
路基累计破因子 CDF=0.19					

注：* 修约到1.0，控制AC层，以达到最佳设计断面。

对于这个设计案例，初步设计断面额外增加了的 3 in AC 和 8 in 基层，同时底基厚度减少了 11 in，以达到最佳的半柔性路面设计断面。这种最佳设计方法提供了足够的结构能力以保护 AC 层免受过早的疲劳开裂。

8 半柔性路面施工方法

半柔性路面的施工采用灌入式，主要包括母体沥青混合料面层的铺筑和水泥胶浆的灌注两个主要阶段。由于半柔性路面的设计要求和设计方法不同于一般沥青路面，而且其中涉及水泥胶浆的灌注这一工序，因此半柔性路面的施工方法也不同于一般沥青路面的施工方法。

8.1 母体沥青混合料施工方法

8.1.1 母体沥青混合料的拌和

拌制母体沥青混合料和普通沥青混合料方法大致相同，但在生产过程中由于使用了较多粗集料，拌和温度较难控制。且使用了黏度较大的高黏度改性沥青，因此必须提高混合料拌和温度，确保出厂温度控制在 170～180 ℃。一般情况下，母体沥青混合料在普通沥青混合料施工的温度基础上提高 10～20 ℃，具体的温度控制如表 8-1 所示。

表 8-1　　母体沥青混合料施工的温度控制

项目	温度控制
改性沥青加热温度/℃	160～170
集料加热温度/℃	180～190
混合料出厂温度/℃	170～180
混合料最高温度/℃	195

因为混合料中粗集料用量较多，易产生沥青的析漏和粗细集料颗粒的离析，所以排水性沥青混合料宜随拌随用。如因生产或其他原因需要短时间储存时，储存时间不宜超过 24 h，储存期间温降不应超过 10 ℃。

8.1.2 母体沥青混合料的运输和摊铺

1. 母体沥青混合料的运输

母体沥青混合料的空隙率较大，因此温度下降速度比普通沥青混合料快，故在运输过程中应注意以下几点。

(1) 母体沥青混合料宜采用大吨位运料车运输，以保证在摊铺机前形成一个不间断的供料车流。运料车在开始运输前，应在车厢及底板上涂刷一层油水混合物，使混合料不与车厢黏结。

(2) 任何情况下，运料车在运输过程中都应加盖苫布，以防表面混合料降温结成硬壳，在运输过程中混合料的温度损失不应超过 10 ℃。

(3) 运料车到达现场后，应严格检查沥青混合料的温度，不得低于摊铺温度 160 ℃的要求。

施工中混合料用沥青混合料专用自卸车运料，运料前清洗干净车斗，用 1∶3 油水混合液喷洒车斗，每辆车配备蓬布覆盖以保持沥青混合料温度。

2. 混合料的摊铺

母体沥青混合料的摊铺与普通沥青混合料一样，但应注意以下几点。

(1) 摊铺机开始铺筑前应对熨平板预热至 100 ℃以上，铺筑过程中应开动熨平板的振动或捶击等夯实装置。

(2) 沥青混合料的摊铺速度应调正到与供料速度平衡，必须均匀、连续不间断地摊铺。摊铺过程中不得随意变换速度或中途停顿。由于改性沥青或沥青混合料生产影响拌和机生产率，摊铺机的摊铺速度应放慢，通常控制在 2～3 m/min。当供料不足时，宜采用运料车集中等候、集中摊铺的方式，尽量减少摊铺机的停顿次数。此时摊铺机每次均应将剩余的混合料铺完，做好临时接头。如等料时间过长，混合料温度降低，表面结硬成硬壳，影响继续摊铺时，必须将硬壳去除。

(3) 沥青混合料应在路拱一侧全宽度摊铺，且在纵横施工缝接头处不可有多余的沥青或其他结合料，以免阻碍面层内部的排水。

施工中采用摊铺机进行摊铺，在边角部位，摊铺机无法作业时，人工快速摊铺、找平，及时进行压实。摊铺开始前，熨平板预热到接近混合料的温度，防止黏料。采用锁定摊铺厚度为准的摊铺方法等厚摊铺，根据试验段试铺总结摊铺系数为 1.05，同时采用单位面积摊铺的混合料质量进行厚度控制，实行双控。摊铺速度与拌和装置生产率相适应，保持及时连续供料，行进速度控制在 1.5～2.0 m/min，避免停机待料。摊铺机配备两人操作一台，做到轮流操作不停机。禁止在新铺的桥面铺装层上急转和调头。混合料的摊铺温度确保在 170～180 ℃。摊铺机摊铺母体沥青混合料现场如图 8-1 所示。

图 8-1　摊铺机摊铺母体沥青混合料

8.1.3　排水性沥青混合料的碾压

母体沥青混合料路面的碾压工艺与普通沥青路面的压实工艺基本相同，但在碾压方式和碾压温度等方面也有其自身的特点，应注意以下几点。

(1) 沥青混合料摊铺后，必须紧跟着在尽可能高的温度状态下开始碾压，不得等候。除必要的加水等短暂歇息外，压路机在各阶段的碾压过程中应连续不间断地进行。同时也不得在低温度状态下反复碾压沥青混合料，以防止磨掉石料棱角或压碎石料，破坏集料嵌挤。碾压温度应符合要求，如表 8-2 所示。

表 8-2　　排水性沥青混合料碾压时的温度控制

项目	温度控制
初压温度/℃	≥150
复压温度/℃	≥130
终压温度/℃	≥100
开放交通温度/℃	≤50

（2）沥青混合料的初压采用刚性碾强振两遍，初压区的长度通过计算确定以便与摊铺机的速度匹配，一般不宜大于 20 m。复压应紧跟在初压后进行，采用刚性碾振压两遍。终压采用刚性碾静压一遍，以消除轮迹。

（3）振动压路机碾压沥青混合料应遵循"紧跟、慢压、高频、低幅"的原则。即压路机必须紧跟在摊铺机后面碾压，碾压速度要慢，要均匀，并采取高频率、低振幅的方式碾压。

（4）压路机应该紧跟摊铺机向前推进地碾压，碾压段长度大体相同，每次碾压到摊铺机跟前后折返碾压（图 8-2）。沥青混合料的碾压速度不得超过 5 km/h。

（5）沥青混合料应防止过度碾压，现场取样的空隙率控制在 20%。

（6）为了防止混合料黏附在轮子上，应适当洒水使轮子保持湿润，水中可掺加少量清洗剂，但应该严格控制水量以不黏轮为度，且喷水必须是雾状的，不得采用自流洒水的压路机。

图 8-2　压路机紧跟在摊铺机后碾压

图 8-3　两台压路机并列碾压

施工中，采用一台英格索兰 DD-130 双驱双振压路机和一台宝马 202AD 双驱双振压路机用一档各负责一半幅，并列碾压（图 8-3）。每次静压直至摊铺机跟前，压实往返行程长度保持在约 30 m，碾压速度在 3～5 m/h。压路机往返碾压时与前钢轮印迹重叠三分之一，以保证压实均匀，碾压遍数为 6 遍，并在混合料温度下降到 135 ℃前碾压完毕。同时增加一台比特利 DIV315 型 6T 压路机进行防撞护栏边缘的补充碾压。

8.1.4 母体沥青路面施工质量控制

母体沥青路面施工质量按照以下要求进行控制。

(1) 建立以项目经理、技术总工程师负责的质量控制保证体系，成立质量控制小组，并在领导小组的统一协调管理下，全面控制石料破碎、改性沥青生产、乳化沥青生产、混合料的拌和、摊铺、碾压。

(2) 严格遵守《改性沥青路面施工技术规程》，认真组织施工工艺，落实工艺过程质量保证，做到工序细节质量技术交底，使每一项施工工艺符合质量要求，从而有效地控制总体质量。

(3) 严格按照技术规范，监理规程进行抽样试验和检测，认真做好自检工作，报监理工程师复检，合格后方可进入下道工序施工，确保工程质量。

(4) 每工作日或施工日按照《公路路基路面现场测试规程》(JTG E60—2019)[39]对集料级配、沥青含量、空隙率、压实度等进行检测，如实记录、及时反馈，确保成品满足《公路沥青路面施工技术规范》(JTG F40—2004)的要求。

8.1.5 母体沥青路面工程现场铺筑试验结果

1. 抽提筛分试验

(1) 沥青含量检验

设计沥青含量为5.3%，8个试样的抽提结果如表8-3所示。

表 8-3　沥青含量检验结果

试样	沥青含量/%	试样	沥青含量/%
No. 1	5.1	No. 5	5.1
No. 2	4.9	No. 6	5.1
No. 3	5.2	No. 7	5.0
No. 4	5.0	No. 8	5.2
平均沥青含量/%		5.075	

(2) 抽提筛分结果

抽提筛分结果如表8-4所示。

表 8-4　抽提筛分结果

筛孔/mm	16	13.2	9.5	4.75	2.36	0.075
生产级配/%	100	94.3	60.2	20.8	15.3	4.7
抽提级1/%	100	95.7	61.2	19.3	14.5	4.3
抽提级2/%	100	96.1	62.3	21.5	14.8	4.2

（续表）

筛孔/mm	16	13.2	9.5	4.75	2.36	0.075
抽提级 3/%	100	93.8	58.9	20.7	14.7	4.5
抽提级 4/%	100	95.4	61.8	20.1	14.2	5.0
抽提级 5/%	100	93.4	62.3	20.9	14.6	4.1
抽提级 6/%	100	95.2	61.4	21.2	16.1	4.5
抽提级 7/%	100	96.8	63.1	20.4	14.5	4.4
抽提级 8/%	100	93.6	58.7	20.6	15.7	4.6
平均/%	100	95.0	61.2	20.6	14.9	4.5
偏差/%	0	+0.7	+1	−0.2	−0.4	−0.2

2. 马歇尔试验

马歇尔稳定度试验结果如表 8-5 所示。

表 8-5　马歇尔稳定度试验结果

试件	稳定度/kN	流值/0.1 mm	试件	稳定度/kN	流值/0.1 mm
No.1	4.94	27.6	No.5	5.39	28.8
No.2	4.76	29.4	No.6	5.19	21.4
No.3	5.14	28.6	No.7	4.69	29.6
No.4	4.92	30.0	No.8	5.23	31.4
稳定度均值/kN		5.07	流值均值/0.1 mm		29.42

3. 摩擦系数试验

试验结果如表 8-6 所示。

表 8-6　摩擦系数试验结果

序号	结果(BPN)	序号	结果(BPN)	序号	结果(BPN)	序号	结果(BPN)
1	70	7	64	13	63	19	51
2	65	8	65	14	60	20	60
3	65	9	72	15	53	21	56
4	59	10	66	16	55	22	64
5	67	11	59	17	56	23	62
6	61	12	58	18	59	24	57
摩擦系数均值(BPN)				61.125			

4. 构造深度试验

试验结果如表 8-7 所示。

表 8-7 构造深度试验结果

序号	结果/mm	序号	结果/mm	序号	结果/mm	序号	结果/mm
1	1.71	7	1.88	13	3.18	19	2.21
2	1.88	8	2.11	14	1.88	20	3.18
3	2.21	9	1.88	15	1.62	21	2.63
4	3.18	10	1.88	16	2.11	22	3.18
5	1.88	11	2.21	17	2.21	23	2.21
6	1.62	12	2.63	18	2.63	24	1.88
构造深度均值/mm				1.915			

5. 渗水系数试验

试验结果如表 8-8 所示。

表 8-8 渗水系数试验结果

序号	结果/(mL·min^{-1})	序号	结果/(mL·min^{-1})	序号	结果/(mL·min^{-1})	序号	结果/(mL·min^{-1})
1	4 500	7	5 142	13	6 000	19	6 000
2	5 142	8	4 500	14	5 142	20	5 142
3	5 142	9	6 000	15	4 500	21	6 000
4	6 000	10	5 142	16	6 000	22	5 142
5	4 500	11	7 200	17	4 500	23	7 200
6	5 142	12	5 142	18	5 142	24	6 000
渗水系数均值(mL·min^{-1})				5 094.8			

6. 平整度试验

试验结果如表 8-9 所示。

表 8-9 平整度试验结果

检测路段	检测数据/mm						
	1	2	3	4	5	6	结果
K0+000-K0+303	0.89	0.92	1.12	—	—	—	0.977
K0+000-K0+560	1.01	0.78	0.85	1.16	0.93	1.04	0.962

（续表）

检测路段	检测数据/mm						
	1	2	3	4	5	6	结果
K1+650-K1+978 左	1.04	0.89	0.92	1.06	—	—	0.978
K1+650-K1+978 右	1.08	0.76	0.88	0.81	—	—	0.883
K0+150-K1+650 左	0.98	1.11	0.76	0.82	0.91	0.77	0.897
	1.05	1.06	0.92	0.73	0.76	0.89	
K0+150-K1+650 右	0.82	0.89	1.13	1.03	0.92	0.72	0.9
	0.86	0.92	0.87	1.06	0.77	0.81	
K0+000-K0+150 左	0.92	0.94	—	—	—	—	0.93
K0+000-K0+150 左	0.89	1.02	—	—	—	—	0.955

7. 现场空隙率检测试验

检测试验结果如表 8-10 所示。

表 8-10　　现场空隙率检测试验结果

试件编号	试件厚度/cm	空隙率/%	连通空隙率/%	芯样压实度/%
1	4.6	21.9	16.8	99.7
2	4.4	22.6	17.5	98.9
3	4.7	21.7	17.1	99.1
4	4.1	20.8	17.3	100.2
5	5.1	21.2	16.9	99.5
6	4.9	22.2	17.2	98.3
7	4.2	21.6	16.8	99.0
8	4.4	23.0	17.6	99.3
9	4.3	23.1	16.8	98.5
10	4.5	21.5	17.5	100.1
均值	4.465	21.96	17.15	99.26

综合以上检测结果，证明本次施工铺筑的排水性沥青路面的各项性能指标均满足要求。

8.2 水泥胶浆的拌和、灌注与注意事项

1. 水泥胶浆的拌和、灌注

水泥胶浆的拌和可采用小型叶片式混凝土搅拌机。其加料顺序为：水—外掺剂（如减水剂、聚合物胶乳等）—细集料（砂等）—水泥。搅拌直至材料均匀一致。搅拌完毕后要尽快灌浆，以免水泥胶浆随着时间增长流动度变小，影响水泥胶浆的渗透效果。因此，与一般沥青混凝土路面施工相比，要求各工序之间的衔接要更加迅速、紧凑。当路面有纵向坡度时，要从低处向高处撒铺浆料，以防止水泥胶浆因为快速流动而造成渗透效果不好。为了帮助浆料渗透，要及时采用小型振动压路机碾压帮助渗透，使浆料能充分均匀地渗入母体骨架空隙中。碾压时，应保持碾压轮湿润。

2. 刮除多余浆料

渗透完毕后，如路表面仍有多余浆料，应迅速用橡胶刮板刮除，以暴露出母体沥青混凝土表面的凹凸不平为宜，否则会降低路面的摩擦系数，还可能造成收缩裂缝。在此之前，禁止人员车辆通行。

3. 养生

对渗透浆料要进行一定时间的养生，养生时间视浆料的性质而不同，但至少也应保持 24 h。待浆料硬化后即可开放交通。

4. 施工注意事项

在施工中，应注意以下问题。

（1）母体沥青混合料的碾压以钢轮压路机为宜，轮胎式压路机易使孔隙阻塞。

（2）等铺设的母体沥青混合料温度降到 60 ℃以下时才能灌注水泥胶浆，否则过高的温度会使浆料迅速硬化。

（3）水泥浆料的撒布要迅速，一次撒足，尽量避免在开始硬化后二次补料。

（4）使用振动压路机帮助浆料渗透时，要控制机械的行驶速度和碾压次数，使胶浆徐徐下渗，避免快速行驶引起浆料四溅。

（5）灌浆后应将多余的浆料迅速刮除，以保证半柔性路面拥有理想的表面结构。

（6）要注意初期严格封闭交通，防止雨水冲刷和污物阻塞孔隙。

8.3 半柔性路面的施工质量控制

影响半柔性路面性能的关键因素之一是充填率，充填率直接影响水泥胶浆的灌入程度，若水泥胶浆灌入不充分，半柔性路面的性质会降低。

1. 充填率的定义

充填率=（浸透后试件质量－浸透前试件质量）×100/（试件体积×沥青混合料空隙率×水泥胶浆密度）

2. 不同空隙率下半柔性路面混合料的充填率

为了考查不同空隙率半柔性路面混合料在不同温度下的充填状况，实验在不同温度母体下填充水泥胶浆，实验结果见表 8-11。

表 8-11　　半柔性路面不同温度下的充填率

目标空隙率	养生温度/℃	空隙率/%	充填率/%
21%	60	20.8	83.6
	80	20.6	79.2
23%	20	23.7	86.7
	40	23.2	78.8
	60	23.3	78.6
	80	23.8	78.9
25%	60	25.7	80.3
	80	25.6	83.7

由表 8-11 可以看出，在同一空隙率下，半柔性路面混合料的填充率随着母体温度的降低有增大的趋势，但在 40～80 ℃范围内差别不大。

3. 充填率与层厚的关系

为了考查层厚对充填率的影响，对于不同层厚进行充填率实验，结果见表 8-12，如图 8-4—图 8-11 所示。

表 8-12　　充填率与层厚关系

<table>
<tr><th>空隙率</th><th>母体温度/℃</th><th>层厚/cm</th><th>充填率/%</th></tr>
<tr><td rowspan="2">23%</td><td>50</td><td rowspan="4">5</td><td>80.4</td></tr>
<tr><td>80</td><td>76.5</td></tr>
<tr><td rowspan="2">25%</td><td>50</td><td>85.1</td></tr>
<tr><td>80</td><td>78.8</td></tr>
<tr><td rowspan="4">23%</td><td rowspan="2">50</td><td rowspan="8">10</td><td>67.4</td></tr>
<tr><td>74.5</td></tr>
<tr><td rowspan="2">80</td><td>51.3</td></tr>
<tr><td>59.1</td></tr>
<tr><td rowspan="4">25%</td><td rowspan="2">50</td><td>71</td></tr>
<tr><td>75</td></tr>
<tr><td rowspan="2">80</td><td>68.8</td></tr>
<tr><td>73.4</td></tr>
</table>

（续表）

空隙率	母体温度/℃	层厚/cm	充填率/%
23%	50	15	72.5
			70.3
			67.9
	80		72.8
			54.7
			51.7
25%	50		77.2
			78.1
			78.8
	80		78.3
			76.9
			70.9
23%	50	20	67.6
			77.4
			84.8
			80.4
	80		66.2
			64.4
			60.5
			59.4
25%	50		72.4
			66.1
			57.6
			61.2
	80		72.9
			72.5
			53.5
			53.5

由图 8-4 和图 8-5 可以看出，随层厚逐渐增大，半柔性路面混合料的充填率逐渐减小，这说明层厚增加后，为了达到好的充填率，需采用分层填充的方式。

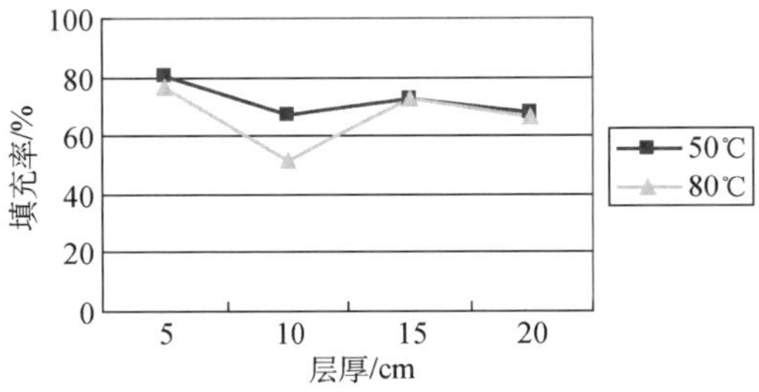

图 8-4　充填率随层厚的变化(空隙率为 23%)

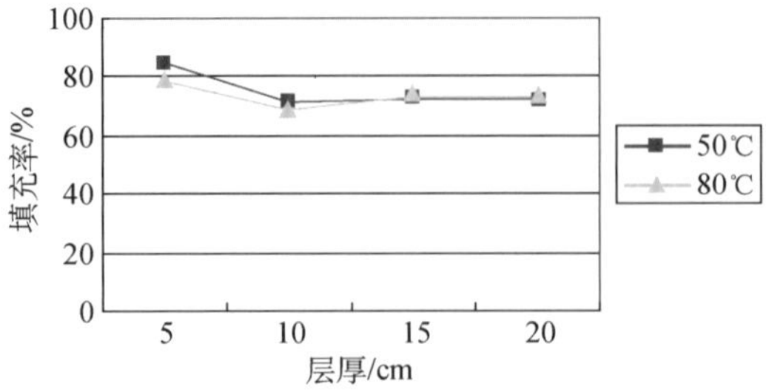

图 8-5　充填率随层厚的变化(空隙率为 25%)

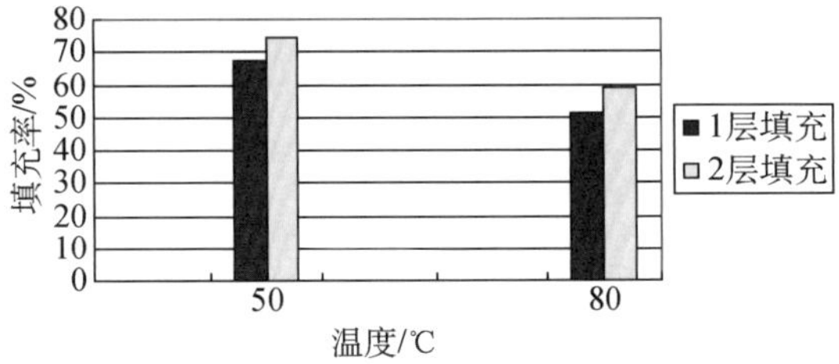

图 8-6　不同填充方式对半柔性路面混合料充填率的影响(23%空隙率)

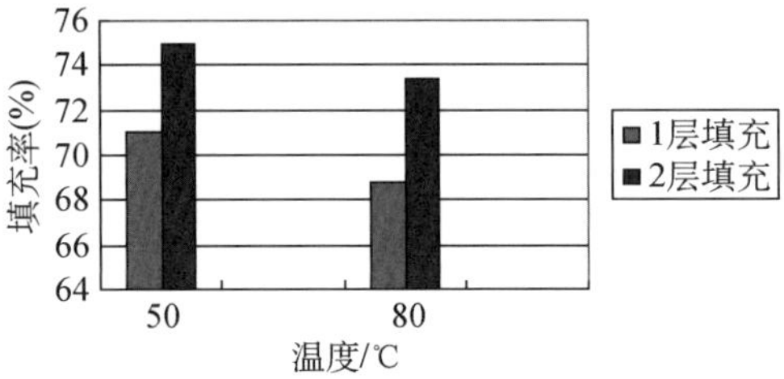

图 8-7　不同填充方式对半柔性路面混合料充填率的影响(25%空隙率)

由图 8-6 和图 8-7 可以看出，对于 10 cm 板厚，采用分 2 层填充时，半柔性路面混合料的充填率较大。

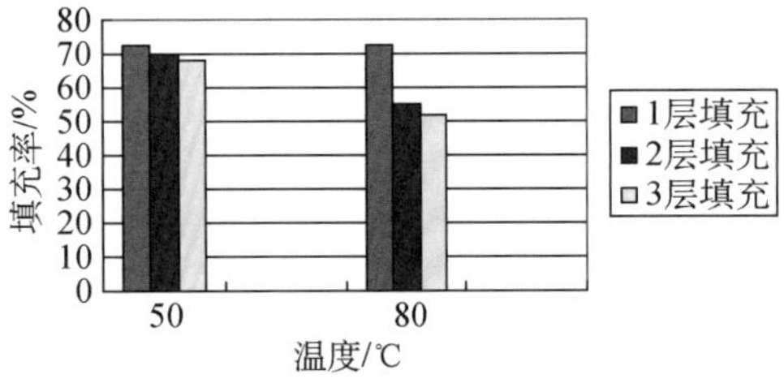

图 8-8　不同填充方式对半柔性路面混合料充填率的影响(23%空隙率)

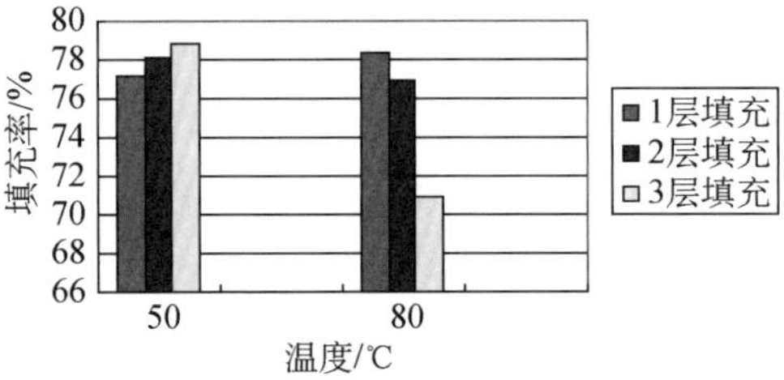

图 8-9　不同填充方式对半柔性路面混合料充填率的影响(25%空隙率)

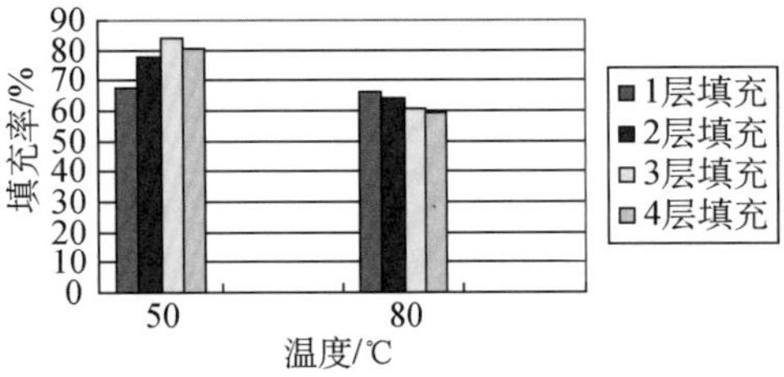

图 8-10　不同填充方式对半柔性路面混合料充填率的影响(23%空隙率)

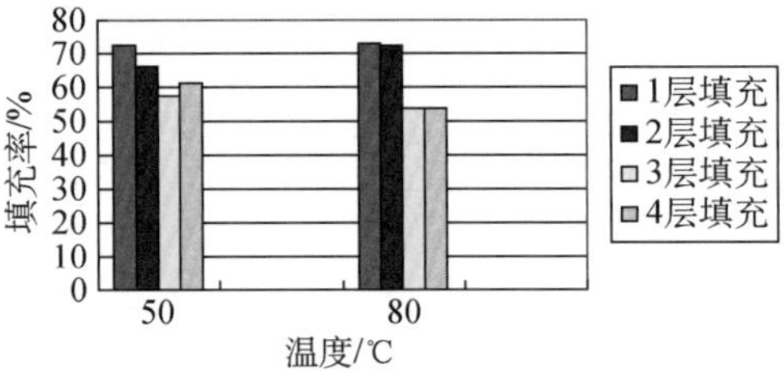

图 8-11　不同填充方式对半柔性路面混合料充填率的影响(25%空隙率)

由图 8-8—图 8-11 可以看出，随层厚逐渐增大，半柔性路面混合料采用分层填充，其充填率有减小的趋势，这说明层厚增加到一定程度后，通过分层也不宜达到好的填充水平，这说明为了让半柔性路面达到良好效果，其厚度不宜太大。

8.4 彩色水泥灌浆沥青路面施工工艺研究

8.4.1 灌浆用水泥浆数量的确定

彩色水泥灌浆沥青路面的水泥胶浆为沥青路面成型后才灌入，为使施工连续并且不造成太大浪费，施工前需估算水泥胶浆的用量。由路面基体沥青混合料的总体积乘以其空隙率即可求得所需水泥浆的数量。例如路面厚度为 5 cm，面积为 1 m^2，基体沥青混合料连通空隙率为 24.3%，则水泥胶浆用量为 $0.05\times1\times0.243=0.01215\ (m^3/m^2)$，再按刚拌好的水泥浆的体积和质量，算出密度为 1.959 g/cm^3，从而得出水泥胶浆的用量；根据各种材料用量比例和各组成材料质量之和等于水泥浆质量，即可算出各种组成材料的用量，见表 8-13。

表 8-13 水泥浆及各种材料用量数量表

材料	水泥浆	水泥	水	砂	矿粉	色粉	早强剂	减水剂
用量/kg	23.802	12.654	6.580	2.531	1.265	0.506	0.253	0.0127

8.4.2 施工工序

施工工序分为以下几个部分：基体沥青混合料铺筑—水泥胶浆搅拌—水泥胶浆浸透—表面水泥胶浆刮除整平—养生供用。

1. 基体沥青混合料的铺筑

沥青混合料使用普通摊铺机进行，与普通沥青混凝土路面施工方法相同，但是要严格控制平整度，尽量选用宽幅摊铺设备，以减少接缝痕迹，保证平整度。沥青混合料在摊铺时要严格控制骨架空隙率，一般使用低吨位的双钢轮压路机静压（轮胎式压路机容易使表面空隙堵塞，影响下一步的灌浆；振动压路机易使级料破碎，改变空隙率）。碾压次数可比普通沥青混凝土少一遍，当材料温度降到 80 ℃左右时要进行整平碾压，以消除轮迹。成型后，非施工车辆严禁在路上行驶，在交通完全封闭的情况下冷却，并严格防止砂石、赃物等附着到路面堵塞表面空隙。

2. 水泥胶浆拌制

水泥胶浆采用移动式拌浆机现场拌和制作，按照“水—矿粉（颜料）—水泥—细砂—外加剂（外加剂投料顺序如有要求应当咨询厂家）”的顺序 3 min 内投放完各种材料，拌和均匀即可。为避免水泥胶浆随时间增长流动度变小，搅拌完毕后要尽快灌浆，各工序之间的衔接要更加迅速、紧凑。

3. 灌浆

当确认铺设的多孔基体沥青混合料已冷却至 40 ℃以下后，将设计用量的水泥胶浆反复在铺装层表面铺洒。为让水泥浆顺利、均匀、快速下渗，水泥浆撒铺后应一边用橡胶板来回耙，如图 8-12 所示。一边同时借助 6～8 t 小型振动压路机辅助碾压振动贯入。直至水泥胶浆不再下渗，空隙灌满为止，如图 8-13 所示。当路面有纵坡时，要从低处向高处撒铺浆料，以防止水泥胶浆快速流动而造成渗透效果不好。碾压时尽量避免水泥浆黏附在碾压轮上。

图 8-12 洒铺水泥胶浆

图 8-13 紧跟振动压路机灌浆

4. 多余胶浆刮除表面整平

渗透完毕后，用橡胶刮板将残余在表面的水泥胶浆刮除干净，以暴露出基体沥青表面的凹凸不平，见图 8-14，否则会降低路面的摩擦系数，还可能造成表面多余水泥胶浆硬化成层后收缩开裂。

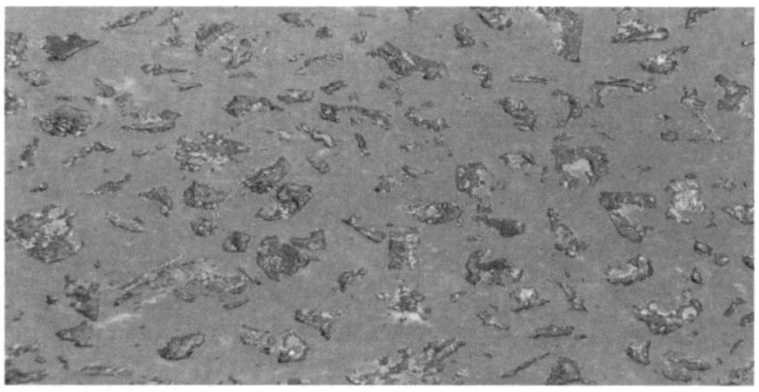

图 8-14 路面表面图

5. 养生供用

因为有水泥胶浆的存在，施工完毕后要对路面进行一定时间的养生。养生时间视浆料的性质不同而不同，待浆料硬化后放可开放交通。这种养生时间大都根据所使用的水泥种类按经验来确定。例如，普通型水泥的养生时间一般为 3 d，早强型的为 1 d，而超早强型则为 3～5 h。但是，也有规定养生时间不能按经验来确定，而是根据该复合混合料耐磨和抗车辙性与水泥抗压强度的关系，以水泥的抗压强度高于 50 kgf/cm^2（1 kgf/cm^2＝0.098 MPa）的标准来确定路面养生时间的。本次设计的路面在完工养生 24 h 后即可开放交通。养生期间严格封闭交通，禁止一切人员和车辆通行，并注意防止雨水冲刷。

6. 施工注意事项

施工时应注意以下事项。

(1) 在使用振动压路机帮助水泥胶浆渗透时，要控制机械的行驶速度和碾压次数，使胶浆徐徐下渗的同时避免行驶过快引起浆料四溅。

(2) 因为是彩色路面，在灌浆施工前，要将搅拌、输送、接触彩色水泥胶浆的机具彻底清洗干净，施工人员也要采取一定的措施，使其不要弄污路面。

(3) 在养生 24 h 通车后，最好在此后一段时间内(7 d)也要对路面进行间隔洒水养护，这样有利于路面内部水泥胶浆强度更好形成，同时减小收缩。

(4) 橡胶路耙尺寸：形如长方形，长约 50 cm，高约 5 cm，为方便工人施工安装长木棒把手。橡胶路耙要硬度适中，既不能太软要能刮除表面多余浆液，又不能太硬，要能容易刮出、看见沥青路面。

8.4.3 大规模施工

普通中小规模的水泥灌浆沥青路面的施工顺序是：基体沥青混合料铺设—水泥胶浆搅拌—水泥胶浆浸透—水泥胶浆整平—养生供用。传统的施工方法是，铺设基体沥青混合料后利用移动式拌浆机在现场搅拌水泥乳浆，人工撒布并摊铺，然后利用振捣板和小型振动压路机将水泥乳浆填充于基体沥青混合料的空隙中，估计适宜的时候，利用橡胶耙清除剩余的水泥胶浆并进行表面整平。但是由于这些作业相当繁杂，大部分施工作业需要很多的劳动力和较高的熟练程度。因此开发合理化技术对水泥灌浆沥青路面施工法来说非常需要。

作为一般的倾向，中小规模水泥灌浆沥青路面的合理化施工技术有水泥胶浆的预拌化、水泥胶浆搅拌机的高效化、胶浆摊铺机的开发等。大规模施工时应注意以下问题。

1. 施工合理化的对策

(1) 提高施工效率。传统的施工方法需要很多劳动力，大规模施工就只得以延长作业时间和增加施工队伍来应对，所以确保作业熟练的优质劳动力很重要。因此，需要通过作业的机械化、自动化等改善施工效率，以求省力的同时大幅度提高生产效率、缩短工期。

(2) 质量的稳定化与提高精度的对策。在要求熟练程度的传统施工方法方面，大规模施工就会产生个人差别，施工过程中的失败有可能对整平质量和施工质量产生不良影响。因此，为了获得稳定的质量和高精度的施工质量，要确立不产生个人差别的水泥胶浆的搅拌、撒布、浸透、整平技术。

2. 改善的原理

(1) 水泥胶浆的填充原理。水泥胶浆填充到基体沥青混合料空隙中的机理是沥青混合料空隙内的空气与水泥乳浆的置换。促进与空气的置换的机理是“压入”“吸引”“振动”等。其中直接使基体沥青混合料振动的方法具有促进水泥胶浆流动加快的特点，根据实验得出高额率的平板状振动装置效果最好，应以此为填充机理。

（2）在水泥胶浆的洒铺过程中，如果将水泥胶浆一次就全部洒布在大面积的基体沥青混合料上，水泥胶浆就会成为隔离层，这会妨碍与空隙内空气与水泥浆的置换。因此，仅将水泥胶浆洒铺与施工宽度相当数量即可。另外，为了防止路面坡度造成填充的水泥乳浆的流动，应在填充用振动平板的后面设置旋转式橡胶刮板，连续反复耙平流动的胶浆。

（3）水泥胶浆的回收与表面整平机理。填充水泥胶浆时，由于有剩余的水泥胶浆，填充后应进行剩余胶浆的回收和表面修整。传统做法是用橡胶刮板将剩余胶浆刮掉并擦铺在未填充处，但夏季高温时水泥胶浆的凝固反应加快，妨碍了填充。

因此，剩余水泥浆应该在胶浆填充装置通过后立即收集起来。具体做法上可将回收装置与水泥胶浆填充装置一体化，用泵抽回至旋转搅动罐进行一次回收利用，还可以利用移动式回收装置二次回收剩余不净的水泥浆作为其他用途，这就减少了材料损失，并大大节省了劳力。

另外，关于面层多余水泥胶浆的铲除、整平，可以采取在钢轮压路机上安装橡胶刮板作为附件的措施进行面层整平的机械化施工，代替传统的人力施工，这样可以提高施工效率及施工质量。

3. 水泥胶浆填充机械

为了适应该种路面的施工，并根据上述施工分析，本研究初步设计了一种简单的水泥胶浆洒铺填充机械，如图 8-15 所示。

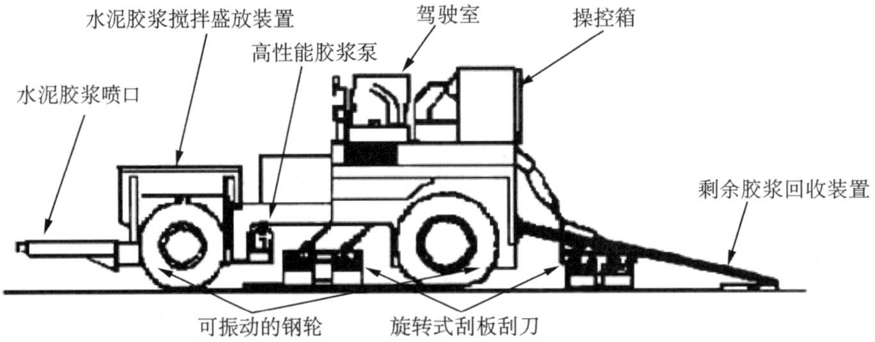

图 8-15　水泥胶浆洒铺填充机械

水泥胶浆洒铺填充机械主要部件及功用如下所述。

（1）水泥胶浆搅拌盛放装置，用来预先盛放并搅拌将要洒铺的水泥胶浆。

（2）水泥胶浆喷口，使水泥胶浆从搅拌盛放装置里排出到路面上。

（3）高性能胶浆泵，使回收的水泥胶浆泵送到搅拌盛放装置中。

（4）可振动的钢轮，产生振动波促进水泥胶浆的下渗，振动频率可以调整。

（5）旋转式刮板刮刀，促进水泥胶浆的下渗并且刮平表面胶浆。

（6）剩余胶浆回收装置，通过高性能胶浆泵回收多余的水泥胶浆，进行二次利用。

（7）操控箱，控制以上各种装置的运转。

9 半柔性路面在工程中的应用

9.1 半柔性路面在道路工程中的应用[48]

1. 工程概况

密西西比州科林斯 US72 号公路是一条中等交通量的公路，位于密西西比州的东北角，连接孟菲斯、田纳西、亨茨维尔和亚拉巴马州之间的交通。

现有路面结构为全深 31.75 cm 的热拌沥青混凝土。其中在 1992 年又加铺了 3.81 cm 厚的表面层，其余路面部分均在 1976 年摊铺完成。US72 号公路与 Hiton 街交叉路口如图 9-1 所示，两交叉路口采集的试样如图 9-2 所示。

图 9-1　US72 号公路与 Htion 街交叉路口

图 9-2　两交叉路口采集的试样

2. 树脂改性路面施工

半柔性路面施工将路面铣刨出 2 in 深条状带。在刚铣刨区域摊铺空隙率约为 30%、层厚 2 in 的开级配热拌沥青混凝土，摊铺温度在 290 ℉①。当母体沥青混合料层温度冷却到 140 ℉时，使用 2 t 的小型钢轮压路机按静压模式进行一次碾压，使得该层层面变得平顺。

当母体沥青混合料降低到环境温度后，使用高流动性水泥砂浆对其进行灌注。砂浆必须渗透过 2 in 全厚，并填充满母体沥青混合料内部的空隙。

在砂浆装车过程中，先在混凝土车中先加入了水，然后加入干重的硅砂。再加入 1 型水泥，接着加入 F 型的粉煤灰。值得注意的是运载过程中混凝土车必须对水泥砂浆搅拌。本项目在现场将 PL7 树脂改性剂加入混凝土车。使用小型泵机将 PL7 树脂改性剂由存储桶泵送到混凝土车里。水泥砂浆在混凝土车中应搅拌不小于 10 min，以保证 PL7 充分混合。掺入 PL7 改性剂 10 min 后，灌入开级配沥青混凝土层的砂浆已准备就绪。在灌注前，使用 Marsh 桶法对砂浆的流动性进行检测。Marsh 桶是用于测量 1 L

① 华氏温标(F)和摄氏温标(C)之间的转换关系为：F=32+C×1.8。

砂浆流过锥桶所需要时间。过高的流动时间意味着砂浆太过于黏稠，可能会难以渗透到整个开级配沥青混凝土的层厚。如果流动时间太短，砂浆可能达不到强度的要求。本项目的流动时间要求是 7～10 s。施工时灌注砂浆的流动时间测定为 8.72 s，满足要求。

使用 2 in 正方体砂浆试模，制作了 6 组试块来验证砂浆强度。48 h 后对试块抗压强度进行检测。48 h 后的抗压强度要求必须大于 2 000 psi①。

手持式刮板用于"推拉"多余的灌浆材料到欠饱和区域。由于砂浆的高流动性，所以必须要注意面层边缘不要因为砂浆的溢出而造成大量的流失。为了使灌浆材料分散，使用 3 t 压路机的振动模式通过灌浆面层。压路机的振动可以使砂浆完全渗透到 2 in 深的面层。碾压过后可观察到气泡冒出，表面沥青混合料中的空隙被砂浆填满。当面层灌注饱和后，使用推扫机来清理出最终表面的纹理。

两天后试铺段上提取了 4 in 直径的芯样。对芯样进行检查以确认是否砂浆渗透到了开级配沥青面层的全深度。如果超过 95%的空隙注浆饱满，则认为砂浆已经充分渗透。本次所有的芯样都达到了 95%的渗透率，认为试铺段树脂改性路面成功。

本案例工程施工过程如图 9-3—图 9-18 所示。

本案例中树脂改性路面施工应注意以下问题。

(1) 保证准确控制开级配沥青混合料的配合比，使其在目标值空隙率 30%的水平上。如果铺筑出面层空隙率小于 30%，砂浆对于 2 in 厚度的渗透能力将受到影响。

(2) 必须不停搅拌砂浆，直到 PL7 乳液外加剂添加到砂浆中。如果没有充分搅拌，砂浆将会过稠，同样会影响它全厚的渗透能力。

(3) 需要关注树脂改性路面的早期抗滑性能。测试表明其初始的抗滑性能不太满足使用要求。但是当开放交通并磨掉上层的砂浆后，开级配沥青混凝土中的集料裸露出来时，抗滑指数得到了改善，达到了合适的水平。

图 9-3 柯林斯拌和站生产 PG67-22 开级配沥青混合料

图 9-4 树脂改性路面 PG67-22 开级配混合料铺装

① 1 psi≈6.895 kPa。

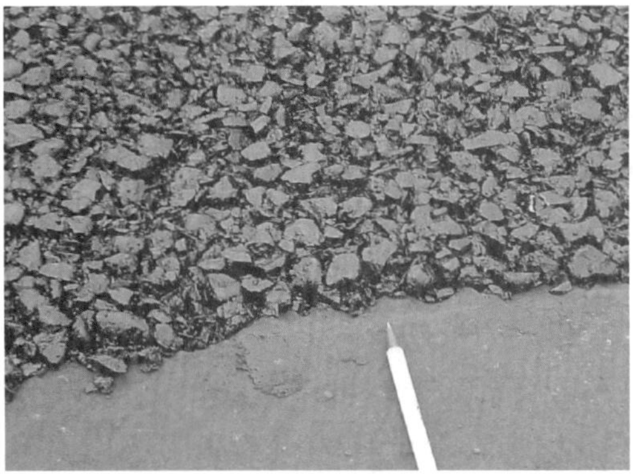

图 9-5　成型的开级配层

图 9-6　使用 1.5 t 的压路机使用静压模式对开级配混合料进行碾压

图 9-7　混凝土科林斯拌和站为树脂改性路面提供砂浆

图 9-8　PL7 乳胶添加剂在现场添加到砂浆里

图 9-9　使用的 PL7 乳胶添加剂

图 9-10　使用 Marsh 桶试验测砂浆的流动时间

图 9-11　制备 2 in 的灰浆试块用以测试砂浆强度

图 9-12　在开级配的沥青混凝土层上灌注砂浆

图 9-13　使用 3 t 的压路机以振动模式促使砂浆渗透到沥青层全厚度

图 9-14　多余的砂浆用刮板使其渗透到灌浆区域下面

图 9-15　灌浆工作

图 9-16　将过剩的砂浆刮到前面

图 9-17　完工的第二天

图 9-18　对芯样进行检测以确保95%的砂浆饱和度

经 5 年试验段观测，采集的数据包括抗滑性、车辙深度、IRI 和路面病害调查。结果表明，在项目周期内所有路段都没有出现任何车辙，树脂改性路面的 PCI 值也符合要求，树脂改性路面使用效果较好。

9.2　半柔性路面在机场工程中的应用

1. 咸阳国际机场道面改扩建工程简介

西安咸阳国际机场距西安市中心 47 km，距离咸阳市 13 km。机场飞行区等级为 4E 级，目前北飞行区跑道全长为 3 000 m×45 m，道肩 2 m×7.5 m。为满足日益增长的航空业务量需求、避免道面出现结构性破坏和超载使用，改善跑道运行条件，提高道面的整体强度，机场将对北飞行区跑道、平行滑行道及跑滑之间联络道实施结构性补强改造工程。

施工范围如图 9-19 所示。本研究针对机场沥青道面普遍存在的抗剪切病害，以西安咸阳国际机场改造工程为依托，在滑行道及跑道端部选取三处受力较大、易出现病害

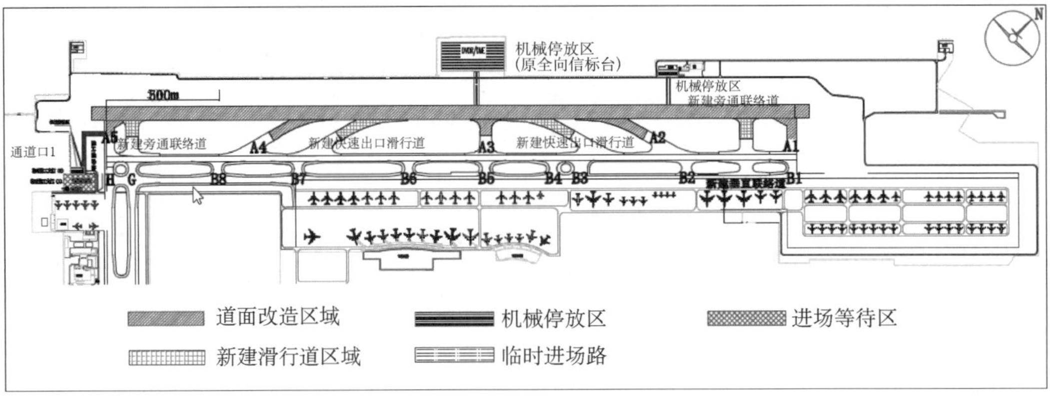

图 9-19　西安咸阳国际机场飞行区道面改造平面图

的部位，对灌注式半柔性沥青混合料进行试验段不停航施工铺筑，必须在夜航结束后开始进场施工。

2. 试验段结构

选取 23# 跑道东端中心线北斑玛线区域，施工区域如图 9-20 所示，进行灌注式沥青混凝土道面铺筑，道路结构见表 9-1。

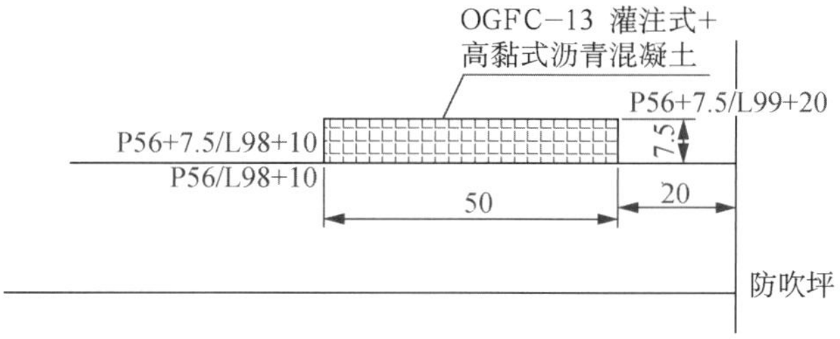

图 9-20 灌注式沥青混合料施工区域

表 9-1 灌注式沥青混凝土道面结构

结构层	材料	厚度/cm
上面层	OGFC-13 灌注式沥青混合料	5
黏结层	热基质沥青	
中面层	AC-20 高模量沥青混合料	6
黏结层	热基质沥青	
下面层	AC-20 普通沥青混合料	7
黏结层	热基质沥青	
基层	原水泥混凝土道面	—

2. 灌注式半柔性混合料实体工程配合比设计

(1) 原材料性能

基体沥青混合料空隙率控制在 25%，采用高黏改性沥青，技术指标见表 9-2，水泥为超早强硫酸铝水泥，水灰比为 0.5。

表 9-2 高黏改性沥青技术指标值

试验项目	单位	实测结果	试验方法
针入度(25 ℃，100 g，5 s)	0.1 mm	70	T0604
软化点($T_{R\&B}$)	℃	91	T0606
延度(5 ℃)	cm	59	T0605

（续表）

试验项目		单位	实测结果	试验方法
薄膜加热试验，163 ℃，5 h	质量变化	%	0.11	T0610
	残留针入度比	%	85.3	T0604
	残留延度(5 ℃)	cm	43.3	T0605

（2）配合比设计

① OGFC-13 目标配合比

上面层 OGFC-13 基体沥青混合料目标配合比同第 1 章灌注式沥青混合料配合比，施工中采用早强硫酸铝水泥，按水灰比 0.5 制备水泥浆，灌注后马歇尔试件技术指标见表 9-6。采用表 9-3 设计级配，级配曲线如图 9-21 所示，通过马歇尔设计方法确定其沥青用量。

表 9-3　　OGFC-13 级配设计

筛孔尺寸/mm	集料通过百分率/%					合成级配	级配		
	10～15 mm	5～10 mm	3～6 mm	0～3 mm	矿粉		中值	上限	下限
16	99.50	100.00	100.00	100.00	100.00	99.78	100	100	100
13.2	93.40	100.00	100.00	100.00	100.00	97.03	95	100	90
9.5	20.30	99.07	100.00	100.00	100.00	63.73	70	80	60
4.75	0.40	19.09	98.30	100.00	100.00	19.58	21	30	12
2.36	0.15	0.14	17.80	92.80	100.00	10.55	16	22	10
1.18	0.15	0.09	8.20	92.20	100.00	10.48	12	18	6
0.6	0.15	0.09	3.90	48.15	100.00	6.96	9.5	15	4
0.3	0.15	0.09	2.50	33.10	100.00	5.76	7.5	12	3
0.15	0.15	0.09	2.00	24.30	99.90	5.05	5.5	8	3
0.075	0.15	0.09	1.30	12.40	96.30	3.99	4	6	2
比例	45.0%	44.0%	0.0%	8.00%	3.00%	100.00%			

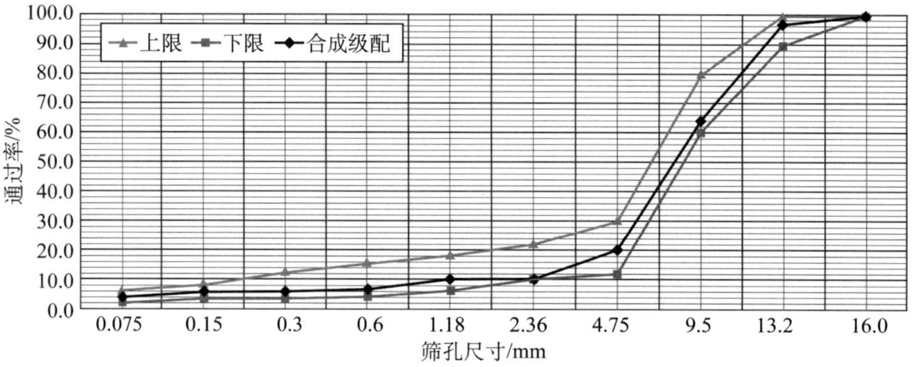

图 9-21　OGFC-13 级配曲线图

② 最佳油石比确定

本研究最佳油石比确定采用马歇尔设计方法，基体沥青混合料的指标要求见表 9-4，基体沥青混合料主要通过控制空隙率确定最佳油石比。基体沥青空隙包括封闭空隙和连通空隙，理论上水泥浆填充的是连通的空隙，所以即使基体沥青混合料空隙率一致，也会因为连通空隙率不一致出现灌浆效果不同的情况，所以对基体混合料不仅需要确定其空隙率，还要求其具有合格的连通空隙率，连通空隙率按式(9-1)计算。

$$V_{Vl} = (V - T)/V \times 100 \tag{9-1}$$

式中 V——试件的体积，cm^3；

T——集料与封闭空隙的总体积，cm^3。

T 根据式(9-2)计算。

$$T = (m_a - m_w)/\gamma_w \tag{9-2}$$

式中 m_a——试件的干质量，g；

m_w——试件的水中质量，g；

γ_w——常温下水的密度，$\gamma_w \approx 1.0\ g/cm^3$。

表 9-4　基体沥青混合料的指标要求

项目	油石比/%	密度/(g·cm⁻³)	空隙率/%	稳定度/kN	流值/mm
指标	3.0～3.5	≥1.9	20～28	≥3.5	2～4

以 25%为目标空隙率，按表 9-3 确定的级配组成，分别以油石比为 2.5%，3.0%，3.5%，4.0%成型马歇尔试件，测定各项技术指标见表 9-5。

表 9-5　不同油石比下马歇尔试验技术指标

油石比/%	毛体积密度/(g·cm⁻³)	最大理论密度/(g·cm⁻³)	空隙率/%	连通空隙率/%	稳定度/kN
2.5	2.008	2.760	27.2	25.1	5.49
3.0	2.012	2.738	26.5	22.3	5.78
3.5	2.023	2.716	25.5	20.1	5.88
4.0	2.056	2.694	23.7	17.6	5.81

由表 9-5 可知，当油石比为 3.5%时，其空隙率最接近目标空隙率 25%，此时连通空隙率为 20.1%，基本达到总空隙率的 80%，且相关研究资料显示[43]，对灌注式沥青混合料的水泥浆填隙率应大于 70%。因此，此时连通空隙率可满足要求，且毛体积密度、稳定度也都满足要求，确定油石比为 3.5%。

表 9-6　　灌注式沥青混合料马歇尔试件技术指标

检测项目	最佳油石比/%	毛体积密度/(g·cm^{-3})	空隙率/%	连通空隙率/%	填隙率/%	稳定度/kN	MS_0/%
结果	3.5	2.023	25.52	20.1	73.11	23.5	97.5

③ OGFC-13 沥青混合料生产配合比

根据热料仓的筛分结果，热料仓和粉料仓供料比设定为 4 号仓：3 号仓：2 号仓：1 号仓：粉料仓=45：32：10：9：4，热料仓筛分结果及合成级配见表 9-7，合成级配曲线见图 9-22。

表 9-7　　热料仓筛分及合成级配

筛孔直径/mm	4 号仓	3 号仓	2 号仓	1 号仓	矿粉	合成级配	级配范围	中值
	45	32	10	9	4	100		
26.5	100	100	100	100	100	100.0	100～100	100
19	100	100	100	100	100	100.0	100～100	100
16	100	100	100	100	100	100.0	100～100	100
13.2	80.5	100	100	100	100	91.2	90～100	95
9.5	2.1	90.3	98.8	100	100	52.7	60～80	70
4.75	0.3	1.4	46.4	93.5	100	17.6	12～30	21
2.36	0	0.2	3.7	81.8	100	11.8	10～22	16
1.18	0	0	1.9	58.1	100	9.4	6～18	12
0.6	0	0	1.2	30.8	100	6.9	4～15	9.5
0.3	0	0	0.3	15.8	99.8	5.4	3～12	7.5
0.15	0	0	0	9.0	97.8	4.7	3～8	5.5
0.075	0	0	0	4.2	86.6	3.8	2～6	4

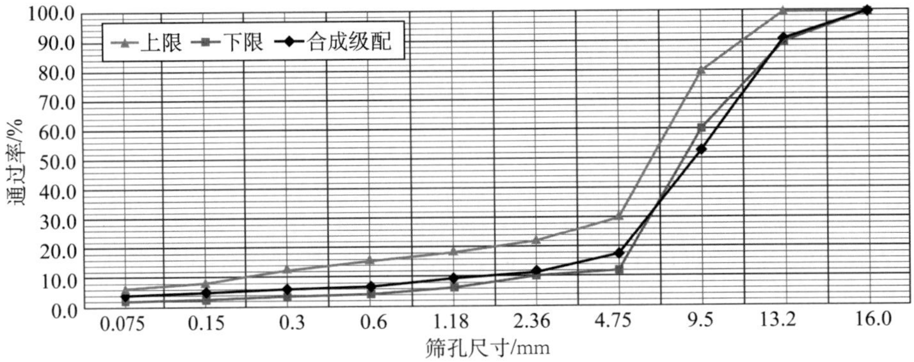

图 9-22　OGFC-13 合成级配曲线图

生产配合比最佳沥青用量及灌浆后马歇尔试件技术指标值见表 9-8。

表 9-8　　生产配合比马歇尔试件技术指标值

检测项目	最佳油石比 /%	毛体积密度 /(g·cm^{-3})	空隙率 /%	稳定度 /kN	MS_0 /%
生产配合比	3.3	2.101	25.8	27.5	95.5

3. *施工工艺及质量控制*

此三处试验段位置均位于道面改造范围内，为保证面层与基层的良好结合，进行道面加铺前 15 d，首先根据原水泥混凝土道面状况进行处治，防止加铺沥青混凝土后产生反射裂缝。原水泥混凝土道面病害主要包括旧道面裂缝、旧道面掉边掉角及表面脱落、旧道面接缝及旧道面基础脱空。对原道面处治措施如下。

(1) 裂缝宽度小于等于 10 mm 时，用乳化改性沥青灌缝处理，裂缝宽度大于 10 mm 时，均用改性沥青石屑灌缝，人工捣实。

(2) 对于掉边、掉角处施工方法：用风镐清除道面边角破损的水泥块，用高压空气吹净待修处，涂刷热熔基质黏层油，摊铺改性沥青石屑，并用大锤锤击或用激振力大于 1.5 t 的平板震动器震实沥青混合料，使其密实。面积较大的可用压路机碾压。对表面剥落及松散表层进行清除。

(3) 对旧接缝首先用道面混凝土切缝机配清理刀片进行清理，用钢丝刷片清理缝中杂物后再用空压机进行吹扫。吹扫干净后压入聚乙烯密封条，用灌缝机重新进行聚氨酯胶泥的灌缝。

(4) 对旧道面基础脱空进行注浆，水灰比取 0.7，浆液的 7 d 抗压强度不小于 5 MPa。

4. *灌注式沥青混合料施工及质量控制*

(1) 原材料准备

因机场施工为夜间不停航施工，施工后的道面应保证其强度增长满足第二天机场正常运营要求，因此施工中采用超早强硫酸铝水泥，水灰比为 0.5。

(2) 施工流程

① 确定灌注用水泥浆数量

水泥浆的灌注是在基体沥青铺筑完成后进行，为保证灌浆工作的连续性，并不造成水泥浆的浪费，首先根据灌注面积对灌浆量进行预估。将需要灌注的基体沥青混合料的总体积乘以其空隙率即得到总空隙体积，但由于能进行灌注的只有连通空隙，根据室内试验结果，对总空隙体积乘以 0.8 即得到能实际灌注体积。再根据拌制好的水泥浆的体积与质量计算水泥浆的密度，进而得到所需水泥浆的质量，然后根据配合比计算各材料的用量。

本次试验段长度为 30 m、宽度为 6 m、高度为 5 cm，沥青混合料目标空隙率为 25%，连通空隙率约为 20%，施工中采用早强硫酸铝水泥，水灰比为 0.5，水泥浆密度约

1.7 g/cm^3，由此计算此次施工用水泥质量约为 2.04 t，水为 1.02 t。

② 基体沥青混凝土道面铺筑

基体沥青混凝土道面的铺筑与普通沥青道面铺筑类似，但在铺筑后需进行水泥浆灌注，因此混合料的拌制及铺筑需严格控制空隙率，施工中以 25%为目标空隙率。碾压采用钢轮压路机，在保证压实度的前提下，减少碾压遍数。

(3) 沥青混合料现场铺筑

① 沥青混合料拌和

本次沥青混凝土拌和楼由 1 台 2000 型和 1 台 4000 型拌和站组成，具有纤维增加系统，共 4 个热仓。2 台拌和站最大生产能力为 350 T/h，每次拌和时间不少于 50 s，纤维与抗车辙剂加入后干拌 7 s，然后添加沥青湿拌 45 s，拌和投料顺序为：集料→抗车辙剂及纤维→沥青→矿粉，拌和好的沥青混合料应均匀一致，无花白或焦黄色、无粗细集料分离、结团以及干散等现象。本次施工用拌和设备见表 9-9。

表 9-9　　沥青混合料拌和站

拌和机型号	数量	生产能力	拌和时间	拌合温度
沥青混凝土拌和站 2000 型	1 台	150 T/h	≥50 s	180～185 ℃
沥青混凝土拌和站 4000 型	1 台	300 T/h	≥50 s	180～185 ℃

② 沥青混合料运输

为保证施工连续性，本次施工采用北方奔驰自卸车 15 辆，解放 141 自卸车 25 辆，根据施工进度安排运输沥青混合料，每台摊铺机前有两辆自卸运料车等待。运输车辆在接料过程中要移动，分三次接料，先放车头，后放车尾，再放中间，尽量避免放料过程中的离析。运送沥青混合料时车顶加盖保温布，自卸车车厢内涂抹 1∶3 油水混合物，防止混合料黏结在底板上。

③ 沥青混合料的摊铺及碾压

根据夜间施工时间安排提前预热熨平板至 100 ℃，摊铺机的行走速度控制在 2～3 m/min，并保证摊铺连续性，安排人员对边角缺陷进行修理。试验段与其他道面采用摊铺机梯队式全道面一次性摊铺成型作业，施工现场根据路面宽度组织 6 台摊铺机同时施工，摊铺宽度组合为 9 m+6 m+7.5 m+7.5 m+6 m+9 m，相邻摊铺机间隔为 5～10 m。厚度、高程和平整度控制采用双侧架设基准梁架，双侧采用 5 m 长铝合金方管基准梁，沥青混合料松铺系数为 1.2，施工摊铺设备及摊铺工艺参数见表 9-10。

表 9-10　　沥青混合料摊铺设备

摊铺机型号	数量	摊铺速度	每台最大摊铺宽度
沥青混凝土摊铺机 ABG423	6 台	2～3 m/min	12.5 m
沥青混凝土摊铺机　福格勒	2 台	2～3 m/min	12.5 m

碾压过程分为初压、复压及终压，每台摊铺机后有 8 台压路机紧跟碾压，碾压工作在沥青混合料摊铺后 15 min 进行，另有 4 台压路机横向碾压消除轮迹，碾压时按照“紧跟、慢压、高频、低幅”原则进行。压路机为宝马 BW202 双钢振动压路机，25 t 轮胎式压路机，单钢轮压路机。初压速度 1.5～2.0 km/h，先静压 3～4 遍，复压速度 2.5～3.5 km/h，用振动压路机振压 4～6 遍，终压速度 2.5～3.5 km/h，用双轮钢轮式压路机静压2～3遍直至无轮迹，并防止漏压和过压，最后采用 3 m 直尺监控平整度，控制指标为连续纵向检测十尺，最大间隙不大于 3 mm。图 9-23—图 9-26 为沥青混合料的拌和、摊铺及碾压过程。

图 9-23　沥青混合料拌和楼

图 9-24　沥青混合料储料仓

图 9-25　沥青混合料现场摊铺

图 9-26　沥青混合料碾压

④ 试验段道面施工过程中的温度控制见表 9-11

表 9-11　　施工过程中的温度控制

工序	道面改性沥青混合料/℃
沥青加热温度	160～170
改性沥青现场制作温度	165～175

（续表）

工序	道面改性沥青混合料/℃
改性沥青的加热温度不大于	195
集料加热温度	190～200
混合料出厂温度	165～175
混合料废弃温度	＞190
到达现场的施工温度	＞160
混合料储存温度	拌和出料后降低不超过 5
摊铺温度不低于	155
初压温度不低于	150
终压温度不低于	105
开放交通时道面表面温度不高于	50

⑤ 水泥浆灌注

当基体沥青混合料的温度下降至 50～80 ℃时，及时将计算好用量的水泥浆反复在道面表面铺洒，同时用橡胶耙在表面来回耙，使水泥浆能迅速顺利的下渗，若施工面积较大，可采用小型压路机辅助振动碾压，直至水泥浆不在下渗，灌浆量应与计算用浆量相近，灌浆工艺如图 9-27 和图 9-28 所示。

图 9-27　水泥浆洒铺

图 9-28　水泥浆刮平

⑥ 表面整平

当水泥浆不下渗，则用橡胶板将表面多余的浆液刮除，并暴露出原基体沥青混合料的凹凸面，如图 9-28 所示，以保证道面具有足够的抗滑性能，同时还可防止水泥浆在表面固化后收缩开裂。

图 9-29 灌浆后道面效果

⑦ 应在第二天对灌注道面进行钻芯取样，观察其灌浆情况，以便为第二天施工提供依据，灌注沥青道面质量检测结果见表 9-12。

表 9-12 灌注式沥青混合料试验段质量检测结果

技术指标	技术要求	检测结果
平整度 σ/mm	≤3	代表值 1.44
动稳定度/(mm·次$^{-1}$)	>3 000	19 212
低温弯曲应变(μ_ε)/−10 ℃	>2 800	4 092
冻融劈裂强度比/%	>85	95.2
残留稳定度/%	>90	97.4
渗水/(mL·min^{-1})	<100	不渗水
构造深度/mm	≥1.0	1.06

⑧ 施工注意事项

施工应注意以下事项。

(a) 灌注早强水泥浆，在浆液不再下渗时及时刮除表面多余浆液，防止多余浆液在道面表面硬化，影响道面平整度，同时避免水泥硬化后收缩开裂。

(b) 刮平用橡胶耙尺寸：形如长方体，长约 50 cm，高约 5 cm，木棒手柄，橡胶硬度适中，太软不易刮除多余浆液，太硬则易刮出沥青道面。

(c) 灌浆期间，施工人员应穿雨靴，除施工人员外其他人员禁止在刚灌浆完的道面行走踩踏。

(d) 使用效果观测

在试验段铺筑完成并投入使用 2 年后，项目组对试验段使用情况进行了观测，结果如图 9-30—图 9-31 所示。

图 9-30　灌注式沥青道面车辙

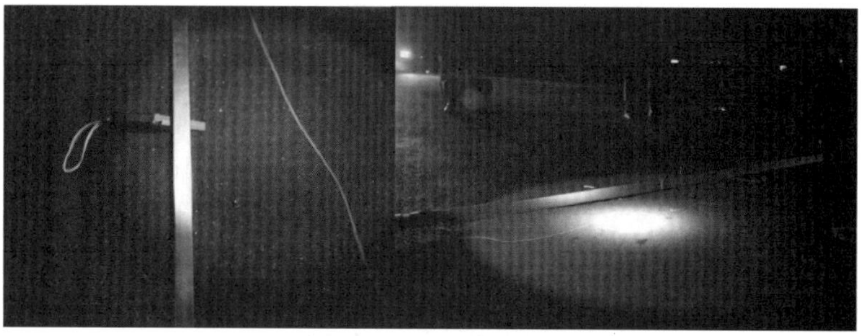

图 9-31　普通道面的车辙

由图 9-30、图 9-31 可知，灌注式沥青混合料道面试验段在使用两年后表面仍然非常平整，几乎没有产生车辙或剪切变形，而普通沥青道面则已经出现了明显的永久变形。

参考文献

REFERENCE

[1] 陈佩林，谭积青.用半柔性铺装技术改善路面渗水问题设想[J].广东公路交通，2003，(3)：5-7.

[2] 庞传琴，杨宇亮.半柔性混合料性能探讨[J].公路，2004(4)：108-110.

[3] 潘大林，张肖宁，王树森.半柔性路面基体沥青混合料的设计方法[J].公路工程，2000(01)：22-23.

[4] AHLRICH R C，ANDERTON G L. Construction and Evaluation of Resin Modified Pavement [R]. Army Engineer Waterways Experiment Station Vicksburg Ms Geotechnical Lab，1991.

[5] MAYER J，THAU M. Jointless pavements for heavy-duty airport application: the semi-flexible approach[M]. Advancing Airfield Pavements. 2001：87-100.

[6] AL-QADI I L，GOURU H，WEYERS R E. Asphalt Portland cement concrete composite: laboratory evaluation [J]. Journal of transportation engineering，1994，120(1)：94-108.

[7] ァスファルト铺装要纲.社团法人日本道路协会，平成 4 年 12 月.

[8] 鈴木徹，奥平真誠，半たわみ性铺装材料に関する試験.铺装，30 卷 2 号，P36-41，1995.

[9] 李秋忠. 树脂改性半刚性面层复合材料性能研究[D].长沙：长沙理工大学，2005

[10] 宋小金.树脂改性半刚性面层复合材料疲劳性能研究[D].长沙：长沙理工大学，2006.

[11] 董营营.高性能半柔性路面设计参数及施工工艺研究[D].重庆：重庆交通大学，2008.

[12] 周杰.半柔性路面复合材料试验研究[D].重庆：重庆交通大学，2007.

[13] 叶凌云.灌注式水泥—沥青混合料设计与性能试验研究[D].长沙：湖南大学，2007.

[14] 俞增煌.半柔性沥青混合料路面结构及路用性能研究[D].长沙：湖南大学，2007.

[15] 张大可.半柔性复合路面结构研究[D].重庆：重庆交通大学，2007.

[16] 黄芳.半柔性复合路面结构设计理论与方法研究[D].重庆：重庆交通大学，2008.

[17] 张弛.半刚性面层复合材料路用性能浅析[J].交通科技,2014,8:130-132.
[18] 田荣燕,张健.水泥灌浆半柔性路面混合料抗车辙性能研究[J].公路交通技术,2013,8(4):40-43.
[19] 古红兵,贾圣东,张德欧等水泥灌浆半柔性橡胶沥青混合料疲劳性能试验研究[J].公路交通技术,2013,8(4):36-39.
[20] 王伟明.冷拌半柔性路面材料试验研究[D].广州:广州大学,2013.
[21] 陈祥峰.高性能流动性水泥灌浆材料配合比设计及半柔性路面路用性能研究[D].西安:长安大学,2010.
[22] 黎侃.半柔性材料作为沥青路面抗车辙功能层的适用性研究[D].广州:华南理工大学,2016.
[23] 樊冬梅.半柔性路面的工程应用与技术经济分析[D].西安:长安大学,2010.
[24] 交通公路科学研究所.公路工程水泥混凝土试验规程[M].北京:人民交通出版社,2005.
[25] 交通公路科学研究所.公路工程沥青与沥青混合料试验规程[M].北京:人民交通出版社,2011.
[26] 交通公路科学研究所.公路工程集料试验规程[M].北京:人民交通出版社,2005.
[27] BROWN S, NEEDHAM D. A study of cement modified bitumen emulsion mixtures[J]. Asphalt Paving Technology, 2000, 69: 92-121.
[28] MALLICK R B, KANDHAL P S, COOLEY JR L A, et al. Design, construction, and performance of new-generation open-graded friction courses [J]. 2000,69.
[29] 日本道路协会.排水性路面技术指南(案).东京:丸善珠式会社,1996.
[30] 彭波,李文瑛,戴经梁.排水性沥青路面设计和评价方法的研究与探讨[J].交通标准化,2004(6):53-56.
[31] 吕伟民.多孔性沥青混合料用结合料的性状与配制[J].石油沥青,1997,11(3):8-13.
[32] 尹永胜.低噪音沥青路面的研究[D].长安:长安大学,2005.
[33] 董雨明.隧道抗滑低噪声水泥混凝土路面研究[D].长安:长安大学,2004.
[34] 沈金安.沥青及沥青混合料路用性能[M].北京:人民交通出版社,2001.
[35] 金鸣林,杨俊和,史美仁.道路沥青老化机理分析[J].上海应用技术学院学报:自然科学版,2001(1):14-17.
[36] 赵明耀,罗文媛.色彩在建筑造型中的作用[J].工业建筑,1997(07):58-61.
[37] 高潮,杜伟光.半柔性路面开放交通时间的控制[J].市政工程国外动态,1993,(1):5-7.
[38] 郝培文,张登良.沥青混合料低温抗裂性能评价指标的研究[J].公路,2000,(5):63-67.

[39] 交通公路科学研究所.公路路基路面现场测试规程[M].北京:人民交通出版社,2019.

[40] DE OLIVEIRA J R M. Grouted macadam: material characterisation for pavement design[D]. Nottingham:University of Nottingham, 2006.

[41] ANDERTON G L. Engineering properties of resin modified pavement(RMP) for mechanistic design[R]. Engineer Research and Development Center Vicksburg Ms Geotechnical Lab, 2000.

[42] ANDERTON, G. L., GREENE, J. L., BROWN, R. W.(2001) Resin modiefied pavement(RMP) design and application criteria, Engineering technical letter (ETL) 01 - 8. Tyndall AFB, FL, U. S.: Department of the Air Force, Headquarter Air Force Civil Engineer Support Agency.

[43] ERDC/GL TR - 00 - 2, Engineering Properties of Resin Modified Pavement (RMP)for Mechanistic Design, U.S. AERDC, March, 2000.

[44] ANDERTON G L. User's Guide: Resin Modified Pavement [R]. ARMY ENGINEER WATERWAYS EXPERIMENT STATION VICKSBURG MS GEOTECHNICAL LAB, 1996.

[45] ETL 1110-1-177, Engineering and Design — Use of Resin Modified Pavement, 1996,12,31.

[46] TSPWG Manual 3-26-02.01-8, Resin Modified Pavement(RMP)Design and Application Criteria, 2019.

[47] 高英,凌天青,乔冠华等,水泥-乳化沥青混合料配合的设计[J].同济大学学报(自然科学版),1998(6),674-677.

[48] RANDY L. BATTEY, P. E. Constraction, Testing and Preliminary Performance Report on the Resin Modified Pavement Demonstration Project, FHWA/MS-DoF-RD-02-137,2002.